W0257748

K.J. Husfeldt R. Raschke (Hrsg.)

Thrombosen und Embolien

Arzthaftung

Mit 37, zum Teil farbigen Abbildungen und 59 Tabellen

Springer-Verlag
Berlin Heidelberg New York
London Paris Tokyo
Hong Kong Barcelona
Budapest

Herausgeber:
Priv.- Doz. Dr. Dr. habil. K.J. Husfeldt
Dr. R. Raschke
Diakonissen-Krankenhaus, Chirurgische Abteilung
Diakonissenstraße 28, D-76199 Karlsruhe

Für die Unterstützung danken wir den Sponsoren

Sandoz AB, Hoechst AG, Meadox Deutschland GmbH, E. Merck,
Rhône-Poulenc-Rohrer

ISBN-13:978-3-540-56826-1

CIP-Titelaufnahme der Deutschen Bibliothek
Thrombosen und Embolien: Arzthaftung / K.J. Husfeldt; R. Raschke (Hrsg.). - Berlin; Heidelberg;
New York; London; Paris; Tokyo; Hong Kong; Barcelona; Budapest: Springer, 1993
ISBN-13:978-3-540-56826-1   e-ISBN-13:978-3-642-78297-8
DOI: 10.1007/978-3-642-78297-8

NE: Husfeldt, K.J. (Hrsg.)

Organisation und Gestaltung: Rega Kongress und Ausstelllungsorganisation GmbH Karlsruhe
Layout und Satz: Verlag M. Schäufele, Karlsruhe
Herstellung: PRO EDIT GmbH. Heidelberg

23/3145-5 4 3 2 1 0 - Gedruckt auf säurefreiem Papier

Vorwort

Bei 30 bis 50 % aller Sektionen können Thromben in Bein-und Beckenvenen nachgewiesen werden. Ohne Thromboseprophylaxe entwickeln von 100 Patienten, an denen allgemeinchirurgische Eingriffe von mehr als 30 Minuten Dauer in Narkose vorgenommen werden, durchschnittlich ein Drittel eine Beckenthrombose. Im orthopädisch-traumatologischen Krankengut, nach Hüftoperationen, wie Totalendoprothesen bzw. Schenkelhalsnagelungen, ist der Anteil der Operierten, die eine tiefe Venenthrombose entwickeln, deutlich höher. Jede akute tiefe Bein-und Beckenvenenthrombose stellt für den Patienten eine sehr ernsthafte Gefährdung dar. Von hier nehmen etwa 95 % der Lungenembolien ihren Ausgang. Bei konservativer Behandlung der Ileofemoralvenenthrombose muß in etwa 5 % mit einer tödlichen Lungenembolie gerechnet werden. Außerdem entwickelt sich später in über 30 % ein schweres postthrombotisches Syndrom, das zur Induration der Weichteile am Unterschenkel, Sekundärvarizen und Ulzerationen führt. In einzelnen Fällen besteht sogar die Gefahr des Extremitätenverlustes, wenn eine Phlegmasia coerulea dolens zur kompressionsbedingten arteriellen Thrombose führt.

Bedenken wir, daß in Westdeutschland jährlich etwa 20.000 Menschen an einer Lungenembolie versterben, ohne Berücksichtigung einer sehr hohen Dunkelziffer, und daß etwa 1 Million Menschen an postthrombotischen Folgezuständen leiden, so ist die Suche nach einer optimalen Thromboseprophylaxe und Therapie dringend erforderlich. Gerade die Unterlassung der Thromboseprophylaxe bei Patienten, beispielsweise mit Gipsruhigstellung der unteren Extremität, die dann an einer Thrombose-bzw. Lungenembolie erkranken, leitet über zum 2. Thema unseres Symposiums, zur Arzthaftung.

Ist die Unterlassung der ambulanten Thromboseprophylaxe bei teilimmobilisierten Patienten heute ein Behandlungsfehler? Jeder, der operativ tätig ist weiß, daß die juristischen Probleme ständig zugenommen haben. Deshalb hatten wir in unserem Symposium für das Thema "Arzthaftung" sowohl zivil-, als auch strafrechtlich, einen Nachmittag vorgesehen. Ich freue mich ganz besonders, hierfür namhafte Juristen gewonnen zu haben.

Ich hoffe, daß unser Symposium 27 – 28.9.1991 in Karlsruhe dazu beigetragen hat, viele der noch offenen Fragen in der Prophylaxe und Therapie der Bein- und Beckenvenenthrombose zu beantworten und dedanke mich bei den Referenten und Kollegen für ihre hervorragenden Beiträge.

Ich möchte mich bei allen Sponsoren und Ausstellern für die großzügige Unterstützung bedanken. Ohne sie wären solche, der Wissenschaft und dem medizinischen Fortschritt dienenden Veranstaltungen nicht möglich.

Meinen weiteren Dank möchte ich Frau Renata Bäckel, Geschäftsführerin der Rega Kongress- und Ausstellungsorganisation, Karlsruhe, aussprechen, die mit tatkräftigem Organisationseinsatz bereits zum zweiten Male die Symposiumsreihe "Probleme der operativen Medizin" ermöglichte.

Karlsruhe, im Mai 1993   K.J. Husfeldt

Inhaltsverzeichnis

VIII

Therapie der Bein-, Beckenvenenthrombose

Juristische Fragen in der operativen Medizin

Referentenverzeichnis

BOCK, R.-W., Rechtsanwalt, Maximiliansplatz 12/IV, 80333 München

BLÜMEL, G., Prof. Dr. med., Klinikum rechts der Isar, Institut für Experimentelle Chirurgie, Ismaninger Str. 22, 81675 München

FRAEDRICH, G., Privatdozent Dr. med., Chirurg. Universitätsklinik, Abteilung für Gefäß- und Herzchirurgie, Hugstetter Str. 55, 79106 Freiburg

HAAS, S., Prof. Dr. med., Klinikum rechts der Isar, Chirurg. Klinik und Poliklinik, Ismaningerstr. 22, 81675 München

HABSCHEID, W., Privatdozent Dr. med., Medizinische Universitäts-Klinik, 97080 Würzburg

HÄRING, R. Prof. Dr. med., Universitätsklinikum Steglitz, Chirurg. Klinik und Poliklinik, Hindenburgdamm 30, 12203 Berlin

HARENBERG, J., Privatdozent Dr. med., Klinikum der Stadt Mannheim, 1. Medizinische Klinik, Theodor-Kutzer-Ufer, 68167 Mannheim

HEILMANN, L., Prof. Dr. med., Stadtkrankenhaus, Gynäkologische Abt., August-Bebel-Str. 59, 65428 Rüsselsheim

HEINRICH, F., Prof. Dr. med., Krankenhaus Bruchsal, Innere Abteilung, Gutleutstr. 9-14, 76646 Bruchsal

HUSFELDT, K. J., Privatdozent Dr. med., Diakonissen-Krankenhaus, Chirurgische Abteilung, Diakonissenstr. 28, 76199 Karlsruhe

KLEIN, G., Privatdozent Dr. med., Universitätsklinikum, Zentrum der Anästhesiologie und Wiederbelebung, Theodor-Stern-Kai 7, 60596 Frankfurt/M

KOPPENHAGEN, K., Prof. Dr. med., Universitätsklinikum Steglitz, Strahlenklinik und -Institut, Hindenburgdamm 30, 12203 Berlin

LILIE, H., Prof. Dr., Martin-Luther-Universität, Halle Wittenberg, Juristische Fakultät, Universitätsplatz 10a, 06108 Halle

MATTHES, M., Dr. med., Universitätsklinikum Steglitz, Strahlenklinik und -Institut, Hindenburgdamm 30, 12203 Berlin

REILMANN, H., Privatdozent Dr. med., Städt. Klinikum, Unfallchirurgische Klinik, Holwedestr. 16, 38118 Braunschweig

RASCHKE, R., Dr. med., Diakonissen-Krankenhaus, Chirurgische Abteilung, Diakonissenstr. 28, 76199 Karlsruhe

SALZMANN, G., Dr. med., William-Harvey-Klinik, Abteilung Gefäßchirurgie, Am Kaiserberg 6, 61231 Bad Nauheim

SEIFRIED, E., Privatdozent Dr. med., Universitätsklinikum, Innere Medizin I, Robert-Koch-Str. 8, 89081 Ulm

X

STEFFEN, E., Dr. jur., Vorsitzender des 6. Zivilsenats am Bundesgerichtshof, Herrenstr. 45a, 76133 Karlsruhe

TRÖSTER, E., Dr. med., Universitätsklinikum Steglitz, Hindenburgdamm 30, 12203 Berlin

VOIGT, J., Privatdozent Dr. med., Stadtkrankenhaus, Chirurgische Abteilung, Marktstr. 74, 56564 Neuwied

VOTH, D., Prof. Dr. Dr. med., Universitätsklinikum, Neurochirurgische Klinik, Czernyweg 9a, 55131 Mainz

Beinvenenthrombosen:
Diagnostik und Grundlagen der Prophylaxe

Thrombosen und Embolien
- Überblick über Historie und Epidemiologie

PD Dr. med. Jürgen Voigt
Stadtkrankenhaus Neuwied, Chirurgische Abteilung, Marktstr. 74, 56564 Neuwied

1. Historischer Überblick

"Denn die Geschichte zeigt, daß die Anschauungen der "Späteren" immer wieder auf Punkte zurückkommen, welche die frühere Beobachtung schon erledigt zu haben glaubte, und gerade in unserer Zeit, wo so Wenige die Muße finden, die Wissenschaft historisch zu studieren, ist es vielleicht eher gerechtfertigt, das Ältere wieder in den Gesichtskreis der nachwachsenden Generation zu rücken."

Rudolf Virchow 1862: Gesammelte Abhandlungen zur Wissenschaftlichen Medicin

1.1 Aufklärung der Pathogenese

Wissenschaftliches Werk und ärztliches Wirken von Rudolf Virchow (Abb. 2 u. 3) haben die Entwicklung der Medizin in der zweiten Hälfte des 19. Jahrhunderts entscheidend geprägt. Wie viele seiner Zeitgenossen beschäftigte er sich intensiv mit der "Chemie des Blutes". Indem er die Krasenlehre seines älteren Wiener Kollegen Karl von Rokitansky (die besagt, daß die Mischung der Säfte bei der Fibrinkrasis auf fehlerhafter Zusammensetzung des Faserstoffes im Blut beruhe) als eine humoral-pathologische Irrlehre von den Säften vernichtend kritisierte, hat er gleichzeitig entscheidende neue Entdeckungen zur Pathologie des Blutes gemacht (Andree 1988). So enthält das IV. Kapitel aus den gesammelten Abhandlungen zur wissenschaftlichen Medizin (1862) nicht nur die von ihm geschaffenen und noch heute gültigen Definitionen von Thrombose und Embolie, sondern auch die bahnbrechende Darstellung der Pathogenese von thromboembolischen Komplikationen im venösen Stromgebiet. Nicht ohne Stolz weist R. Virchow (Abb. 3) darauf hin, daß er seine ersten Entdeckungen und Untersuchungen in dieser Hinsicht schon in einer Festansprache des Jahres 1845 veröffentlicht hatte. Als damals 24jähriger berichtete er über die Ergebnisse seiner Tätigkeit unter Anleitung des Prorektors der Charité, Robert Froriep, über seine eigenen pathologisch-anatomischen Untersuchungen (Virchow 1845): "Die Gerinnung des Blutes in den Venen geschieht

4

nämlich stets bis zu dem nächsten, dem kreislauferhaltenden Aste, und zwar stets so, daß
auf der, der Einströmung des Blutes aus diesem Aste entgegengesetzten Seite, der
gebildete Propf sich noch eine Strecke höher hinaufstreckt hinüber hinauferstreckt, da
der kleine Ast mit dem von ihm gelieferten Blut nicht sogleich den ganzen Stamm
Kanal ausfüllen kann (Abb. 1)..... Beim Zerfallen des Gerinnsels kann nun zweierlei
erfolgen. In einem Falle wird der obere, in das freie Gefäß hineinragende, durch die
Schmelzung der unteren Partie locker gewordene Teil abgerissen, und mit dem
Blutstrom fortgeführt.....Von dem rechten Herzen wird das Gerinnsel in die Lungenar-
terien hineingetrieben..... Man findet daher hier eingeknickte oder zusammengefaltete
Pröpfe..... Ist aber das Gerinnsel bedeutend, z.B. von der Größe eines Fingergliedes,
wird also ein Hauptstamm undurchgängig, so wird das ganze Blut genötigt, sich durch
die andere Lunge, d.h. durch einen Weg zu pressen, den vorher nur die Hälfte benutzte.
Die hieraus entstehenden Erscheinungen (gestörter Rückfluß des Blutes zu dem
Herzen, Rückstau namentlich nach dem Kopfe, und sehr behinderte Respiration,
während weder Schmerz vorhanden ist, noch die genaueste Untersuchung der Brust ein
Resultat ergibt), sind den Geburtshelfern längst bekannt, allein sie haben nicht gewußt,
was sie daraus machen sollten, da ihnen der pathologisch-anatomische Boden für die
Erklärung fehlte."

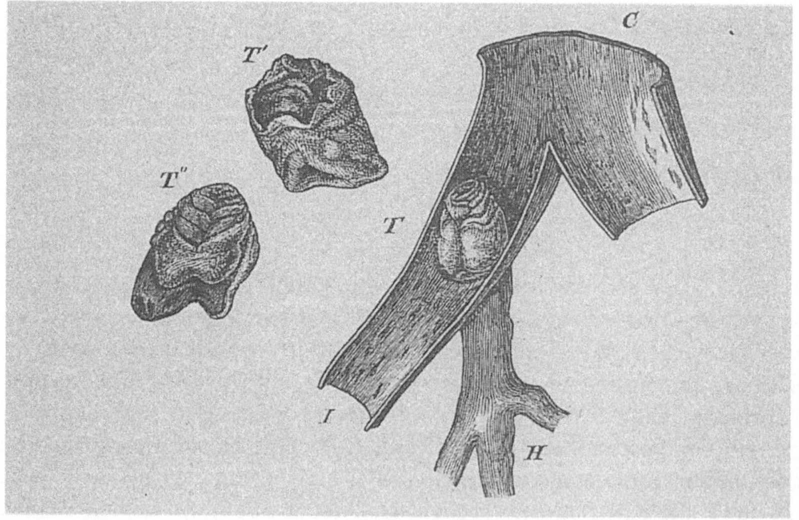

Abb. 1. Thrombenbildung im venösen Stromgebiet; der abgebildete Propf ragt in die Vena iliaca
(Virchow 1862)

Abb. 2. Rudolf Virchow im Kreise seiner Familie (Fotografie aus den Familienarchiv von Frau Dr. med. Tröster, Berlin)

Abb. 3. Rudolf Virchow (Foto um 1900)

Virchow führte eine große Reihe von Hundeversuchen durch und erzeugte durch die Einführung von Fibrin, von Koageln, Muskeln, älterem Mark oder von Gummi in die Vena subclavia künstliche Lungenembolien (Abb. 4). Mit diesen wissenschaftlichen Experimenten und seinen scharfsinnigen Beobachtungen am Sektionstisch (Abb. 5 u. Abb. 6) vervollständigte er das Bild der Pathophysiologie: "Die Mehrzahl der Thromben entsteht ursprünglich als wandständige (parietale), während neben ihnen der Strom des Blutes noch fortgeht. Sie sind sämtlich zu erklären aus örtlichen Veränderungen der Gefäßwand und des Blutstromes, jedoch können zu dieser Erklärung auch allgemeine Veränderungen des Blutes oder der Blutströmung herangezogen werden."

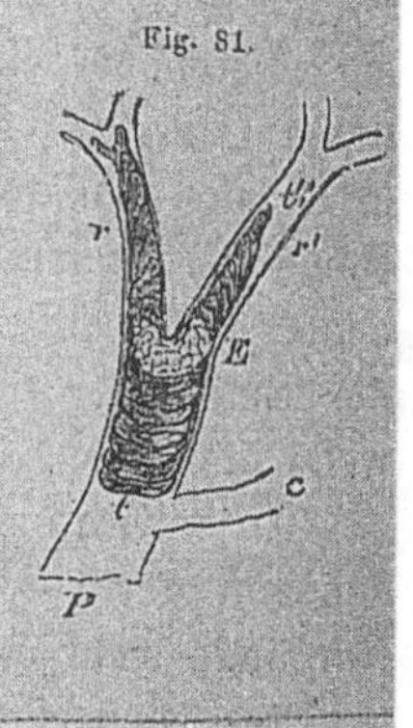

Abb. 4. Lungenarterienembolie im Tierversuch (Virchow 1862)

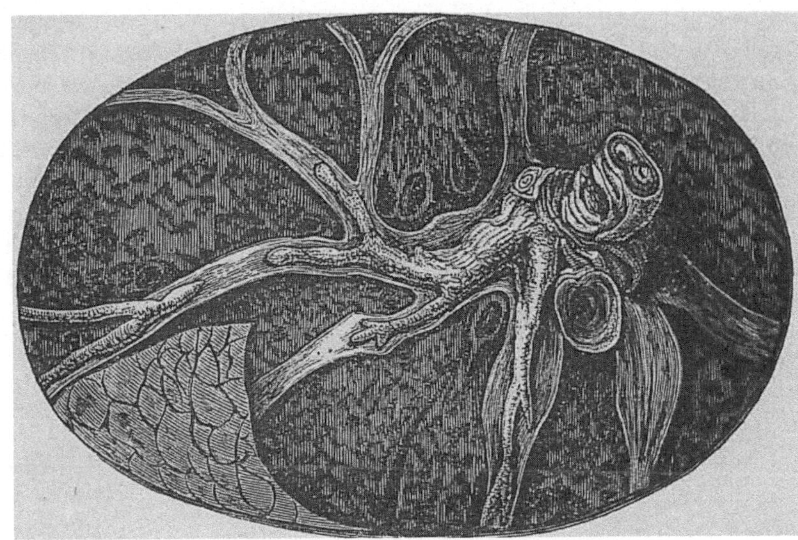

Abb. 5. Embolus der Lungenarterie aus einem älteren und einem darauf gefahrenen Propfstücke bestehend (Handzeichnung und Originallegende), Virchow 1862

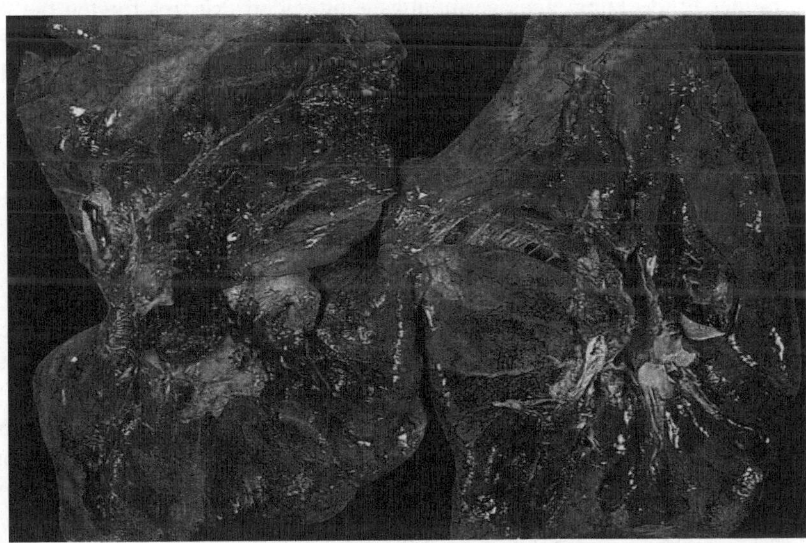

Abb. 6. Massive, zentrale Lungenarterienembolie; Sektionsbefund (Pathologisches Institut der Universität Kiel)

Der heute allgemein gebrauchte Ausdruck "Virchow'sche Trias", nämlich die Veränderung der Gefäßwand, der Blutzusammensetzung und der Blutströmung stammt so nicht von Rudolf Virchow, sondern ist eine von späteren Pathologen in Verehrung für Virchow geschaffene bzw. übernommene Bezeichnung für seine einzelnen Entdeckungen (Andree 1988). In unserer modernen Ausdrucksweise: Fibrinolytische Hyperaktion der Endothelschicht, intensive Aktivierung der Gerinnung und Veränderung der venösen Hämodynamik ist diese Trias unverändert gültig. - Nach diesem ersten Meilenstein in der Geschichte der Pathophysiologie von Thrombose und Embolie sollten noch fast 100 Jahre vergehen, bis die Substanz das erste Mal angewandt wurde, die auch heute noch als Basis unserer medikamentösen Thromboembolieprophylaxe gilt.

1.2 Entdeckung und erste klinische Anwendung von Heparin

Im Jahre 1880 beobachtete der Tierarzt Dr. Adolf Schmidt-Mülheim (1880) bei seinen Tierversuchen an der Physiologischen Anstalt zu Leipzig, "daß das Blut, welches nach der Einspritzung von Witte-Pepton abgelassen worden war, seine Gerinnbarkeit eingebüßt hatte".

Seiner Entdeckung eines gerinnungshemmenden Prinzips folgten die Arbeiten von Delezenne (1896), daß nach Perfusion der isolierten Leber 1 % Witte-Peption-Salzlösung das Antikoagulanz aus der Leber extrahiert werden konnte. McLean (1916), der diese deutschen und französischen Arbeiten nicht kannte, fand 1916 in der Hundeleber eine gerinnungshemmende Substanz, die 1918 von Howell und Holt nach ihrem Ursprungsort Heparin bezeichnet wurde. Durch die Isolierung dieser Substanz aus Herz und Lymphknoten konnten beide Forscher später den Beweis erbringen, daß Heparin ubiquitär im tierischen Organismus vorkommt (Howell 1928).

1935 gelang Jorpes die Aufklärung der Heparin-Bausteine: Er fand Hexosamin und Uronsäure äquimolar am Aufbau des Heparin-Moleküls beteiligt.

Die erste Heparin-Applikation am Menschen erfolgte am Toronto-General-Hospital - und zwar zur regionalen Heparinisierung in die A. brachialis - am 16.4.1935 (Murray 1937). Die gleichen Autoren publizierten im August 1937 76 Fälle, die postoperativ heparinisiert worden waren. Clarence Crafoord, der am 25.2.1984 im Alter von 84 Jahren starb, war der erste Chirurg in Schweden, der sich auf die Thoraxchirurgie spezialisiert hatte. Die erfolgreiche Operation einer Pulmonal-Arterien-Embolie lenkte sein Interesse auf die Prophylaxe thromboembolischer Komplikationen. Von ihm erfolgte 1937 die erste klinische Publikation zum Einsatz von Heparin (Crafoord 1937). Der erste von ihm erwähnte Patient war 76 Jahre alt und erhielt das Heparin-Präparat am 23.8.1935. Am 6.9.1935 wurde eine 60jährige Frau nach Cholzystektomie mit Heparin intravenös substituiert. Crafoord stellte zusammenfassend fest: "…. die Untersuchung hat gezeigt, daß es möglich ist, durch postoperative intravenöse Einführung von Heparin eine beträchtliche Verlängerung der Koagulationszeit zu erreichen. Die Wirkung des Heparins bei Operierten unterscheidet sich von derjenigen bei Individuen im Normalzustand in der Weise, daß bei den ersteren ungefähr durch 24 Stunden nach der Operation eine größere Heparin-Dosis nötig ist, um denselben Effekt hervorzurufen. Wenn ein genügend reines Heparin-Präparat in der richtigen Weise angewendet wird, sind keine üblen Folgen einer solchen Behandlung zu befürchten."

Das von Lenggenhager 1935 zuerst angewandte Heparin-Präparat hatte nach intravenöser Applikation noch zu Schockzuständen geführt, war aber intramuskulär in die Operationswunde verabreicht verträglich. Für Lenggenhager war die Entstehung der postoperativen Thrombosen nur dann möglich, wenn das Thrombin in das strömende Blut gelangt. Daraus folgerte er, daß das Wundthrombin in unmittelbarem Anschluß an die Operation wirkungsunfähig gemacht werden mußte. Je nach Wundgröße wurde Heparin mit 30-90 ccm physiologischer NaCl-Lösung verdünnt und am Schluß des Eingriffs in die Wunde gespritzt (Lenngenhager 1939). In den Jahren 1939 und 1940 konnte die Prophylaxe dann ausschließlich intravenös erfolgen. Das Ergebnis im Jahre 1941 lautete: "Es ist uns somit zum ersten Mal gelungen, während 30 Monaten an einer Serie von 3.800 Operationen, die Emboliesterblichkeit auf Null herabzudrücken. Die autoptisch kontrollierte Emboliehäufigkeit beträgt in dieser Serie noch 0,81 %, gegenüber 6,9 % in den Jahren vor der Heparin-Prophylaxe."

5 Gruppen von Patienten sollten nach seiner Meinung durch die Prophylaxe geschützt werden:

Gruppe 1: Alle Patienten über 30 Jahre mit großen und mittelgroßen chirurgischen Eingriffen, am Stamm oder Extremitäten ausschließlich Strumen.
Gruppe 2: Alle Patienten mit Abdominaloperationen über 25 Jahre.
Gruppe 3: Alle fettleibigen Patienten unbeschadet der Größe des Eingriffs und ihres Alters.
Gruppe 4: Alle Varizenträger.
Gruppe 5: Alle Patienten, die in ihrer Anamnese Phlebitis, Thrombose oder Embolie durchgemacht haben.

Er fügte hinzu: "Eingriffe am Hals und am Kopf benötigen bei sonst gesunden Patienten kein Heparin".

1.4 Beginn der subkutanen Heparin-Medikation

Erste Mitteilungen über die subkutane Anwendung des Heparins liegen schon aus dem Jahre 1947 vor (Loewe). Es war jedoch erst Sharnhoff, Pathologe und Direktor der Laboratorien des Mount Vernon Hospitals, der aufgrund seiner Erfahrungen mit tödlichen Lungenembolien auf dem Sektionstisch und begleitenden Gerinnungsuntersuchungen die subkutane Heparin-Medikation in der Allgemeinchirurgie veranlaßte (Sharnhoff 1962). Für einen Gerinnungsexperten nicht verwunderlich, empfahl er prä- und postoperative Gerinnungsuntersuchungen, insbesondere die Koagulationszeit und ein den Werten entsprechend abgestuftes Konzept der subkutanen Heparinisierung

10

nach Gewicht des Patienten und den jeweiligen Blutwerten (Sharnhoff 1980).

Nach klinischen Symptomen ist die diagnostische Erfassung von Thrombosen intravital ungewiß. Nachdem zur Bewertung von Thrombosen unter Heparin-Therapie die Phlebographie benutzt worden war, stand nach 1970 der Radio-Jod-Fibrionogen-Test für mehrfache postoperative Kontrollen als nicht invasive Methode zur Verfügung (Kakkar 1970).

Im Jahre 1971 schlug Kakkar das erste Mal vor, die subkutane Heparin-Prophylaxe durch die Anwendung einer starren Medikation zu vereinfachen. Nach Gabe von 5.000 E Heparin 2 Stunden vor der Operation, sollten die Patienten postoperativ 3 x 5.000 E Heparin tägl. subkutan bis zur Mobilisierung erhalten. Unter der Annahme, daß 5 von 1.000 Erwachsenen nach größeren allgemeinchirurgischen Eingriffen an einer Lungenembolie versterben würden, war zur Überprüfung des o.g. Konzepts eine Multicenterstudie an 10.000 Patienten in Angriff genommen worden (Kakkar 1975). Die Analyse der ersten 2.000 Patienten ergab aber schon, daß die Rate an tödlichen Lungenembolien in der Kontrollgruppe wesentlich höher als erwartet und damit der Schutz des Heparins (Benefit) größer ausfiel. Aus ethischen Gründen wurde deshalb die Aufnahme von weiteren Patienten in die Studie nach Erreichen von einer Fallzahl von 4.500 beendet. Bei einer Gesamtletalität von 4,8 % (100 Todesfälle unter 2.076 Patienten) in der Kontrollgruppe ereigneten sich 22 tödliche Lungenembolien bei einer Sektionsfrequenz von 72,0 %. Dies hätte bei einer hochgerechneten Sektionsfrequenz von 100 % einer Rate an tödlichen Lungenembolien von 1,5 % entsprochen. Bei den 2.045 Patienten unter dem Schutz des subkutan verabreichten Heparins lag die Lungenembolierate bei 0,4 %. Seit Bekanntwerden dieser Studie war das Mitführen einer nicht medikamentös geschützten Kontrollgruppe zur Testung eines antithrombotisch wirksamen Medikaments aus ethischen Gründen nicht mehr vertretbar.

1.5 Kombinaton mit Dihydroergotamin

Schon 1941 hatte Lenggenhager zur erfolgreichen Kombinationstherapie die "passive Hebung des Kreislaufs und Verkleinerung des Gefäßquerschnittes durch Sympatol oder besser noch Veritol" empfohlen. Die damals schon angesprochene Verminderung der Blutströmung als dritter Faktor der Virchow-Trias erhielt durch die Einführung des Dihydroergotamins in den 70er Jahren eine neue Dimension. Dieser Stoff besitzt einen venentonisierenden Effekt, der über eine Stimulation von α-adrenergen und serotoninergen Rezeptoren vermittelt wird. Die überlegene Wirkung dieses Prinzips wurde in der Allgemeinchirurgie durch die Studie von Koppenhagen (1977 und 1979) erstmals verläßlich nachgewiesen.

1.6 Niedermolekulare Heparine zur Thromboseprophylaxe

Obwohl wir zur Zeit vom Ideal, der vollständigen Vermeidung perioperativer thromboembolischer Komplikationen bei gleichzeitiger Ausschaltung jeglichen Blutungsrisikos, noch entfernt sind, hat uns die Entwicklung von niedermolekularen Heparinfraktionen
in den siebziger Jahren diesem Ziel näher gebracht. Im Rahmen einer doppelblinden, kontrollierten, konsekutiven und randomisierten klinischen Studie an 200
Patienten der Abdominalchirurgie, prüften Voigt et al (1986) niedermolekulares
Heparin-Dihydroergotamin bei einem Risikopatientengut im Alter von über 40 Jahren.
Als Ergebnis der Studie wurde festgestellt: Eine einzige Injektion von NMH/DHE am
Tag ist, in bezug auf die antithrombotische Wirkung und die unerwünschten Nebenwirkungen, vergleichbar mit der zweimaligen Gabe von HDHE je Tag. Zusätzlich konnte
die Nutzen-Risiko-Situation bei 33.421 Patienten aus den Fachbereichen Chirurgie,
Traumatologie, Orthopädie, Gynäkologie und Urologie beim routinemäßigen Einsatz
einer Kombination von niedermolekularem Heparin und Dihydroergotamin im Rahmen einer prospektiven Verlaufskontrolle ausgesprochen günstig beurteilt werden.
Diese Kombination stellte nach Wolf et al (1988) ein gut verträgliches Prophylaktikum
dar. Dem geringen Risiko etwaiger vasospastischer Reaktionen stand der erhebliche
Nutzen einer deutlichen Senkung der Rate tödlicher Lungenembolien gegnüber.

2. Epidemiologie

Als Lehre von der Häufigkeit und Verteilung von Krankheiten und Gesundheitsstörungen sowie von deren Ursachen und Risikofaktoren umfaßt die Epidemiologie unter
anderem auch Untersuchungen und deren statistische Darstellung über den Wert von
diagnostischen Methoden und Vorbeugungsmaßnahmen (Tab. 1).

Tabelle 1. Epidemiologie als Lehre von Krankheiten und Gesundheitsstörungen

---

* Ursachen

* Häufigkeit

* Risikofaktoren

Statistische Erhebung über den Wert von diagnostischen und prophylaktischen Maßnahmen.

2.1 Einführung von statistischen Methoden in die Medizin durch Theodor Billroth

"Die Statistik ist eine Methode, und zwar für die praktische Heilkunde eine der wichtigsten, um die Wahrheit zu erforschen."
Th. Billroth: Chirurgische Erfahrungen Zürich 1860-1867 (Archiv für klinische Chirurgie 1869)

Zum 100. Geburtstag Billroths (Abb. 7) 1929 schrieb Ferdinand Sauerbruch: "Billroths große Tat war die Vereinigung der Klinik mit der pathologischen Anatomie. Aus ihr heraus wuchs etwas Neues, bisher Unbekanntes: Die wissenschaftliche Chirurgie, oder anders und besser ausgedrückt, die Chirurgie, die mit naturwissenschaftlichen Methoden arbeitet und mit naturwissenschaftlicher Kritik den Erfolg bewertet." (Kern 1979).

1869 wurde dann der erste Teil eines Werkes veröffentlicht, das heute als Grundlage der klinischen Statistik gilt: "Die Chirurgische Klinik in Zürich, 1860-1867" (Billroth 1869). Ergänzt wurde es durch die 10 Jahre später publizierten Behandlungsergebnisse der Wiener Klinik. Bis dahin hatte keine der großen Kliniken Erfolg und Mißerfolg in der Behandlung all ihrer Kranken schonungslos offenbart. Damit wurde der internationale Erfahrungsaustausch in der Chirurgie möglich und die Grundlage für die medizinische Statistik in der Chirurgie gelegt.

Abb. 7. Theodor Billroth im Kreise seiner Schüler (1869)

2.2 Untersuchungsmethoden zum Nachweis von thromboembolischen Komplikationen

Nachdem die Ursachenforschung von thromboembolischen Komplikationen schon im historischen Überblick abgehandelt worden ist, wenden wir uns jetzt, im Sinne von epidemiologischen Untersuchungen, die erst nach Einführung von statistischen Methoden in die Chirurgie möglich geworden waren, den Nachweismethoden für thromboembolische Komplikationen zu. Unter Studienbedingungen sind dies für alle zu prüfenden Patienten intravital zum Nachweis einer Thrombose ausnahmslos der Radio-Fibrinogentest und die Phlebographie und für die Lungenembolie Szintigraphie oder Pulmonalis Angiographie (Tab. 2).

Tabelle 2. Zielkriterien zum Nachweis von thromboembolischen Komplikationen

	Thrombose		Lungenembolie	
	intravital	postmorta	lintravital	postmortal
Studie	RFT (generell) Phlebographie	Autopsie	Szintigraphie Pulmonalis-angiographie	Autopsie
Klinik	(Symptomatik) Phlebographie (selektiv)	Autopsie (begrenzte Möglich-keiten)	(Symptomatik) Szintigraphie Angiographie	Autopsie (begrenzte Möglichkeiten)

Für die genannten Zielkriterien kann postmortal nur die Autopsie Auskunft geben. Diese für die notwendige hohe Aussagekraft von Studien unerläßlichen Zielkriterien lassen sich aus Praktikabilitätsgründen nicht uneingeschränkt auf den klinischen Alltag übertragen. Trotzdem kann man die Meinung vertreten, daß die weite Indikation zur Phlebographie zum Nachweis von Thrombosen und die ebenso weit gestellte Indikation zur Szintigraphie oder Pulmonalis Angiographie zum Nachweis intravitaler Lungenembolien, dem Kliniker einen Richtwert an die Hand geben kann, wie hoch die Wirksamkeit der von ihm eingesetzten generellen medikamentösen Thromboembolieprophylaxe ist, und ob er das Thromboembolierisiko richtig einschätzt (Voigt 1990).

14

2.3 Risikofaktoren

Definieren wir als Risikofaktor eine Bedingung, bei deren Vorhandensein die Wahrscheinlichkeit für ein unerwünschtes Ereignis größer wird als ohne seine Anwesenheit, sind operative Eingriffe in Verbindung mit nachfolgender Bettlägerigkeit unbestritten der bedeutendste bekannte Risikofaktor für die Entwicklung von tiefen Venenthrombosen und Lungenembolien (Tab. 3). Erst der Radio-Fibrinogentest ermöglichte die Abschätzung des postoperativen Thromboserisikos nach verschiedenen Eingriffen (Koppenhagen 1988) (Tab. 4).

Tabelle 3. Bekannte Risikofaktoren einer venösen Thromboembolie

Allgemein	Chirurgie	Interne Medizin
Alter	Großer Eingriff in der Allgemeinchirurgie	Herzinsuffizienz
Immobilisierung		
		Herzinfarkt
Thromboembolie in der Anamnese	Hüftgelenksnahe Operationen	Cerebraler Insult
Adipositas	Kniegelenkschirurgie	Lähmungen
Bösartiges Leiden	Unterschenkelverletzungen	Schock
Kontrazeptiva		
Varikosis		
Heriditäre Faktoren		

Tabelle 4. Thrombose-Inzidenz bestimmt mit objektiven diagnostischen Methoden (Koppenhagen 1988)

	Prozent
operativ:	
Abdominal-und Thoraxchirurgie	30 %
Operative Orthopädie	
Elektive Hüftchirurgie	54 %
Pertrochantäre Frakturen	75 %
Subcapitale Frakturen	34 %
Operative Urologie	
Prostatektomie: transurethral	8 %
abdominal	35 %
Operative Gynäkologie	24 %
konservativ:	
Neurologie (Stroke, Querschnitt)	55 %
Innere Medizin (Myokardinfarkt)	30 %

Auch wenn heute einige pathogenetische Faktoren bei bestimmten Patienten ein erhöhtes Risiko erwarten lassen, sind weder die quantitative Bewertung des Einzelfaktors noch die exakte Festlegung ihrer Abhängigkeit untereinander bisher möglich. Da sicher zusätzliche, unbekannte Einflüsse eine wichtige Rolle spielen, ist auch heute noch das *individuelle* Risiko für thromboembolische Komplikationen präoperativ nicht hinreichend abschätzbar. Erst die hieraus resultierende *generelle* Thromboembolieprophylaxe hat in der Allgemein-und Unfallchirurgie thromboembolische Komplikationen auf ein Minimum reduziert.

2.4 Häufigkeit tödlicher Lungenembolien und Altersstruktur des Patientengutes

Auf dem Boden eigener sektionsstatistischer Untersuchungen (Voigt 1979) konnte für zwei große Zeiträume die Rate an tödlichen postoperativen Lungenembolien in Kiel verläßlich ermittelt werden.

Unter den postoperativen Todesfällen auf den Gebieten Allgemein-und Unfallchirurgie wurden in der Zeit von 1930 bis 1938 798 Sektionen durchgeführt. Mit 84 Lungenembolien des Schweregrades II und III, lag der Prozentsatz an tödlichen Lungenembolien bei 10,5 %. Für den Zeitraum 1968 bis 1976 stieg der Prozentsatz bei 185 Lungenembolien unter 954 postoperativen Todesfällen mit Sektion auf 19,4 % und hatte sich damit verdoppelt. Vergleichsweise hierzu entdeckte Sandler (1989) unter 2.388 Autopsien bei einem internistischen Krankengut 239 tödliche Lungenembolien als Todesursache und ermittelte damit eine Lungenemboliefrequenz bei nicht operierten Patienten von "nur" 10 %.

Insgesamt von entscheidender Bedeutung für den Anstieg von thromboembolischen Komplikationen bis zur Einführung der generellen medikamentösen Thromboembolie-prophylaxe ist die dramatische Veränderung der Altersstruktur chirurgisch behandelter Patienten: Während an der Universitätsklinik in Kiel in den 30er Jahren die 20jährigen das zahlenstärkste Dezennium in der allgemeinen Unfallchirurgie darstellten, sind es im Zeitraum 1974 bis 1976 die 60jährigen Patienten gewesen (Voigt 1979) (Tab. 5).

Tabelle 5. Die Alterstruktur operierter Patienten in der Abteilung Allgemein- und Unfallchirurgie der Chirurgischen Universitätsklinik Kiel der Jahre 1936-1938 (n_1 = 4359 Patienten, gepunktete Linie) und der Jahre 1974-1976 (n_2 = 8173 Patienten, durchgezogenen Linie)

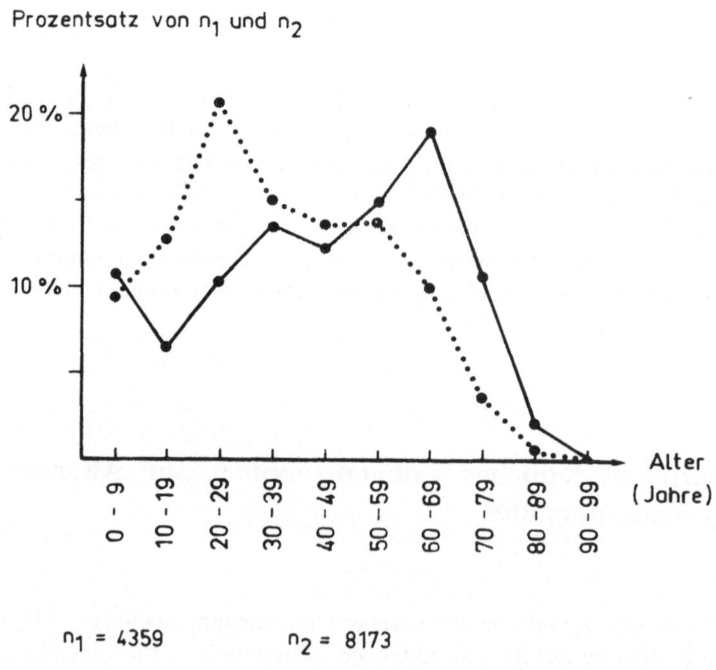

Eine weitere Zuspitzung in diesem Sinne zeigt die Altersstruktur in der Abteilung Allgemein- und Unfallchirurgie am Stadtkrankenhaus in Neuwied, in der zwischen 1988 und 1990 7.186 Patienten stationär behandelt wurden (Tab. 6)

Tabelle 6. Altersstruktur stationär behandelter Patienten. Abteilung Chirurgie Stadtkrankenhaus Neuwied 1988 bis 1990

	1988	1989	1990
Alter		Anteile in %	
0-16	5,8	7,1	7,9
17-30	20,0	20,1	19,6
31-40	10,0	10,6	9,7
41-50	11,1	10,4	9,3
51-60	13,8	13,5	13,5
61-70	14,8	13,9	13,2
71-80	14,3	14,2	15,1
> 80	10,2	10,2	11,7
Gesamtzahl n	2137	2444	2605

Die 50jährigen waren mit über 13 %, die 60jährigen zwischen 13 und 14% und die 70jährigen mit bis zu über 15 % vertreten. Auffallend hoch war der Prozentsatz der über 80jährigen, der 1990 auf 11,7 % angestiegen war.

2.5 Epidemiologische Erhebungen unter medikamentöser Thromboembolieprophylaxe

Erweiterte Operationsindikationen, größere Eingriffe, die unverändert große Zahl von Notfalleingriffen und das schon angesprochene steigende Lebensalter, hätten dann zu einer Steigerung der Letalität geführt, wenn nicht sorgfältige Vorbereitung zur Operation, verfeinerte Operationstechnik, die Unterstützung durch intensive medizinische Maßnahmen und insbesondere eine wirkungsvolle medikamentöse Thromboembolieprophylaxe diesem Trend entgegengesteuert hätten. Aus diesem Grunde war in Kiel 1978 das aussichtsreiche Konzept der Medikation mit Heparin-Dihydroergotamin in die generelle Anwendung der Allgemein- und Unfallchirurgie übernommen worden. Im Mai 1980 wurde während des Thromboembolie-Symposiums in Salzburg über die

18

Ergebnisse des Zeitraumes vom 1.1.-31.12.1979 berichtet (Voigt 1981): 972 Patienten im Alter von über 29 Jahren hatten die medikamentöse Thromboembolieprophylaxe mit HDHE erhalten, da sie sich einem größeren chirurgischen Eingriff mit nachfolgender Immobilisation unterziehen mußten. Bei keinem Patienten, bei dem die subkutane Medikation von HDHE bis zum Tode durchgeführt worden war, wurde bei Obduktion eine tödliche Lungenembolie diagnostiziert. In einer zweiten Untersuchung (Voigt 1984) konnten durch die routinemäßige EDV-Erfassung der Krankengeschichten von allen operierten Patienten - 3.213 Patienten im Alter von über 29 Jahren (Krankenhausletalität 5,1 %) - nach genereller medikamentöser Prophylaxe erfaßt werden. Die autoptisch gesicherte Lungenembolierate lag bei nur 0,3 % (Tab. 7).

Tabelle 7. Thromboembolieprophylaxe und Rate an tödlichen Lungenembolien in der Allgemeinchirurgie (Chirurgische Universitätsklinik Kiel 1979-1982)

Medikamentöse Thromboseprophylaxe	HDHE 2-3mal 5.000/die
Patientenzahl	3213
Todesfälle	165
Letalität	5,1 %
Todesfälle mit Sektion	122
Sektionsfrequenz	73,9 %
Lungenembolien (tatsächlich)	7
Lungenembolien (erwartet)	9
Lungenembolien (Prozentsatz)	0,3 %

In einem weiteren 3-Jahreszeitraum von 1984 bis 1986, wurden in der Abteilung Allgemeine Chirugie der chirurgischen Universitätklinik Kiel 9.189 Patienten behandelt, 6.726 davon operiert. Das Dezennium der 70- bis 79jährigen war das umfangreichste. Unter 258 postoperativen Todesfällen mit Sektion konnte durch die neben den physikalischen Methoden zusätzlich durchgeführte generelle medikamentöse Thromboembolieprophylaxe die Lungenembolie als tödliche Komplikation auf den 9. Platz verwiesen werden (Büll 1989).

Unter den schon angesprochenen 7.186 stationär behandelten Patienten in der Abteilung Allgemein- und Unfallchirugie am Stadtkrankenhaus Neuwied, lag die Gesamtletalität im Jahre 1988 bei 1,17 % und konnte bei einer Steigerung der Patientenzahl auf 2.444 Patienten im Jahre 1989 bei 220 Todesfällen auf 0,9 % gesenkt werden (Tab. 8).

An einem Stadtkrankenhaus ist verständlicherweise keine so hohe Sektionsfrequenz zu erreichen, um die Rate der tödlichen Lungenembolien zweifelsfrei zu ermitteln. Bei 11 Patienten war das Leiden so weit fortgeschritten, daß ein operativer Eingriff nicht angezeigt war. Die mögliche Lungenembolie hätte hier, wenn überhaupt, nur eine additive Bedeutung gehabt. Durch das genaue Studium der Krankengeschichten bei den operativen Patienten konnte nachgewiesen werden, daß bei 20 von 23 Todesfällen in der Allgemeinchirurgie (Durchschnittsalter 77 Jahre), das fortgeschrittene Grundlei-

Tabelle 8. Todesfälle in der Abteilung Chirurgie. Stadtkrankenhaus Neuwied 1988 und 1989

Jahr	1988		1989	
Behandlungsart	Anzahl	Durchschnitts- alter	Anzahl	Durchschnitts- alter
Ohne Operation	5	71	6	79
Unfallchirurgie	1	83	1	79
Allgemeinchirurgie	4	68	5	79
Nach Operationen	20	81	16	81
Unfallchirurgie	8	87	5	84
Allgemeinchirurgie	12	76	11	77
Todesfälle (gesamt)	25		22	
Patientenzahl	2137		2444	
Letalität	1,17 %		0,90 %	

den (14 mal ein Karzinomleiden) für die Prognose von entscheidender Bedeutung war. Nur bei 3 Patienten hätte theoretisch eine Thromboembolie entscheidend lebensverkürzend wirken können. Das Durchschnittsalter der 13 postoperativen Todesfälle in der Unfallchirurgie betrug 86 Jahre. Bei ungünstigem Frakturtyp im hüftgelenksnahen Bereich und extremer Multimorbidität, war auch postoperativ nur Übungsstabilität zu erreichen gewesen. Nicht die mögliche Lungenembolie, sondern die desolate Gesamtsituation waren hier lebenszeitbegrenzend. In beiden Jahren wurden beim geringsten klinischen Verdacht zu jeder Tages- und Nachtzeit eine Lungenperfusions-Szintigraphie abgerufen. 2 von 17 dieser nuklearmedizinischen Untersuchungen erbrachten Lungenembolie beweisende Perfusionsausfälle: Bei einem 35jährigen Patienten mit Ulcus cruris am 7. Tag nach einer Venenexhairese und bei einem 80jährigen Patienten am 15. Tag nach Implantation einer totalen Hüftendoprothese bei medialer Schenkelhalsfraktur.

Unter genauer Berücksichtigung des klinischen Verlaufs und den benutzten elektiven Untersuchungsmethoden ist daher die Aussage erlaubt, daß beim hier vorgestellten Patientengut die Lungenembolie sowohl als intravitale Komplikation wie auch als Todesursache keine bedeutende Rolle mehr spielt.

Wie gestaltet sich das Bild bei den intravitalen phlebographisch gesicherten Thrombosen?

Bei einer ausgesprochen weit gestellten Indikation zur Phlebographie (insgesamt 162 Untersuchungen) wurden in drei Jahren bei stationär behandelten Patienten in der Allgemeinchirurgie nur 5 Thrombosen phlebographisch gesichert und entsprechend behandelt. - Insbesondere, da die Patienten ein Durchschnittsalter von über 82 Jahren hatten, ist die Aussage erlaubt, daß thromboembolische Komplikationen im stationären Bereich auf dem Gebiet der Allgemein- und Gefäßchirurgie unter der hier durchgeführten medikamentösen Thromboembolieprophylaxe mit niedermolekularem Heparin-Dihydroergotamin keine erhebliche Bedeutung mehr haben (Tab. 9).

Tabelle 9. Phlebographisch gesicherte Thrombosen. Abteilung Chirurgie, Stadtkrankenhaus Neuwied 1988 bis 1990

Jahr	1988	1989	1990
Bereich	Anzahl	Anzahl	Anzahl
Allgemeinchirurgie			
stationär	2	0	3
ambulant	3	1	2
Summe	5	1	5
Unfallchirurgie			
stationär	-	2	5
ambulant	5	10	4
Summe	5	12	9
idiopatisch	3	-	7
Gesamtzahl	13	13	21

Auffallend dagegen ist die Zunahme von z.T. massiven Thrombosen im Bereich der ambulanten Unfallchirurgie, hier hat sich die Zahl von 1988 auf 1989 von 5 auf 10 verdoppelt. Betroffen waren auch jüngere Patienten mit Verletzungen des Knie- oder Sprunggelenks oder Weichteilverletzungen des Unterschenkels.

2.6 Risikofaktor Immobilisation

Aus der Sicht der Unfallchirurgie kann der Faktor Immobilisation, insbesondere in der prä- und postoperativen Phase nicht hoch genug eingeschätzt werden. So wie offensichtlich in der Allgemeinchirurgie besonders die Gallenchirurgie thrombosegefährdet ist, spielen trotz einer hochdosierten medikamentösen Prophylaxe thromboembolische Komplikationen bei der operativen Versorgung von hüftgelenksnahen Frakturen weiterhin eine nicht unerhebliche Rolle.

War insgesamt die Erfindung der Markraumschienung durch Küntscher (Abb. 8 und 9) vor über 50 Jahren ein wesentlicher Schritt in die richtige Richtung, die Immobilisationszeit wesentlich zu verkürzen, so ist die Verwendung von sofort belastbaren Osteosynthesen im hüftgelenksnahen Problembereich im hohen Alter heute *die* entscheidende Thromboembolieprophylaxe des Unfallchirurgen (Abb. 10 u. Abb. 11).

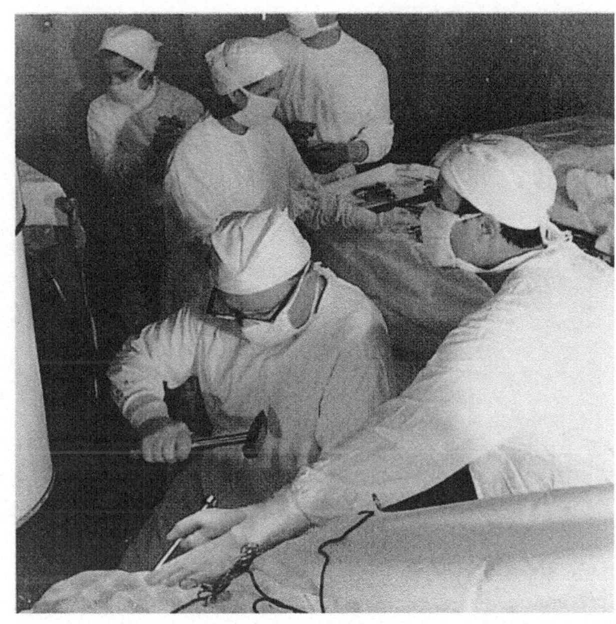

Abb. 8. Einschlagen des Marknagels durch seinen Erfinder Prof. Dr. Gerhard Küntscher (16.2.1900 -17.12.1972)

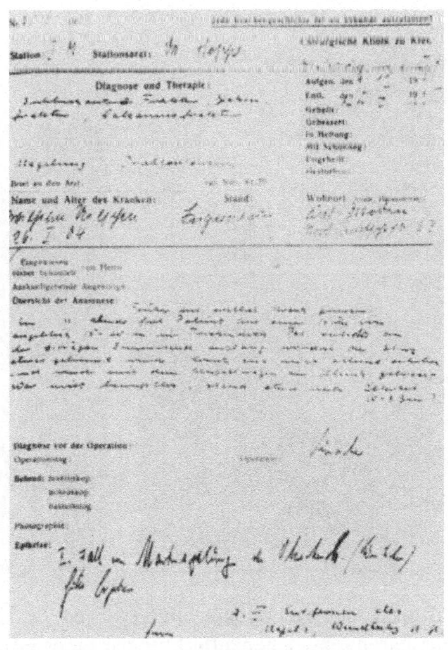

Abb. 9. Vorderseite des Krankenblattes der ersten Marknagelung am Menschen (1939). Handschriftliche Eintragung unter Epikrise: 1. Fall von Marknagelung des Oberschenkels (Küntscher). Gutes Ergebnis (Voigt 1986).

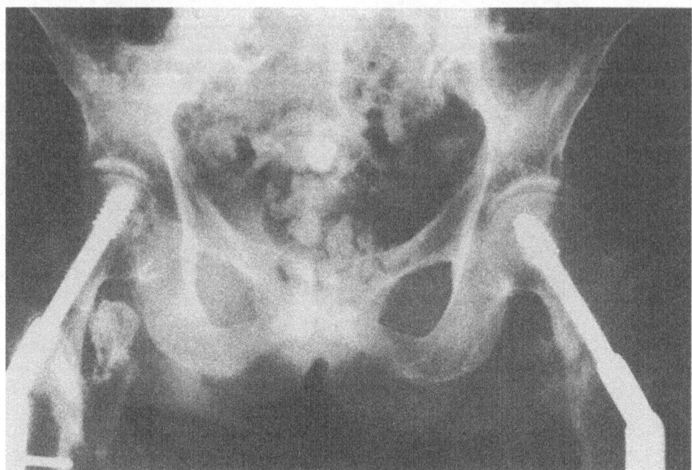

Abb. 10. Beckenübersicht: Operative Versorgung von per- und subtrochantären Oberschenkelfrakturen beidseits bei einer 85jährigen Patientin. 1. operativer Eingriff auf der linken Seite am 25.12.1989. 2. operativer Eingriff auf der rechten Seite am 9.05.1990. Die Patientin geht wieder unter Benutzung eines Handstockes bei erheblicher Kniegelenksarthrose beidseits

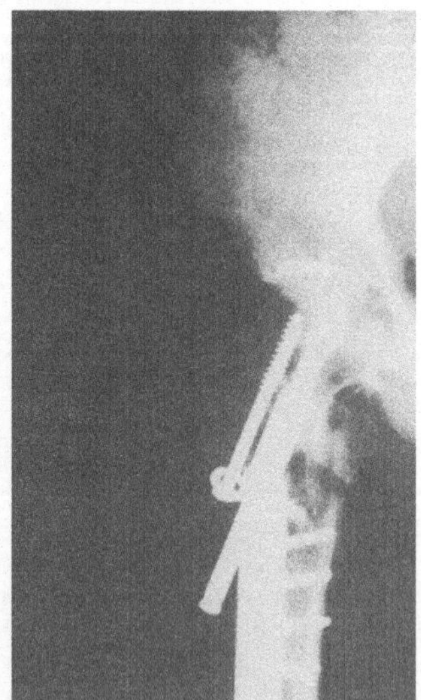

Abb. 11. Röntgenbilder vom 8.04. und 7.06.1991: Operative Versorgung einer per- und subtrochantären Oberschenkelfraktur bei einer 64jährigen Patientin. Nach Frühmobilisation erfolgte knöcherne Durchbauung nach 2 Monaten. (Die gewünschte Einstauchung im Schenkelhalsbereich hat zur schnellen knöchernen Konsolidierung geführt; der Einstauchungsvorgang wird durch das erwünschte Austreten der Schraube aus der Lasche dokumentiert)

Postoperative Verläufe ohne Komplikationen auch in hohem Lebensalter (Frühmobilisation durch niedrige Infektions- und Thromboserate), führten in der Chirurgischen Abteilung in 4 Jahren zu einer Verkürzung der durchschnittlichen Liegedauer von 16,4 auf 10,4 Tage. Wird während des gleichen Zeitraumes die relativ hohe Belegung beibehalten, steigt die Zahl der jährlich behandelten Patienten von 1.400 auf 2.600 erheblich an (Tab. 10). Dieser Leistungsanstieg ist heute ohne eine hochwirksame zusätzliche medikamentöse Thromboembolieprophylaxe nicht mehr zu erbringen.

Tabelle 10. Patientenzahl und Verweildauer. Abteilung Chirurgie Stadtkrankenhaus Neuwied 1986-1990

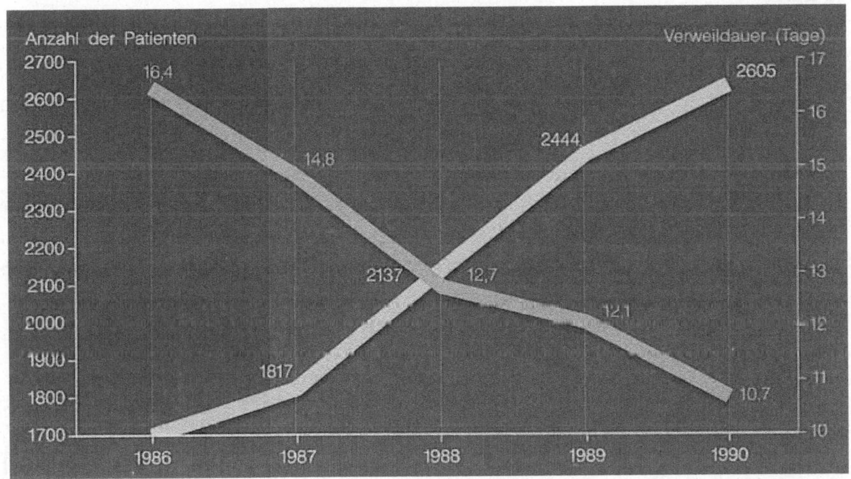

Zusammenfassung

In der zweiten Hälfte des vorigen Jahrhunderts hatte Virchow die Pathogenese thromboembolischer Komplikationen erkannt und Billroth erstmals statistische Methoden in die Medizin eingeführt. Erst beides ermöglichte *die* sinnvollen epidemiologischen Untersuchungen, die uns die große Gefahr postoperativer Thrombosen und Lungenembolien zweifelsfrei aufzeigte. Das so geschärfte Problembewußtsein bedingte die prophylaktische Medikation von Heparin und leitete damit eine Entwicklung ein, zu deren heutigem Stand wir sagen können: "Thrombosen und Embolien lassen sich in der Allgemeinen- und Unfallchirurgie durch die subkutane Applikation von niedermolekularem Heparin auch in Verbindung mit Dihydroergotamin weitgehend verhindern!"

24

Nach 150 Jahren auch epidemiologischer Thromboseforschung ist der damalige Traum von Rudolf Virchow, Thrombosen und Embolien prophylaktisch zu bekämpfen, heute Wirklichkeit geworden.

Wie gezeigt wurde, gibt es berechtigte Ansätze für ein differenziertes Vorgehen in der Unfallchirurgie: Beim hochbetagten Patienten mit hüftgelenksnaher Fraktur sollte die ansonsten optimale Dosis postoperativ noch erhöht werden. Die im stationären Bereich bewährte generelle Prophylaxe ist nach Unfallverletzungen auf ambulante Risikopatienten auszuweiten. Mit diesem Problembewußtsein könnte wieder Neuland erfolgreich erobert werden!

Literatur

1) Andree C :Virchow und die Trias. Symposium Frankfurt/Main 27. Mai 1988
2) Billroth T (1869) Chirurgische Erfahrungen Zürich 1860-1867. Archiv für klinische Chirurgie 10, I 1-908
3) Büll KC (1989) Todesfälle in der Allgemeinchirurgie - Eine Analyse der Jahre 1984-1986. Dissertation Kiel
4) Crafoord C (1937) Preliminary report on post-operative treatment with heparin as a preventive of thrombosis. Acta Chir Scand79: 407-426
5) Delezenne C (1896) Formation d'une substance anticoagulante per le foie en présence de la peptone. Acad Sci (Paris) 122: 1072-1075
6) Howell WH, Holt E (1918) Two new factors in blood coagulation: heparin and proantithrombin. Am J Physiol. 47: 328-332
7) Howell WH, Holt E (1928) The purification of heparin and its chemical and physiological reactions. John Hopkins Hosp. 42: 199-206
8) Jorpes JE (1935) The chemistry of heparin. Biochem J. 29: 1817-1826
9) Kakkar VV, Nicolaides A, Renney N und Mitarb. Labelled fibrinogentest adapted for routine screening for deep vein thrombosis. Lancet 1979/I, 540-544
10) Kakkar JE, Field ES, Nicolaides A, Flute PT, Wessler S, Yin ET: Lancet 1971/ II, 540-544
11) Kakkar VV (1975) An International Multicentre Trial: Prevention of fatal postoperative pulmonism by low doses of heparin. Lancet II 7924
12) Kern (1979) Theodor Billroth: Chirurg und universaler Mensch (II) Schl Holst Ärzteblatt 12 (79). 675-681
13) Koppenhagen K und Mitarb. (1977) Klinisch experimentelle Ergebnisse mit Heparin-Dihydroergotamin. Dtsch med Wochenschr. 102: 1374-1378
14) Koppenhagen K und Mitarb. (1979) Leistungsfähigkeit und Risiko der Thromboembolieprophylaxe in der Chirurgie. Therapiewoche 29. 5923-5926
15) Lenngenhager (1939) Genese, Prophylaxe und Therapie der postoperativen Fernthrombose. Chirurg 11. 531

16) Koppenhagen K, Häring R (1988) Die Thrombose- und Lungenembolie-Frequenz in der operativen Medizin. Chirurgische Gastroenterologie mit interdisziplinären Gesprächen 3. TM-Verlag Hameln

17) Lenngenhager: Über die Entstehung, Erkennung und Vermeidung der postoperativen Fernthrombose. Leipzig:Thieme G 1941

18) Loewe, Hirsch (1947) Heparin in the treatment of thromboembolic disease. J A Med Assoc. 133: 1263-1267

19) McLean J (1916) The thromboplastic action of cephalin. J Am Physiol. 41: 250-256

20) Murray D, Jaques L, Perret T, Best C (1937) Heparin and thrombosis in veins following injury. Surgery 2: 163-187

21) Sandler DA, Martin JF (1989) Durch Autopsie bestätigte Lungenembolien bei Krankenhauspatienten. Journ of Roy Soc of Med 82: 203-205

22) Schmidt-Mülheim A (1880) Beiträge zur Kenntnis des Peptons und seine physiologische Bedeutung. Arch Physiol. 33-56

23) Sharnhoff JG, Kass HH, Mistica BA (1962) A plan of heparinization of the surgical patient to prevent postoperative thromboembolism. Surg Gynecol Obstet. 115: 75-81

24) Sharnhoff JG: Prevention of venous thrombosis and pulmonary embolism. Lancaster: MTP Press 1980

25) Virchow R: Medizin und Naturwissenschaft; Zwei Reden 1845. Werner Scheler Akademie-Verlag Berlin

26) Voigt J: Der Todesfall in der Allgemein- und Unfallchirurgie. Eine Analyse von klinischen und pathologisch-anatomischen Befunden aus den Jahren 1930-1938 und 1968-1976. Kiel: Habil.schrift 1979

27) Voigt J: Generelle Thromboembolie-Prophylaxe mit Heparin-Dihydroergot. Einjährige Erfahrungen an der Chirurgischen Universitätsklinik Kiel. In: Postoperative Thromboembolieprophylaxe aus aktueller Sicht. Hrsg Tscherne H und Deutsch D. Stuttgart: Thieme G 1981

28) Voigt J, Lennert K, Hedderich J (1984) Fünf Jahre generelle medikamentöse Thromboembolie-Prophylaxe in der Allgemeinchirurgie. Fortschr Med 102: 562-569

29) Voigt J, Lohff B (1986) Ein Haus für Chirurgie 1802-1986. Karl Wachholtz Verlag Neumünster

30) Voigt J, Hamelmann H, Hedderich J, Seifert J, Buchhammer T, Köhler A (1986) Wirksamkeit und unerwünschte Wirkung von niedermolekularem Heparin-Dihydroergotamin zur Thromboembolieprophylaxe in der Abdominalchirurgie. Zent bl Chir 111: 1296-1305

31) Voigt J (1990) Ist das individuelle Risiko des Patienten für thromboembolische Komplikationen abschätzbar? Welche Hinweise gibt es für ein differentialtherapeutisches Vorgehen? Langenbecks Archiv Chir Suppl II (Kongreßbericht 1990). 1157-1161

32) Wolf H, Welzel D, Kaiser H, Majer M. Schäfer D, Husfeldt KJ, Voigt J, Sunder-Plassman L (1988) Arzneim Forsch/Drug Res 38 (II). 10: 1516-1519

Diagnostik von Thrombosen und Embolien - Standard, Verläßlichkeit, neue Entwicklungen

PD Dr. med. W. Habscheid
Medizinische Universitätsklinik Würzburg, Josef-Schneider-Str. 2, 97080 Würzburg

1 Diagnostik der tiefen Beinvenenthrombose

Die Diagnostik der tiefen Beinvenenthrombose ist durch zwei Probleme chrarakterisiert: 1. venöse Thrombosen sind häufiger als klinisch zu vermuten, 2. ihre klinische Symptomatik ist unspezifisch.

1.1 Phlebographie

Die Phlebographie ist der Goldstandard der Thrombosediagnostik. Mit keinem anderen Verfahren gelingt eine derart detailgetreue Darstellung der Anatomie des Venensystems. Weitere Vorteile sind ihr hoher dokumentarischer Wert sowie die Plausibilität der Bilder auch für den nicht primär radiologisch tätigen Arzt. Wenngleich andere Verfahren sich an ihr als Referenzmethode messen müssen, ist ihr Goldstandardstatus in einigen Punkten problematisch: So ist eine Interobsevervarianz bei der Beurteilung von Befunden von mindestens 10 % anzunehmen (Mc Lachlan 1979). Die Bestimmung des oberen Thrombusendes bei ausgedehnten tiefen Beinvenenthrombosen gelingt wegen Kontrastmittelverdünnung häufig nur unsicher. Eine Kontrastierung aller drei tiefen Unterschenkelvenengruppen ist aus technischen Gründen nicht immer möglich. Die Darstellung der Muskelvenen des Unterschenkels bedarf einer speziellen Technik, so daß Thrombosen in diesem Bereich bei Routineuntersuchungen übersehen werden können. Eine Beurteilung der vena femoralis profunda (eine Muskelvene aus der es bei isolierter Thrombose durchaus zu lebensbedrohlichen Embolien kommen kann), ist nur insuffizient möglich. Hochsitzende Thrombosen der vena saphena magna mit der Gefahr des Einwachsens in die vena femoralis communis (Crossen-Thrombose) werden nur unsicher erkannt.

Nachteile der Phlebographie sind ihr apperativer, finanzieller und personeller Aufwand, die Strahlenbelastung sowie die bekannten Kontrastmittelnebenwirkungen (systemische Unverträglichkeit, Auslösung einer Phlebitis, Verschlechterung einer Nieren- bzw. Herzinsuffizienz, Jodbelastung). Ihr Einsatz ist deshalb häufig nicht so liberal möglich, wie es für das nicht selten oligosymptomatische Krankheitsbild der Thrombose wünschenswert wäre. Aus diesem Grund finden eine Reihe "nicht invasiver" Thrombosediagnoseverfahren klinische Anwendung, deren wesentlicher Vorteil ihre großzügigere Einsetzbarkeit ist. Größere Bedeutung kommen der Dopplersonographie, Plethysmographie, dem Jod-Fibrinogen-Test sowie seit neuerem der bildgebenden Sonographie zu.

1.2 Dopplersonographie

Mit Hilfe der Dopplersonographie können Richtung und Geschwindigkeit von Blutströmungen erfaßt werden. Durch Messung des Flusses in der Leistenregion, der vena poplitea, vena saphena magna und vena tibialis posterior werden strömungswirksame Thrombosen erkannt, und ihre Ausdehnung kann näherungsweise angegeben werden. Die Interpretation der Befunde ist durch eine Reihe von Problemen charakterisiert. Falschnegative Ergebnisse sind bei nicht occludierenden Verschlüssen, bei Thrombosen mit guter Kollaterisation, Verschlüssen nur eines Segmentes einer Venendoppelanlage, Thrombosen außerhalb der Hauptblutleiter (z.B. Muskelvenenthrombose), zu erwarten. Falschpositive Befunde kommen bei Kompression des Venenlumens von außen (z.B. Hämatom) vor. Die Befunderhebung bedarf erheblicher Erfahrung und benötigt eine gewisse Kooperation des Patienten (abdominelle Atmung). Becken- und hochsitzende Oberschenkelvenenthrombosen werden in phlebographisch kontrollierten Studien mit der Methode mit einer Sensitivität von 70-92 % und einer Spezifität von 82-94 % erkannt (Tab. 1). Die Treffsicherheit läßt im femoropoplitealen Bereich nach. Die haemodynamisch häufig wenig bedeutsamen Unterschenkelvenenthrombosen entziehen sich meist dem dopplersonographischen Nachweis, so daß das Verfahren nicht zur Diagnostik isolierter Thrombosen in diesem Bereich geeignet ist.

Tabelle 1. Phlebographisch kontrollierte Studien zum Stellenwert der Dopplersonographie in der Diagnostik tiefer Beinvenenthrombosen. OS = Oberschenkel, US = Unterschenkel. Wenn nicht näher differenziert, beziehen sich die Angaben auf Thrombosen von Oberschenkel und Beckenvenen.

Autor	Patienten	Thrombosen	Sensitivität	Spezifität
Barnes (1976)	122	52	92 %	94 %
Lindqvist (1977)	47	52	87 %	87 %
Meadway (1975)	106	OS 34	85 %	82 %
		US 10	30 %	
Richards (1976)	150	OS 34	85 %	83 %
		US 23	52 %	
Sandler (1984)	53	29	75 %	89 %
Sigel (1968)	121	44	86 %	88 %

1.3 Venenverschlußplethysmographie

Ähnlich wie die Dopplersonographie ist die Venenverschlußplethysmographie ein funktionelles Verfahren. Mit verschiedenen Meßmethoden wird die Volumenschwankung der Wade bei Anlage und plötzlichem Ablassen eines im Bereich des Oberschenkels plazierten pneumatischen Staus gemessen. Da nur die hämodynamische Auswirkung einer Thrombose erfaßt wird, unterliegt die Methode ähnlichen Einschränkungen wie die Dopplersonographie: Negative Befunde sind bei nicht lumenverlegenden Thrombosen, ausreichender Kollateralisation und Verschluß eines Segmentes einer Doppelanlage, falschpositive bei gefäßkomprimierenden Prozessen zu erwarten. Aus methodischen Gründen ist die Aussage bei Patienten mit Herzinsuffizienz und ausgeprägter AVK eingeschränkt. Becken- und Oberschenkelvenenthrombosen werden in phlebographischen Studien mit einer Sensitivität von 63-98 % und einer Spezifität von 72-99 % korrekt erkannt (Tab. 2). Auch bei Verlegung der Meßstreifen in den Vorfußbereich und der pneumatischen Manschette in die Wadenregion eignet sich das Verfahren nicht zum Nachweis isolierter Unterschenkelvenenthrombosen.

Tabelle 2. Phlebographisch kontrollierte Studien zum Stellenwert der Venenverschlußplethysmographie in der Diagnostik der tiefen Beinvenenthrombose. OS = Oberschenkel, US = Unterschenkel. Wenn nicht näher differenziert, beziehen sich die Angaben auf Thrombosen von Oberschenkel und Beckenvenen.

Autor	Patienten	Thrombosen	Sensitivität	Spezifität
Barnes (1977)	194	OS 31	90 %	81 %
		US 25	60 %	
Cardella (1988)	69	42	87 %	72 %
Hull (1977)	200	OS 60	98 %	97 %
		US 26	19 %	
Hull (1981)	274	OS 78	95 %	98 %
		US 36	13 %	
Moser (1977)	33	23	61 %	100 %
Ramanchandani (1985)	100	OS 40	63 %	83 %
		US 24	17 %	
Wheeler (1974)	130	OS 28	95 %	99 %
		US 12	8 %	

1.4 Jod-125-Fibrinogen-Test

Von den zahlreichen nuklearmedizinischen Verfahren hat nur der Jod-125-Fibrinogen-Test größere Bedeutung gefunden. Radioaktives Fibrinogen wird intravenös injiziert und lagert sich im Bereich des Thrombus als Fibrin ab. Durch Aktivitätsmessung an verschiedenen Stellen können venöse Verschlüsse aufgespürt werden. Da der Einbau langsam erfolgt, ist ein Ergebnis nach frühestens 12 Stunden ablesbar. Die Strahlenbelastung sowie die nicht sicher ausgeschlossene Möglichkeit einer HBV- und HIV-Übertragung macht den Einsatz problematisch. Mit falschpositiven Befunden ist bei Weichteiltraumen, Hämatomen, Cellulitis, oberflächlicher Phlebitis, florider Arthritis, Erysipel, postthrombotischen Syndrom sowie nach operativen Eingriffen und Traumen der unteren Extremität zu rechnen. Falschnegative Ergebnisse können bei älteren Thrombosen und laufender Antikoagulation auftreten. In phlebographisch kontrollierten Studien schwankt die Sensitivität zwischen 58 % und 100 % und die Spezifität zwischen 55 % und 94 % (Tab. 3). Im Gegensatz zur Dopplersonographie und Plethysmographie werden Unterschenkelvenenthrombosen sicherer als Oberschenkelverschlüsse erkannt. Die Methode hat sich im klinischen Alltag wegen der o.g. Nachteile nicht durchgesetzt. Wegen der Möglichkeit der seriellen Messungen über mehrere Tage fand sie vor allem als Screeningverfahren in Studien zur Bestimmung der Thromboseinzidenz Anwendung.

Tabelle 3. Phlebographisch kontrollierte Studien zum Stellenwert des Jod-125-Fibrinogen-Tests in der Diagnostik tiefer Beinvenenthrombosen

Autor	Patienten n	Sensitivität	Spezifität
Browse (1971)	102	90 %	90 %
Field (1972)	63	97 %	79 %
Mc Ivor (1975)	72	95 %	55 %
Kakkar (1972)	88	94 %	94 %
Milne (1971)	35	100 %	73 %
Sautter (1979)	147	58 %	70 %

1.5 B-Bild-Sonographie

Durch eine Reihe von Studien wurde in den letzten Jahren die hohe Treffsicherheit der B-Bild-Sonographie in der Diagnostik tiefer Beinvenenthrombosen dokumentiert. Als Thrombosekriterium ist die fehlende Komprimierbarkeit der verschlossenen Vene, die erhöhte Reflexogenität des Thrombus, die fehlende Erweiterung der Vene bei Valsalvamanöver sowie die Dilatation des verschlossenen Gefäßes beschrieben worden. Studien der letzten Jahre haben nachgewiesen, daß die Untersuchung ohne Verlust von Treffsicherheit auf das einfach faßbare Kriterium der Prüfung der Komprimierbarkeit (Kompressionssonographie) beschränkt werden kann: Während die offene Vene im Gegensatz zur begleitenden Arterie durch mit dem Schallkopf ausgeübtem Druck zum Kollaps gebracht werden kann, ist das thrombosierte Gefäß nicht komprimierbar. Im Gegensatz zur Oberschenkelregion sind im Bereich des Unterschenkels offene Venen beim liegenden Patienten nicht sicher darstellbar. Bei Vorliegen einer Thrombose werden sie jedoch durch Gerinnselmaterial geweitet und sind häufig als nicht komprimierbare echoarme Stränge an typischer Stelle auffindbar.

Im Gegensatz zu den o.g. indirekten Diagnoseverfahren kann mit der B-Bild-Sonographie der Thrombus direkt dargestellt werden. Die Ausdehnung eines Verschlusses ist im Oberschenkelbereich exakt auszumachen. Auch hämodynamisch nicht wirksame Thrombosen werden treffsicher dargestellt (randumflossener Thrombus, Verschluß eines Segmentes einer Venenmehrfachanlage, Thrombose außerhalb des Bluthauptleiters). Weichteilprozesse, die differential-diagnostisch gegenüber einer Beinvenenthrombose abgegrenzt werden müssen, können erkannt werden (z.B. Baker-Cyste, Phlegmone). Die Treffsicherheit der Methode ist im Oberschenkelbereich durch eine Vielzahl von Studien belegt und liegt mit einer Sensitivität von 87-100 % und einer Spezifität von 91-100 % sehr hoch (Tab. 4). In drei großen Studien konnte gezeigt werden, daß auch isolierte Unterschenkelvenenthrombosen mit einer Sensitivität von ca. 90 % und einer Spezifität von über 95 % erkannt werden können (Elias 1987, Habscheid 1990, Krings 1990).

Tabelle 4. Phlebographisch kontrollierte Studien zum Stellenwert der Real-time-Sonographie in der Diagnostik tiefer Beinvenenthrombosen

Autor	Patienten	Thrombosen	Sensitivität	Spezifität
Aitken (1987)	46	16	94 %	100 %
Appelmann (1987)	112	52	96 %	97 %
Cronan (1987)	51	28	89 %	100 %
Dauzat (1986)	145	100	94 %	100 %
Elias (1987)	430	303[1]	98 %	95 %
Gaitini (1988)	45	23	87 %	91 %
Lensing (1989)	220	66	99 %	100 %
Raghavendra (1986)	20	14	100 %	100 %
Sullivan (1984)	30	14	94 %	100 %
Krings (1990)	182	n.a.[1,2]	95 %	97 %
Herzog (1991)	101	57[1]	88 %	98 %
Habscheid (1990)	238	153[1]	96 %	99 %

[1] einschließl. Unterschenkelvenenthrombosen; [2] nicht angegeben

Nach den bisher vorliegenden Daten kann die Treffsicherheit der bildgebenden Sonographie durch die gleichzeitige Anwendung der gepulsten Dopplersonographie in Form der *Duplex-sonographie* nicht gesteigert werden (Tab. 5). Gegenüber der Duplexsonographie ist es mit der *Farbdopplersonographie* auch möglich, offene Unterschenkelvenen darzustellen, so daß auch in diesem Bereich eine dopplersonographische Thrombosediagnostik möglich ist. Eine gegenüber der Kompressionsonographie höhere Treffsicherheit des methodisch aufwendigen Verfahrens ist jedoch bisher nicht belegt (Tab. 6).

Tabelle 5. Phlebographisch kontrollierte Studien zum Stellenwert der Duplex-sonographie in der Diagnostik tiefer Beinvenenthrombosen

Autor	Patienten	Thrombosen	Sensitivität	Spezifität
Killewich (1989)	47	38	95 %	83 %
O'Leary (1988)	50	25	88 %	96 %
Patterson (1989)	60	27	89 %	91 %
Rosner (1988)	32	10	90 %	100 %
Stapff (1989)	50	26	96 %	71 %
Vogel (1987)	54	25	91 %	100 %

Tabelle 6. Phlebographisch kontrollierte Studien zum Stellenwert der farb-codierten Duplexsonographie in der Diagnostik tiefer Beinvenenthrombosen
US = Unterschenkel

Autor	Patienten	Thrombosen	Sensitivität	Spezifität
Fobbe (1988)	103	58	96 %	97 %
Foley (1989)	47	19	89 %	100 %
Fürst (1990)	75	32	95 %	99 %
		US 72%	100 %
Grosser (1990)	180	154	94 %	99 %
		US 26	92 %	95 %
Rose (1990)	69	39	96 %	100 %
		US 9	44 %	85 %

1.6 Schlußfolgerungen

Die bildgebende Sonographie ist das treffsicherste indirekte Verfahren zur Diagnostik akuter tiefer Beinvenenthrombosen. Sie sollte als erste apparative Methode bei klinischem Verdacht eines venösen Verschlusses angewandt werden und im Untersuchungsgang den Unterschenkel mit einbeziehen. Eine sonographisch nachgewiesene Thrombose bedarf wegen der hohen Spezifität keiner phlebographischen Bestätigung. Ein negativer Ultraschallbefund schließt eine Oberschenkelvenenthrombose mit weitgehender Sicherheit aus. Da selbst der geübte Untersucher nur 9 von 10 isolierten Unterschenkelvenenthrombosen korrekt erkennen kann, ist ein Thromboseausschluß in diesem Bereich unserer Meinung nach nicht sicher möglich. Bei dringendem klinischem Verdacht sollte deshalb trotz negativem Sonographiebefund eine Phlebographie erwogen werden.

2 Diagnostik der Lungenembolie

Die Diagnostik der Lungenembolie ist ähnlich wie die der tiefen Beinvenenthrombose durch zwei Probleme charakterisiert: 1. Die Erkrankung ist häufiger als klinisch zu vermuten, 2. Bei Vorliegen eine Lungenembolie ist die Symptomatik uncharakteristisch. So wissen wir aus szintigraphischen Studien, daß bei Patienten mit Beinvenenthrombosen die meisten Embolien asymptomatisch verlaufen (Hulsmann 1989). Auf der anderen Seite ist durch Studien bekannt, daß der klinische Verdacht einer Lungenembolie nur etwa in 50 % sich angiographisch bestätigt. Eine Hochrechnung von Bell (1982) belegt die eminente Bedeutung einer korrekten Diagnosestellung: Sieht man von den Patienten ab, die innerhalb der ersten Stunde an einer fulminanten Lungenembolie versterben, so steigt die Letalität um das vierfache, wenn eine symptomatische Embolie nicht erkannt wird. Der klinische Verdacht einer Lungenembolie verpflichtet somit zur weiterführenden Diagnostik.

Während indirekte Diagnosemethoden allenfalls Indizien für das Vorliegen einer Lungenembolie ergeben, haben direkte Verfahren den Nachweis der Embolie zum Ziel.

2.1 Indirekte Diagnoseverfahren

Von den Laboruntersuchungen hat die *Blutgasanalyse* sicherlich die größte Bedeutung. Typisch ist ein erniedrigter arterieller Sauerstoffdruck bei meist subnormalem CO_2-Druck. Der Befund der pulmonalen Partialinsuffizienz ist jedoch uncharakteristisch und bei einer Vielzahl anderer Krankheitsbilder nachweisbar. Wie wir aus der UPET-Studie (UPET 1973) wissen, macht zwar eine normale Blutgasanalyse eine Lungenembolie wenig wahrscheinlich, schließt sie jedoch nicht mit genügender Sicherheit aus: Ca. 10 % der Patienten mit signifikanten Embolien haben in der Untersuchung ein noch normales paO_2. Ca. 50 % der Patienten mit Lungenembolien zeigen eine hohe <u>LDH</u>. LDH-Erhöhungen finden sich bei ähnlicher Symptomatik unter anderem auch bei Herzinsuffizienz und Pneumonie, so daß der diagnostische Gewinn eher gering ist. In ca. 80 % finden sich bei Lungenembolie unspezifische pathologische *EKG-Veränderungen*. Führend sind vor allem ST-T Veränderungen mit ca. 40 %. Wegweisende Befunde wie der S_I-Q_{III} Typ und Rechtsschenkelblock liegen bei ca. 15 % vor (Bell 1982).

Die *Röntgenaufnahme des Thorax* dient vor allem dem Ausschluß anderer Ursachen für die vorliegende pulmonale Symptomatik. Direkte Zeichen wie vermehrte Transparenz, Hilusamputation und erweiterter Conus pulmonalis sind allenfalls bei schweren Embolien nachweisbar. Häufiger finden sich indirekte Zeichen wie Zwerchfellhochstand, Lungeninfiltrat, Atelektase und Pleuraerguß. Zwar ist nach einer großen retrospektiven Untersuchung der Röntgen-Thorax nur in 16 % der Patienten mit Lungenembolie unauffällig (Sors 1984), die pathologischen Befunde sind jedoch uncharakteristisch und reichen zur Bestätigung der Verdachtsdiagnose meist nicht aus.

In den letzten Jahren hat sich die *Echokardiographie* als zusätzliche Hilfsmethode bei der Diagnostik der Lungenembolie herausgestellt. Nach einer Untersuchung von Kasper (1986) gelingt zwar die direkte Darstellung des Embolus in der Pulmonalarterie nur in etwa 10 %, es finden sich jedoch in einem hohen Prozentsatz Zeichen der pulmonalen Hypertonie. In 75 % ist der rechte Ventrikel erweitert, in 40 % der linke Ventrikel verkleinert, in knapp 50 % findet sich eine paradoxe Septumbewegung und in über $^2/_3$ der Fälle ein verminderter EF-Slope der Mitralklappe. Durch zusätzlichen Einsatz der Dopplersonographie kann durch Refluxmessung über der Trikuspidalklappe oder durch Registrierung des Flußprofiles in der Pulmonalarterie auf die Höhe des Pulmonalarteriendruckes geschlossen werden. Mit Ausnahme des direkten Thrombusnachweises sind die beschriebenen Befunde natürlich uncharakteristisch und zeigen nur die Folge der pulmonalen Hypertonie. Pathologische echokardiographische Befunde spiegeln die hämodynamische Auswirkung einer Embolie wieder und treten umso deutlicher in Erscheinung, je ausgeprägter die pulmonale Druckerhöhung ist, d.h. je gefährlicher die Embolie ist.

Mit der *B-Bild Sonographie* können, wie bereits erwähnt, Venenthrombosen mit hoher Treffsicherheit dargestellt werden. Phlebographische Studien zeigen, daß ca. 70-80 % (Hull 1983) der Patienten mit angiographisch nachgewiesener Lungenembolie noch Thrombusresiduen im Beinvenensystem haben. Im positiven Fall eines Thrombusnachweises ist bei gegebener Klinik eine Lungenembolie sehr wahrscheinlich. Ein negativer Befund schließt eine Embolie jedoch nicht aus.

2.2 Direkte Diagnoseverfahren

Als direkte Diagnoseverfahren kommen Angiographie und Szintigraphie zur Anwendung. Die *Angiographie* als invasive Methode gilt als Goldstandard. Sie kann in zwei methodischen Varianten (konventionelle Technik oder DSA) durchgeführt werden. Gefäßabbruch und Konturzeichen gelten als direktes, verminderte Parenchymfärbung und Verlängerung der arteriellen Phase als indirektes Emboliezeichen. Die konventionelle Technik besitzt das höchste Auflösungsvermögen. Mit ihr lassen sich Pulmonalgefäße bis in die kleinsten Verzweigungen verfolgen. Die Untersuchung ist jedoch bei schwerkranken Patienten mit Niereninsuffizienz, Herzinsuffizienz und insbesondere schwerer pulmonaler Hypertonie mit Komplikationen behaftet. Wegen der hämodynamischen Effekte der notwendigen größeren Kontrastmitteldosis ist die Anwendung vor allem bei Patienten mit pulmonalem Hochdruck nicht unproblematisch. Bei fortgeschrittenen Zeichen der rechtsventrikulären Dysfunktion und schwerer pulmonaler Hypertonie ist mit einer Mortalität von 2-3 % (Perlmutt 1987) zu rechnen.

Die *Pulmonalis-DSA* ist zweifellos besser verträglich. Entgegen früherer Annahmen mehren sich jedoch in der neueren Literatur die Hinweise, daß das Auflösungsvermögen im Vergleich zur konventionellen Angiographie, nicht zuletzt wegen der Unruhe der meist schwerkranken Patienten, deutlich zu wünschen übrig läßt (Musset 1988). Bei Injektion des Kontrastmittels in den Pulmonalishauptstamm lassen sich die Ergebnisse verbessern (Tosch 1989).

Szintigraphische Untersuchungen bestechen durch ihre geringe Patientenbelästigung. Perfusions- und Ventilationsszintigraphie werden ergänzend eingesetzt. Eine Embolie führt durch Verlegung der Gefäßstrombahn zur fehlenden Anfärbung in der *Perfusionsszintigraphie*. Die wesentliche Bedeutung dieses Untersuchungsverfahrens liegt im Diagnoseausschluß. Ein negativer Befund schließt eine Lungenembolie mit ca. 98 prozentiger Wahrscheinlichkeit aus. Hull (Hull 1990) fand in einer Verlaufsbeobachtung an nicht therapierten 551 Patienten mit negativen Perfusionsbefund innerhalb von 3 Monaten nur 1 Lungenembolie. Ein positiver Befund ist jedoch vielbedeutig, da Perfusionsdefekte auch durch parenchymatöse Lungenerkrankungen hervorgerufen werden können. Unter Berücksichtigung des Röntgenbildes liegt bei einem positiven Befund mit mindestens segmentalen Ausfall nach einer angiographisch kontrollierten Untersuchung von Hull (Hull 1983) in 71 % eine Embolie vor. Ist der Defekt bei freiem Röntgenbild nur subsegmental, so sinkt die Wahrscheinlichkeit auf 27 %. Ist ein Perfusionsdefekt mit Verschattung im Röntgenbild zur Deckung zu bringen, so verbirgt sich dennoch in 17 % eine Lungenembolie dahinter. Die zusätzliche Anwendung der *Ventilationsszintigraphie* soll die geringe Spezifität eines nachgewiesenen Perfusionsdefektes in der Emboliediagnostik erhöhen: Während bei einer Lungenembolie das betreffende Lungenareal noch ventiliert ist, fehlt die Belüftung bei parenchymatösen Erkrankungen. Das Prinzip ist bestechend, zwei große akribisch durchgeführte angiographische Studien sind jedoch für den Kliniker ernüchternd (Hull 1985, PIOPED 1990). Zwar wird die Spezifität bei einem nachgewiesenem mismatch eines segmentalen Perfusionsdefektes auf 86 % erhöht, bei einem vorliegendem match liegt in dieser Gruppe jedoch in 36 % trotzdem eine Embolie vor (Hull 1985). Bei subsegmentalen

Perfusionsdefekten erhöht die Ventilationsszintigraphie die Spezifität nur unwesentlich. Ein Ventilationsausfall schließt auch hier eine Embolie nicht mit ausreichender Sicherheit aus.

2.3 Schlußfolgerung

Im klinischen Alltag erweist sich unserer Meinung nach folgendes Vorgehen als ökonomisch und sinnvoll: Als erstes Diagnoseverfahren sollte bei Patienten mit Verdacht auf Lungenembolie eine sonographische Untersuchung der Beinvenen durchgeführt werden. Bei Nachweis einer Thrombose ist eine Embolie sehr wahrscheinlich. Liegt wie in der Mehrzahl der Fälle klinisch eine Embolie Stadium I oder II vor, so kann die Diagnostik an diesem Punkt abgebrochen werden, da sich die Therapie der Beinvenenthrombose und der Lungenembolie in diesem Stadium nicht unterscheiden (Antikoagulation). Bei negativem Ultraschallbefund sollte durch eine Lungenszinitigraphie eine Embolie ausgeschlossen werden. Ein positiver szintigraphischer Befund bedarf, wenn uncharakteristisch, eventuell einer angiographischen Absicherung. Die massive Lungenembolie (Stadium III u. IV) läßt bei schwerkranken Patienten im klinischen Alltag einer zeitaufwendigen Diagnostik keinen Spielraum. Bei Wertung der auf der Intensivstation erhobenen indirekten Befunde, muß meist im Sinne eines Indizienbeweises die Entscheidung zur Lysetherapie gestellt werden. In diesem Kollektiv erweist sich die Echokardiographie als sehr hilfreich: Wegweisende pathologische Befunde sind in der überwiegenden Mehrzahl nachweisbar.

Literatur

1) Aitken AGF, Godden DJ (1987) Real-time ultrasound diagnosis of deep vein thrombosis. A comparison with venography. Clin Radiol 38:309-313

2) Appelmann PT, DeJong ThE, Lampmann LE (1987) Deep venous thrombosis of the leg: US-findings. Radiology 163:743-746

3) Barnes W, Hokanson E, Wu K, Hoak JC (1977) Detection of deep vein thrombosis with an automatic electrically calibrated strain gauge phletysmograph. Surgery 82:219-223

4) Bell RW, Simon TL (1982) Current status of pulmonary-thromboembolic disease: Pathophysiology, diagnosis, prevention and treatment. Am Heart J 103:239-262

5) Browse NL, Cllapham WF, Croft DN, Jones DJ, Thomas L (1971) Diagnosis of established deep vein thrombosis with the J-125-fibrinogen uptake test. Brit Med J 325-328

6) Cardella JF, Joung AT, Smith TP, Darcy MD, Hunter DW, Castana-Zuinga WR, Knigthon D, Nelson D, Amplatz K (1988) Lower extremity venous thrombosis. Comparison of venography, impendance plethysmography and intravenous manometry. Radiology 168:109-113

7) Cronan JJ, Dorfman GS, Scola FH, Schepps B, Alexander J (1987) Deep venous thrombosis: US assesment using vein compression. Radiology 162:191-194

8) Dauzat MM, Laroche J P, Charras Ch, Blin B, Domingo-Faye MM, Saint-Luce P, Domergue A, Lopez FM, Janbon Ch (1986) Real-time-B-mode ultrasonography for better specificity in the noninvasive diagnosis of deep venous thrombosis. J Ultras Med 5:625-631

9) Elias A, Le Corff G, Bouvier JL, Benichou M, Serradignigni A (1987) Value of real-time B-mode ultrasound imaging in the diagnosis of deep vein thrombosis of the lower limbs. Intern Angio 6:175-182

10) Field ES, Nicolaides AN, Kakkar VV, Crellin RG (1972) Deep vein thrombosis in patients with fractures of the femoral neck. Brit J Surg 59:377-379

11) Fobbe FH, Koennecke C, Wolff KJ (1988) Colorencoded duplex sonography: Diagnosis of deep vein thrombosis of the lower extremities (abstr.). Radiology 169; Suppl:322

12) Foley WD, Middleton WD, Lawson Th, Erickson S, Quiroz FA, Macander St (1989) Color encoded ultrasound imaging of lower-extremity venous disease. AJR 152:371-376

13) Fürst G, Kuhn FP, Mödder U (1990) Diagnostik der tiefen Beinvenenthrombose Farbdoppler-Sonographie versus Phlebographie. Fortschr Röntgenstr 152, 151-158

14) Gaitini D, Kaftori JK, Pery M, Weich YL, Markel A (1988) High resolution real-time ultrasonography in the diagnosis of deep vein thrombosis. Fortschr Röntg 149:26-30

15) Grosser S, Kreymann G, Guthoff A, Traub C, Raedler A, Tilsner V, Greten H (1990) Farbcodierte Duplexsonographie bei Phlebothrombosen. DMW 115:1939-1944

16) Habscheid W, Landwehr P (1990) Diagnostik der aktuen tiefen Beinvenenthrombose mit der Kompressionssonographie. Ultraschall 11:268-273

17) Herzog P, Anastasiu M, Wollbrinkg W, Herrmann W, Holtermüller KH (1991) Real-time Sonographie bei tiefer Becken- und Beinvenenthrombose. Med Klinik 86:132-137

18) Huismann MV, Büller HR, ten Cate JW, v.Royen EA, Vreeken J, Kersten MJ, Bakx R (1989) Unexspected high prevalence of silent pulmonary embolism in patients with deep venous thrombosis. Chest 95:498-502

38

19) Hull RD, Hirsch J, Sackett L, Powers P, Turpie AG, Walter J (1977) Combined use of leg scanning and impendance plethysmography in suspect venous thrombosis by impendance plethysmography in suspected venous thrombosis. New Eng J Med 296: 1497-1500

20) Hull RD, Hirsch J, Sacket DL, Taylor DW, Carter C, Turpie AG, Zielinsky A, Powers P, Gent M (1981) Replacement of venography in suspected venous thrombosis by impendance plethysmography and J-125-fibrinogen leg scaning. Ann Int Med 94:12-15

21) Hull RD, Hirsch J, Carter CJ, J ay RM, Dodd PE, Ockelford PA, Coates G, Gill GJ, TurpieAG (1983) Pulmonary angiography, ventilation lung scanning and venography for clinically suspected pulmonary embolism with abnormal perfusion lung scan. Ann Int Med. 98:895-899

22) Hull RD, Hirsch J, Carter JC, Raskob GE, Gill GJ, Jay RM (1985) Diagnostic value of ventilation-perfusion lung scanning in patients with suspected pulmonary embolism with abnormal perfusion lung scan. Chest 88, 819-828

23) Hull RD, Raskob GE, Coates G, Panju A (1990) Clinical validity of a normal perfusion lung scan in patients with suspected pulmonary embolism. Chest 97, 23-26

24) McIvor J, Anderson DR, Britt RP, Dovey P (1975) Comparison of J 125 labelled fibrinogen uptake and venography in the legs. Brit J Radiol 48:1013-1018

25) Kasper W, Meinertz Th, Henkel B, Eissner D, Hahn K, Hofmann Th, Zeiher A, Just H (1986) Echocardiographic findings in patients with proved pulmonary embolism. Am Heart J 112:1284-1290

26) Kakkar V (1972) The Diagnosis of depp vein thrombosis using the J-125 fibrinogen test. Arch Surg 104:152-159

27) Killewich LA, Bedford GR, Beach KW, Strandness DE (1989) Diagnosis of deep venous thrombosis. A prospective study comparing duplex scanning to contrast venography. Circulation 79:810-814

28) Krings W, Adolph J, Diedrich S, Urhahne S, Vassallo P, Peters PE (1990) Diagnostik der tiefen Becken-Beineckenvenenthrombose mit hochauflösnder Real-time und cw-Doppler-Sonographie. Radiologe 30:525-531

29) McLachlan MSF., Thomson JG, Taylor DW, Kelly ME, Sackett DL (1979) Observer variation in the interpretation of lower limb venogramms. AJR 132:227-229

30) O Leary D, Kane RA, Chase BM (1988) A prospective Study of the efficacy of B-scan sonography in the detection of deep venous thrombosis in the lower extremities. J Clin Ultrasound 16:1-8

31) Lensing AWA, Prandoni P, Brandjes D, Huismann PJ, Vigo M, Temasella T, Krebt J, Wouter Ten Cate J, Huismann MV, Büller HR (1989) Detection of deep vein thrombosis by real-time-B-mode ultrasonography. New Engl J Med 320:392-398

32) Lindqvist R, (1977) Ultrasound as a complementary diagnostic method in deep vein thrombosis of the leg. Acta Med Scan 435-438

33) Meadway J, Nicolaides A, Walker CJ, O'Connel JD (1975) Value of doppler ultrasound in diagnosis of clinically suspected deep vein thrombosis. Brit med J 552-554

34) Milne RM, Gunn AA, Griffiths JMT, Ruckley CV (1971) Postoperative deep venous thrombosis: A comparison of diagnostic techniques. Lancet 2:445-447

35) Moser KM, Brach B, Dolan DF (1977) Clinically suspected deep venous thrombosis of the lower extremity. A comparison of venography impedance plethysmography and radiolabelled fibrinogen. JAMA 237:2195-2198

36) Musset D, Rosso J, Petitpretz P, Girard Ph, M.P.Hanny (1988) Acute pulmonary embolism: Diagnostic value of digital substraction angiography. Radiology 166:455-459

37) Patterson RB, Fowl RJ, Keller JD, Schomaker W, Kempczinski RF (1989) The limitations of impendance plethysmography in the diagnosis of acute deep venous thrombosis. J vasc surg 9:725-730

38) Perlmutt LM, Braun SD, Newmann GE, Oke EJ, Dunnick NR (1987) Pulmonary angiography in the high-risk patient. Radiology 162:187-189

39) PIOPED invertigartors (1990) Value of the ventilation-perfusion scan in acute pulmonary embolism. Results of the prospective invertigation of pulmonary embolism diganosis (PIOPED). JAMA 263:2753-2759

40) Ramchandani P, Soulen RL, Fedullo LM, Gaines VD (1985) Depp vein thrombosis: Significant limitations of noninvasive tests. Radiology 156:47-49

41) Raghavendra DN, Horii ST, Hilton S, Subramanyam BR, Rosen RJ, Lam ST (1986) Deep venous thrombosis: Detection by probe compression of veins. J. Ultras Med 5:89-95

42) Richards KL, Amstrong JD, Tikoff G, Hershgold EJ, Booth JL, Rampton JB (1976) Noninvasive diagnosis of deep venous thrombosis. Arch Int Med 136:1091-1096

43) Rosner NH, Dons PE (1988) Diagnosis of femoro popliteal venous thrombosis: Comparison of duplex sonography and plethysmography. AJR 150:623-627

44) Rose ST, Zwiebel WJ, Nelson BD, Priest DL, Knighton RA (1990) Symtomatic lower extremity deep venous thrombosis: Accuracy, limitations and role of color duplex flow imaging in diagnosis. Radiology 175:639-644

45) Sautter RD, Larson DE, Bhattacharyya SK, Chen HM, Treuhaft PS (1979) The limited utility of fibrinogen J-125 leg scanning. Arch Int Med 139:148-153

46) Sandler DA, Duncan JS, Ward P, Lamont AC, Sheriff S, Martin JF (1984) Diagnosis of deep vein thrombosis; comparison of clinical evaluation ultrasound, plethysmography and venoscan with x rayvenogram. Lancet 2:716-719

47) Sigel B, Popky GL, Wagner DK, Boland JP, McHapp E, Feigl P (1968) Comparison of clinical and doppler ultrasound evaluation of confirmed lower extremity venous disease. Surgery 64:332-338

48) Sors H, Safran R, Stern M, Reynaud P, Bons J, Even P (1984) An analysis of the diagnostic methods for acute pulmonary embolism. Int Care Med 10:81-84

49) Stapff M, Belzl G, Küffer GV, Hahn D, Sprengel FA (1989) Stellenwert der Duplex-Sonographie in der Diagnostik der tiefen Bein- und Beckenvenenthrombose. Bildgebung/ Imaging 56:52-56

50) Sullivan ED, Peter DJ, Cronley JJ (1984) Real-time B-mode venous ultrasound. J vasc surg 1:465-471

51) The Urocinase Pulmonary Embolism Trial (1973) Circulation 44 (suppl) II-I

52) Tosch U, Witt H, Mosler F (1989) Grenzen der diagnostischen Aussagekraft der pulmonalen digitalen Substraktionsangiographie (DSA). Fortsc Röntgenstr 15:579-581

53) Vogel P, Laing FC, Jeffrey RB, Wing VW (1987) Deep venous thrombosis of the lower extremity: US evaluation. Radiology 163:747-751

54) Wheeler HB, O'Donnell JA, Anderson FA, Benedict K (1974) Occlusive impendance plethysmography: A diagnostic procedure for venous thrombosis and pulmonary embolism. Progr Cardiovasc Dis 17:199-205

Thrombose - Prophylaxe mit NMH als Monosubstanz und/oder kombiniert mit DHE: Ergebnisse klinischer Studien und praktischer Anwendung

Prof. Dr. med. K. Koppenhagen, M. Matthes
Universitätsklinikum Steglitz, Strahlenklinik und -Institut, Hindenburgdamm 30,
12203 Berlin

1. Einleitung

Daß die postoperative Thrombose-Prophylaxe mit gerinnungshemmenden Pharmaka zusätzlich zu den weiterhin essentiell notwendigen physikalischen Maßnahmen und der Frühmobilisation die thromboembolischen Komplikationen deutlich gesenkt hat, darf als gesichert gelten. Eine Unterlassung dieser Prophylaxe ist heute aus ärztlich ethischen Gründen nicht mehr vertretbar, abgesehen von den Kontraindikationen.

Als etabliertes Standardverfahren gilt dabei bis in die jüngste Zeit die 2-3 mal tägliche Anwendung kleiner Dosen von konventionellem Heparin. Dieses Prophylaxeregime vermochte in den letzten Jahren die Thromboseinzidenz in der Abdominalchirurgie von etwa 25-30 % auf 5-15 % zu senken.

Ungenügend wirkte die low-dose-Heparin-Prophylaxe bei Hochrisiko-Patienten, z.B. in der elektiven Hüftgelenkchirurgie.

Die neueste Entwicklung auf dem Gebiet der Gerinnungsforschung stellen die durch Fraktionierung oder chemische Spaltung aus herkömmlichen Heparinen gewonnen niedermolekularen Heparine (NMH) dar. Die eingeführten oder kurz vor der Einführung stehenden Präparate unterscheiden sich hinsichtlich der Herstellungsweise, der Molekulargewichtsverteilung und des mittleren Molekulargewichts zum Teil erheblich.

Die in klinischen Prüfungen gewonnenen Erfahrungen der Hersteller führten für jedes einzelne Präparat zu unterschiedlichen Empfehlungen der notwendigen Tagesdosis, jeweils angegeben in Internationalen Einheiten. Da diese in vitro bestimmten Einheiten aber keinen direkten Rückschluß auf die klinische Wirksamkeit erlauben, sind die verschiedenen niedermolekularen Heparine nicht auf der Basis von Einheiten miteinander vergleichbar.

Unterschiede in der Wirksamkeit und Verträglichkeit lassen sich nur im direkten klinischen Vergleich herausarbeiten. Die einzelnen NMH müssen auch exakt hinsichtlich der Schutzwirkung gegenüber verschiedenen Risikogruppen definiert werden. Allgemeine Angaben in den Beipackzetteln der NMH zur Anwendung wie z.B. "Perioperative Thrombo-Embolie-Prophylaxe" sind unzureichend. Insbesondere müssen auch Direktvergleiche eingeführter NMH bei unterschiedlichen Risikogruppen klinisch-experimentell durchgeführt werden.

1.1 Niedermolekulares Heparin in klinischen Studien

Fortschritte in der operativen Medizin, der Anästhesiologie und der postoperativen Überwachung erlauben heute immer schwierigere und längere Operationen auch beim älteren und multimorbiden (Risiko-) Patienten.

Demgegenüber ist unabhängig vom Erfolg der Operation mit objektiven Untersuchungsmethoden nachzuweisen, daß trotz Frühmobilisation und physikalischer Therapie die Anzahl postoperativer venöser Thrombosen und ihre Komplikationen einschließlich der tödlichen Lungenembolie ansteigen. Die untenstehende Tabelle zeigt die Thrombosehäufigkeit in der Allgemeinchirurgie einschließlich aller, auf 1.000 Operationen berechneten Früh-und Spätkomplikationen.

Postopertaive Komplikationen, berechnet auf 1.000 Patienten der Allgemeinchirurgie

Tiefe Bein-Venen-Thrombose	Tödliche Lungen-Embolie	Nicht tödliche Lungen-embolie	Thromb.-Embol. Rezidiv	Post-thrombot. Syndrom	Ulcus cruris
250-300	5-15	25-35	40-50	40-60	20-30

In Anbetracht dieser hohen Thromboseraten und der hieraus resultierenden Gefahr einer lebensbedrohlichen Lungenembolie sowie späterer Folgekrankheiten muß in der operativen Medizin und hier insbesondere in der Orthopädie und Traumatologie unabhängig von der Frühmobilisation und physikalischer Behandlung eine generelle medikamentöse Prophylaxe durchgeführt werden.

Gleichfalls muß der poststationäre oder stets ambulante Patient mit bestehendem Thromboserisiko in eine wirksame und praktikable medikamentöse Prophylaxe einbezogen werden, die keine wesentliche Nebenwirkungen besitzt und keine Laborkontrollen erfordert.

Die heute üblicherweise eingesetzte low-dose-Heparin-Prophylaxe mit konventionellem Heparin (2-3 x 5.000 E Heparin/die über 8-10 Tage) reicht jedoch bei Hochrisiko-Patienten, z.B. orthopädischen und traumatischen Operationen, nicht aus. Unter dieser niedrig dosierten Heparin-Prophylaxe tritt noch bei jedem 3.-4. operierten Patienten eine tiefe Beinvenenthrombose mit entsprechenden Komplikationsraten auf, so daß ständig nach wirksameren Pharmaka gesucht wird.

Eine Verbesserung der Thrombose-Prophylaxe für Hochrisiko-Patienten wäre der Einsatz höherer Heparin-Dosen und bei Langzeitprophylaxe die Medikation von Antikoagulantien. Beide Mehoden erfordern jedoch mehr klinische und laboranalytische Überwachung als die pauschale Heparin-Prophylaxe und sind - auch wegen Blutungskomplikationen - in einer breiten Anwendung wenig praktikabel.

Eine neue Möglichkeit medikamentöser Thromboseprophylaxe stellt die kürzliche Entwicklung sogenannter niedermolekularer Heparine (NMH) dar, die eine bessere Bioverfügberkeit, längere Wirkungsdauer und auch bei Langzeittherapie einen geringeren Einfluß auf Thrombozyten und den Fettstoffwechsel aufweisen.

Die Ergebnisse zahlreicher klinisch-experimenteller Studien belegen, daß für die eingeführten und kurz vor ihrer Zulassung stehenden niedermolekularen Heparine insbesondere im abdominalchirurgischen Bereich eine dem Heparin gleiche Wirksamkeit in den verwendeten Dosierungen anzunehmen ist.

Die Anwendung dieser niedermolekularen Heparine sollte sich aber zunächst auf allgemeinchirurgische Patienten beschränken, da die genannten Ergebnisse nicht auf Patienten mit sehr hohem Thromboserisiko übertragbar sind. Deshalb erscheint uns die von der Herstellerfirma allgemein gehaltene Angabe "perioperative Thromboembolie-Prophylaxe" ohne weitere Spezifizierung des zu behandelnden Patientengutes nicht ausreichend.

Damit ist der behandelnde Arzt auf seine eigenen Erfahrungen bzw. auf genaue Kenntnisse der publizierten Daten - das jeweils eingesetzte Präparat betreffend - angewiesen. Eine Übertragung auf andere niedermolekulare Heparine ist nicht möglich. Dies kompliziert die Situation in der Praxis.

Es sind deshalb Direktvergleichs-Untersuchungen der eingeführten niedermolekularen Heparine in prospektiven, randomisierten klinisch-experimentellen Studien an unterschiedlichen Risikogruppen notwendig.

Aus diesem Grunde haben wir uns entschlossen, eine erste klinische Vergleichsuntersuchung zweier eingeführter niedermolekularer Heparine, das eine kombiniert mit Dihydroergotamin, im Vergleich zu einer Prophylaxe mit low-dose Heparin bei elekiver Huftchirurgie, also Patienten mit Höchstrisiko, durchzuführen

2. Material und Methoden

2.1 Patienten

Alle in die Studie eingeschlossenen Patienten unterzogen sich einem elektiven Hüftgelenksersatz in der orthopädischen Klinik der FU Berlin im Oskar-Helene-Heim. Es wurden Patienten beiderlei Geschlechts mit einem Mindestalter von 40 Jahren eingeschlossen. Die Operationsdauer sollte mindestens 45 Minuten betragen. Als Ausschlußkriterien galten Blutungsneigung in der Anamnese, bekannte Kontraindikationen gegen Heparin bzw. Dihydroergotamin, Nahrungsmittel- oder Anzneimittelallergie - insbesondere Jodallergie, Gravidität, manifeste Stoffwechselerkrankungen mit Ausnahme von diätetisch oder mit oralen Antidiabetika eingestelltem Diabetes mellitus.

Alle Patienten wurden vor Aufnahme in die Studie über Inhalt und Ausmaß der klinischen Untersuchung informiert und gaben Ihre schriftliche Einverständniserklärung zur Teilnahme.

2.2 Medikation

Die Zuteilung zu den drei Prophylaxegrupen erfolgte offen randomisiert. Eine Patientengrupe erhielt dreimal gäglich 5.000 I.E. unfraktioniertes Heparin subkutan injiziert, die zweite Gruppe erhielt niedermolekulares Heparin 2.500 I.E. Anti-Xa (Kabi-Vitrum/NMH$_1$), die dritte Gruppe erhielt 1.500 I.E. aPTT niedermolekulares Heparin + 0,5 mg Dihydroergotamin (Sandoz AG/NMH$_2$/DHE) jeweils einmal täglich subkutan. Die Prophylaxe wurde präoperativ begonnen und für zehn Tage weitergeführt.

2.2 Studiendesign

Die Studie war offen, randomisiert, prospektiv, kontrolliert und monozentrisch angelegt. Die erste Applikation der Prüfmedikation erfolgte ca. zwei Stunden präoperativ. Sie wurde für Heparin in achtstündigem Rhythmus und für die beiden niedermolekularen Heparine in 24stündigem Rhythmus fortgeführt.

Die Applikation des ^{125}Jod-Fibrinogen erfolgte unmittelbar postoperativ i.v. Die Wirksamkeit der Prophylaktika wurde täglich mittels des Radiofibrinogentests und durch Erfassen intra-und postoperativ auftretender Beinvenethrombosen überprüft. Bei positivem Radiofibrinogentest bzw. zum Abschluß der Behandlungs-und Beobachtungsdauer, d.h. ca. am 14. postoperativen Tag, wurde eine beidseitige Phlebographie durchgeführt. Die Kontrolle der Verträglichkeit erfolgte täglich, wobei der Schwerpunkt auf Blutungskomplikationen lag.

3. Ergebnisse

Die Studie war ursprünglich auf 300 Patienten, 100 je Gruppe, ausgelegt. Da sich insgesamt eine hohe Rate an phlebographisch-gesicherten Thrombosen der tiefen Beinvenen zeigte, wurde bei 105 Patienten eine Auswertung vorgenommen mit dem Ziel, eventuell vorhandene Unterschiede zwischen den Prophylaxegruppen aufzudecken und gegebenenfalls die Studie zu modifizieren.

3.1 Basis- und Anamnesedaten

Von den 105 in die Studie aufgenommenen Patienten wurden alle bei der Auswertung berücksichtigt.

36 Patienten erhielten eine perioperative Thromboembolieprophylaxe mit Heparin, 34 Patienten mit NMH_1 pro Tag und 35 Patienten mit NMH_2/DHE pro Tag. Die Patientenkollektive unterschieden sich nicht bezüglich Alter, Größe und Gewicht. In der Gruppe mit niedermolekularem Heparin war der Anteil an Frauen im Vergleich zu den beiden anderen Patientenkollektiven unterrepräsentiert. Die entsprechenden Daten sind in Tabelle 1 aufgeführt.

Tabelle 1. Basis und Anamnesedaten

		Heparin	NMH_1	NMH_2/DHE
Patienten	n	36	34	35
Alter (Jahre)	m	70,2	68,0	66,7
	s	12,0	13,7	12,4
	min/max	43/89	41/85	42/87
Geschlecht	w	28	18	25
	m	8	16	10
Größe (cm)	m	165,6	166,2	164,7
	s	9,7	8,1	8
Gewicht (kg)	m	69,7	72,0	70,6
	s	12,1	12,2	12,0

Tabelle 2 gibt - aufgeschlüsselt nach den Prophylaxegruppen - die Anzahl von Begleiterkrankungen bzw. von Begleitumständen an, die als potentielle Risikofaktoren angesehen werden können.

Tabelle 2. Begleiterkrankungen / Potentielle Risikofaktoren

	Heparin	NMH_1	NMH_2/DHE
- Raucher	10	12	8
- Adipositas	14	12	17
- Hypertonie	4	8	4
- Herzinsuffizienz	5	6	3
- Herzrhythmusstörungen	2	2	-
- Koronare Herzkrankheit	1	2	1
- Arterielle Verschluß- krankheit	0	0	1
- Diabetes mellitus	2	6	2
- Niereninsuffizienz	0	1	0
- Lungenerkrankung	2	2	0
- Thrombose in der Anamnese	6	3	1
- Lungenembolie in der Anamnese	1	0	-
- Varizen	16	13	12
- Orales Kontrazeptivum	0	1	1

3.2 Operative Eingriffe und Anästhesie

Alle Patienten unterzogen sich einem elektiven Hüftgelenksersatz. Die mittlere Operationsdauer betrug für Patienten unter Heparinprophylaxe 118,9 Minuten, unter einer Prophylaxe mit NMH_1 123,9 und unter NMH_2/DHE 129,1 Minuten. Gut 40 % der Eingriffe erfolgte in Vollnarkose, die übrigen in Spinalanästhesie. Die durchschnittliche Anästhesiedauer reichte von 142 Minuten unter Heparin bis zu 155 Minuten unter der Kombination. Eine Auflistung der Daten ist in Tabelle 3 enthalten.

Tabelle 3. Operationsdaten

		Heparin	NMH_1	NMH_2/DHE
Operationsdauer	m	118,9	123,9	129,1
(min)	s	21,1	25,9	27,1
	min/max	90/180	90/190	100/200
Art der Anästhesie:				
ITN		15	12	18
Spinal		20	22	16
nicht genannt		1	0	1
Dauer der	m	142,0	148,0	155,0
Anästhesie	s	17,5	22,0	26,3
(min)	min/max	110/190	110/210	120/210

3.3 Wirksamkeit

Bei allen Patienten wurde als Screening-Methode zur Erfassung tiefer Beinvenenthrombosen der Radiofibrinogentest bis zum siebten postoperativen Tag bzw. bis zum Auftreten eines positiven Testergebnisses durchgeführt. Bei positivem Radiofibrinogentest wurde am Ende der Beobachtungszeit, spätestens aber am 14. postoperativen Tag, eine beidseitige Phlebographie durchgeführt. Insgesamt war bei 88 Patienten (84 %) eine phlebographische Kontrolle möglich.

Unter Heparinprohylaxe konnte bei 11 Patienten, unter NMH_1 bei 17 Patienten und unter NMH_2/DHE bei 8 Patienten durch Phlebographie eine Thrombose der tiefen Beinvenen gesichert werden. Der Unterschied zwischen NMH_1 und NMH_2/DHE erreichte bei zweiseitiger Testung (exakter Fisher-Test) mit $2p = 0,03$ Signifikanzniveau (siehe Tabelle 4).

48

Tabelle 4. Thromboembolische Komplikationen

Phlebographisch ge- sicherte Thrombosen	Heparin	NMH_1	NMH_2/DHE
am 1. POP-Tag	5	5	-
am 2. POP-Tag	2	-	1
am 3. POP-Tag	-	4	2
am 4. POP-Tag	-	1	-
am 5. POP-Tag	1	1	1
am 6. POP-Tag	1	3	2
am 7. POP-Tag	-	-	-
am 8.-14. POP-Tag	2	3	2
Thrombosen gesamt	11 (30,6 %)	17 (50,0 %)	8 (22,9 %)
		n.s.	$2p = 0,03$
		n.s.	
Lungenembolie	-	1	-

Bei einem weiteren Patienten aus der NMH_1-Gruppe mit positivem Ergebnis im Radiofibrinogentest konnte keine Phlebographie durchgeührt werden, da der Patient seine Einwilligung dazu verweigerte.

Die Lokalisation der Thrombosen ist in Tabelle 5 aufgeführt.

Tabelle 5. Lokalisation der Thrombosen

	Heparin	NMH_1	NMH_2/DHE
Unterschenkelthrombose einseitig	5	12	6
Unterschenkelthrombose beidseitig	-	1	-
isolierte Oberschenkel- thrombose	3	-	-
Thrombose Unterschenkel und Oberschenkel	3	4	2

Bei einem Patienten unter niedermolekularem Heparin trat eine Lungenembolie auf, die szintigraphisch gesichert werden konnte. In den beiden anderen Prophylaxegruppen wurde keine Lungenembolie beobachtet.

Betrachtet man innerhalb der drei Prophylaxegruppen die Patienten, bei denen eine Hüftgelenksprothese unter Verwendung von Zement eingesetzt wurde, getrennt von denen, die eine nichtzementierte Prothese erhielten, so zeigt sich, daß durchgehend bei Patienten mit zementiertem Hüftgelenksersatz eine höhere Thromboserate zu verzeichnen ist. Diese Patienten waren allerdings um durchschnittlich 20 Jahre älter als die, die eine nichtzementierte Prothese erhielten (Tabelle 6).

Tabelle 6. Abhängigkeit der Thromboserate von der Art des Hüftgelenkersatzes

| | Heparin | | NMH_1 | | NMH_2/DHE | |
	TEP ze-mentiert	TEP nicht zementiert	TEP ze-mentiert	TEP nicht zementiert	TEP ze-mentiert	TEP nicht zementiert
Patienten-zahl n	23	13	22	12	21	14
Alter m	77,3	57,7	76,3	53,5	74,0	55,9
(Jahre) s	7,3	7,5	6,7	9,6	9,3	7,6
Geschlecht						
w	21	7	14	4	16	9
s	2	6	8	8	5	5
Thrombo-sen	8 (34,8 %)	3 (23,1 %)	13 (59,1%)	4 (33,3 %)	7 (33,3 %)	1 (7,1 %)

3.4 Verträglichkeit

Bei zwei Patienten unter niedermolekularem Heparin sowie bei je drei Patienten in den beiden anderen Prophylaxegruppen wurde vom Operateur der intraoperative Blutverlust als unangemessen hoch eingestuft. Unter low-dose Heparin erhielten intraoperativ 23 Patienten im Mittel 900 ml Blut infundiert. Ein Patient erhielt 250 ml Erythrozytenkonzentrat. 26 Patienten unter NMH_1 erhielten durchschnittlich 811 ml Blut und zwei Patienten jeweis 250 ml Erythrozytenkonzentrat intraoperativ infundiert. Unter NMH_2/ DHE erhielten 24 Patienten durchschnittlich 854 ml Blut und ein Patient 500 ml Erythrozytenkonzentrat (siehe Tabelle 7). Ein Unterschied zwischen den drei Prophylaxegruppen ließ sich nicht feststellen. Postoperativ wurden bei je einem Patienten

50

unter NMH_1 und der Kombinationsprophylaxe ein klinisch relevantes Wundhämatom festgestellt. Eine Reoperation war in keinem Fall notwendig. Der durchschnittliche postoperative Volumenverlust in Drainagen betrug für Heparin 298 ml, für NMH_1 400 und für die Konbinationsprophylaxe 291 ml. Bezüglich der postoperativ notwendigen Volumensubstitution mit Blut bzw. Erythrozytenkonzentrat ließ sich kein Unterschied zwischen den drei Patientenkollektiven erkennen (Tabelle 8).

Tabelle 7. Starke intraoperative Blutung; intraoperative Volumensubstitution

		Heparin	NMH_1	NMH_2/DHE
Unangemessen starker intra- operativer Blutverlust		3	2	3
Volumensubstitution Intraoperativ Bluttransfusion	0 ml	13	8	11
	300 ml	-	1	-
	500 ml	7	10	11
	800 ml	1	1	-
	900 ml	1	-	-
	1.000 ml	11	12	9
	1.500 ml	3	2	4
	n	22 (36)	26 (34)	24 (35)
	m	900,0	811,5	854,2
	s	324,7	322,9	375,3
Erythorzyten	0 ml	35	32	34
	250 ml	1	2	-
	500 ml	-	-	1

Tabelle 8. Postoperative Blutungskomplikationen

		Heparin	NMH_1	NMH_2/DHE
Wundhämatom		0	1	1
Postoperativer Volu-	m	298,2	400	290,8
menverlust in Drai-	s	193,5	314,1	219,7
nagen (ml)	min/max	20/670	0/1.440	0/930
	Median	260	330	250
Volumensubstitution Postoperativ				
Bluttransfusion	0ml	29	29	29
	500 ml	6	1	4
	1.000 ml	-	2	-
	1.500 ml	1	1	2
	2.500 ml	-	1	-
	n	7	5	6
	m	642,9	1.003,0	833,3
	s	378,0	931,4	516,4
Erythrozyten				
	0 ml	35	32	31
	250 ml	1	1	4
	500 ml	-	1	-

Neben den genannten Blutungskomplikationen wurden keine Begleiterscheinungen festgestellt, die in einem möglichen Zusammenhang mit der Prophylaxe gesehen werden könnten.

Im Verlauf der Thromboembolieprophylaxe bzw. der Beobachtungszeit verstarb keiner der in die Studie aufgenommenen Patienten.

4. Diskussion

Die Ergebnisse der Untersuchung bestätigen die bereits in früheren Studien gefundene hohe Wirksamkeit bei gleichzeitig guter Verträglichkeit der Kombination niedermolekulares Heparin + Dihydroergotamin bei Patienten mit hohem Risiko gegen die Entstehung einer perioperativen Thrombose und daraus resultierend der Lungenembolie (4, 11, 14). Dagegen läßt sich mit dem in dieser Untersuchung geprüften reinen niedermolekularen Heparin kein ausreichender antithrombotischer Schutz bei Patienten mit elektivem Hüftgelenksersatz erreichen. Dies dürfte nach unserem Dafürhalten in erster Linie in der zu niedrigen Tagesdosis begründet liegen.Auch eine zweite Applikation am Operationstag erscheint uns nicht ausreichend, da diese keinen Einfluß auf die intraoperative Entstehung von Thrombosekeimen nehmen kann. Daneben zeigt die Aufschlüsselung der Thrombosen nach ihrem zeitlichen Entstehen, daß auch im weiteren Verlauf kein ausreichender antithrombotischer Schutz besteht. Dieser wäre wahrscheinlich nur dann zu erzielen, wenn über die gesamte Prophylaxedauer mit einer höheren Dosis gearbeitet würde. Eine Verdoppelung der Tagesdosis geht aber mit dem Risiko einer höheren Rate an Blutungskomplikationen einher, wie von Berqvist et al für dieses niedermolekulare Heparin gefunden wurde (1). Dadurch wird die Anwendungsmöglichkeit für Patienten mit elektivem Hüftgelenksersatz bei höherer Dosierung eingeschränkt, da diese per se schon überdurchschnittlich stark durch Blutungskomplikationen gefährdet sind.

Andererseits ist in einigen Studien für den abdominalchirurgischen Bereich eine ausreichende Wirksamkeit des niedermolekularen Heparins in der hier verwendeten Dosierung gezeigt worden (5, 9). Die Anwendung dieses niedermolekularen Heparins sollte sich auf allgemeinchirurgische Patienten beschränken, da die genannten Ergebnisse nicht auf Patienten mit sehr hohem Thromboserisiko übertragbar sind. Deshalb erscheint uns die von der Herstellerfirma allgemein gehaltene Angabe "perioperative Thromboembolieprophylaxe" ohne weitere Spezifizierung des zu behandelnden Patientengutes micht ausrichend. Gleichzeitig bestätigt das Ergebnis unsere Annahmen, daß Präparate mit niedermolekularen Heparinen, in den angegebenen jeweiligen Tagesdosierungen, deutliche Unterschiede bezüglich der Wirksamkeit aufweisen. Damit ist der behandelnde Arzt auf seine eigenen Erfahrungen bzw. auf genaue Kenntnis der publizierten Daten - das jeweils eingesetzte Präparat betreffend - angewiesen. Eine Übertragung dieser Erfahrungen auf andere niedermolekulare Heparine ist nicht möglich. Dies kompliziert die Situation in der Praxis vor allem deshalb, da immer mehr niedermolekulare Heparine zur Verfügung stehen, die ihre Wirksamkeit erst in der breiten Anwendung im Routinebetrieb beweisen müssen.

In welchem Ausmaß die überlegene Wirksamkeit der Kombination auf das Dihydroergotamin zurückgeführt werden kann, läßt sich aus dieser Studie nicht ableiten. Ein positiver Effekt muß aber angenommen werden, da in einer Reihe von Untersuchungen die Überlegenheit einer Kombination von Heparin und Dihydroergotamin gegenüber Low-dose Heparin aufgezeigt wurde. Diese Studien wurden von Immich und Sonnemann in einer Metaanalyse bewertend zusammengefaßt (7).

Die gefundenen Ergebnisse für unfraktioniertes Heparin liegen eher unter dem erwarteten Bereich dessen, was in früheren Arbeiten für Patienten mit hohem Thromboserisiko publiziert wurde (8, 10, 12). Trotz einer numerischen Überlegenheit, ließ sich der Unterschied zwischen der Kombinationsprophylaxe mit niedermolekularem Heparin und Dihydroergotamin und unfraktioniertem Heparin aufgrund der geringen Fallzahl nicht statistisch sichern. Aus diesem Grund wird die Studie derzeit zweiarmig weitergeführt, um zu sehen, ob der gefundene Unterschied zufällig ist oder sich auf einem überlegenen Wirkungsprofil der Kombination begründet.

Neben der Art der Prophylaxe spielt vor allem der Typ der verwendeten Hüftprothese eine entscheidende Rolle. Die durchgängig durch alle Prophylaxegruppen wesentlich höhere Thromboserate bei Patienten, die eine zementierte Prothese erhielten, macht diesen Einfluß deutlich.

Aufgrund der deutlich besseren Wirksamkeit der Kombinationsprophylaxe auf einer - gemessen am Risikoprofil des betrachteten Patientenkollektivs - niedrigen Thromboserate sehen wir uns veranlaßt, die Prophylaxe mit dieser Kombination zu empfehlen.

Literatur

1) Bergqvist D, Burmark Stina U, Frisell J, Kallböök T, Lindblad B, Risbwerg B, Törngren S, Wallin G (1986) Low molecular weight heparin once daily compared with conventional low-dose heparin twice daily. A prospective double-blind multicentre trial on prevention of postoperative thrombosis. Br J Surg 73. 204

2) Bergqvist D, Hedner U, Sjörin E, Holmer E (1983) Anticoagulant Effects of Two Types of Low Molecular Weight Heparin Administered Subcutaneously. Thrombosis Research 32. 381

3) Bratt G, Törnebohm E, Lockner D, Berström K (1985) A Human Pharmacological Study Comparing Conventional Heparin and a Low Molecular Weight Heparin Fragment. Thrombosis and Haemostasis 208

4) Has S, Stemberger A, Frische HM. Welzel D, Wolf H, Lechner F, Blümel G (1987) Prophylaxis of Deep Vein Thrombosis in High Risk Patients Undergoing Total Hip Replacement with Low Molecular Weight Heparin Plus Dihydroergotamine. Arzneim-Forsch/Drug Res 37 (II). Nr. 7, 839

5) Haas S, Zielke E (1987) Postoperative Thromboseprophylaxe mit 2.500 anti Xa-E niedermolekularem Heparin Kabi in der Abdominalchirurgie. Medwelt 38. 1658

6) Hellstern P, Kiehl R, von Blohn G, Köhler M, Meierhenrich U, Wenzel E (1986) Dose Response Relationships of Anticoagulant Activities After Subcutaneous Administration of Two Low Molecular Weight Heparins in Healthy Individuals. Thrombosis and Haemostasis 56 (2). 225

7) Immich H, Sonnemann E (1984) Heparin-Dihydroergotamin und Heparin: Ein Vergleich der Wirksamkeit und Verträglichkeit beider Verfahren. Klinikarzt 13. 763

8) Kakkar VV (1980) Low-dose Heparin - Present Status and Future Trends. Scandinavian Journal of Haemotology 25. Suppl 36. 158

9) Koller M, Schoch U, Buchmann P, Largiadèr F, von Felten A, Frick PG (1986) Low Molecular Weight Heparin (KABI 2165) as Thromboprophylaxis in Elective Visceral Surgery. A randomized, Double-Blind Study Versus Unfractionated Heparin. Thrombosis and Haemostasis 56 (3). 243

10)   Lahnborg G (1980) Effect of Low-dose Heparin and Dihydroergotamine on Frequency of Postoperative Deep-vein Thrombosis in Patients Undergoing Posttraumatic Hip Surgery. Acta chir scand 146. 319

11)   Sasahara AA, Koppenhagen K, Häring R, Welzel D, Wolf H (1986) Low molecular weight heparin plus dihydroergotamin for prophylaxis of postoperative deep vein thrombosis. Br J Surg 73. 697

12)   Tscherne H, Westermann K, Trentz O, Pretschner R, Mellmann J (1978) Thromboembolische Komplikationen und ihre Prophylaxe beim Hüftgelenksersatz. Unfallheilkunde 81. 178

13)   Warning D, Nies D, Wolf H, Welzel D (1987) Effect of Low Molecular Weight Heparin on Coagulations Parameters and Bleeding Time in Healthy Volunteers. Arzneim-Forsch/Drug Res 37 (II). Nr. 7. 847

14)   Wolf H, Welzel D, Kaiser H, Majer M, Schäfer D, Husfeldt KJ, Voigt J, Sunder-Plassmann L (1988) Bewertung der perioperativen Tromboembolie-Prophylaxe mit niedermolekularem Heparin und Dihydroergotamin. Eine Untersuchung zur Frage der Inzidenz tödlicher Lungenembolien sowie unerwünschter Begleiterscheinungen, insbesondere des Vasospasmus-und Herzinfarktrisikos. Arzneim-Forsch/Drug Res 38 (II). Nr. 10. 1516

Pharmakologie der Heparine
in der Thromboseprophylaxe

Prof. Dr. med. J. Harenberg
1. Medizinische Klinik, Fakultät für Klinische Medizin Mannheim der Universität Heidelberg,
Theodor Kutzer Ufer, 68167 Mannheim

1. Einleitung

Heparin besteht aus einem Gemisch von Polysacchariden unterschiedlicher Kettenlänge. Die Substanz wurde von McLEAN (1) als gerinnungshemmend erkannt und von HOWELL (2) nach dem Ursprungsort benannt. In kommerziellen Heparinpräparationen mit einem Molekulargewicht von etwa 12.000 Dalton liegen dementsprechend im Mittel 35 Saccharide oder 8-9 Tetrasaccharide vor (3). Die Molekulargewichtsverteilung dieser Präparationen reicht von 3.000 bis 30.000 Dalton. Die gerinnungshemmende Aktivität dieser Heparinfraktionen ist in vitro für Faktor Xa 2,5mal höher als für unfraktionierte Heparine, während die Inhibierung von aPTT etwa glcich ist (4, 5, 6). Die Faktor-Xa/aPTT-Ratio beträgt, entsprechend für niedermolekulares Heparin, das 2,5fache im Vergleich zu unfraktioniertem Heparin (7).

Die Hypothese zum Wirkungsmechanismus ist, daß Heparin die inhibierende Wirkung von Antithrombin III auf die verschiedenen Serinproteasen des Gerinnungssystems beschleunigt. Neben Thrombin und Faktor Xa werden auch Faktor VIIa, Faktor IXa, Faktor XIa, Faktor XIIa, Plasmin, Kallikrein und Trypsin in Gegenwart von Antithrombin III inhibiert (8). Als wirksame Einheit im Heparinmolekül wurde ein Pentasaccharid mit definierter dreidimensionaler Struktur identifiziert und synthetisiert (9, 10). Die antithrombotische Wirksamkeit dieses definierten Pentasaccharids wurde in verschiedenen tierexperimentellen Untersuchungen dosisabhängig belegt (11). Interaktionsstudien von Antithrombin III und Heparin haben ergeben, daß innerhalb einer Heparinpräparation Fraktionen mit hoher und niedriger Affinität zu Antithrombin unterschieden werden können: low-affinity und high-affinity heparin (12).

2. Gerinnungshemmende Wirkungen

2.1 Unfraktioniertes Heparin

Die Halbwertszeit des gerinnungshemmenden Effektes von Heparin beträgt 60 min. Daher führt nur eine kontinuierliche intravenöse Infusion zu einer gewünschten Verlängerung der Gerinnungszeiten (13).

Der maximale gerinnungshemmende Effekt wird innerhalb von 5-15 min beim Menschen erreicht (Übersicht in: 14). Diese Effekte lassen sich mit der Vollblutgerinnungszeit, der aktivierten partiellen Thromboplastinzeit, der Thrombinzeit und der Inhibierung von Faktor Xa nachweisen. Die gerinnungshemmende Wirkung fällt für alle Parameter mit Halbwertszeiten zwischen 50-60 min ab. Eine Dosisabhängigkeit in einem Bereich von 1-200 USP Einheiten/kg Körpergewicht findet sich beim Menschen nicht. Der Abfall der gerinnungshemmenden Aktivität bei adipösen Patienten ist nach i.v. Gabe langsamer im Vergleich zu normalgewichtigen Personen.

Heparin liegt sowohl als Kalzium- als auch als Natriumsalz zur Verabreichung vor. Das Molekulargewicht von Kalziumheparin liegt geringfügig höher als das des Natriumsalzes bei Heparinen gleicher Herstellung. In vitro bestehen keine unterschiedlichen Aktivitäten der Salze (40). Die Ergebnisse nach Verabreichung beim Menschen sind aber different. Das Auftreten lokaler Hämatome und schmerzhafter lokaler Blutungen wird für das Kalziumsalz geringer (15) oder gleich häufig angegeben (16). Die Bestimmung der gerinnungshemmenden Wirkung von Natrium- und Kalziumsalz gleicher Provinienz, im direkten Vergleich, ergibt niedrigere Plasmaspiegel für das Kalziumsalz (17). Diese Ergebnisse werden dahingehend interpretiert, daß das Blutungsrisiko des Kalziumsalzes geringer ist als das des Natriumsalzes bei gleichbleibendem antithrombotischen Effekt. Vergleichbare gerinnungshemmende Wirkungen der Heparinsalze stehen dieser Interpretation jedoch entgegen (18).

Nach subkutaner Verabreichung von 5.000 Einheiten Heparin lassen sich keine sicheren Effekte auf die aPTT und Thrombinzeit nachweisen. Hingegen wird Faktor Xa mit den zur Verfügung stehenden Methoden (chromogene Substrate, gerinnungsphysiologische Tests) deutlich inhibiert. Die Effekte von 5.000 IU Heparin subkutan auf die wichtigsten Gerinnungsparameter sind in Abbildung 1 dargestellt. Methoden siehe (19,20).

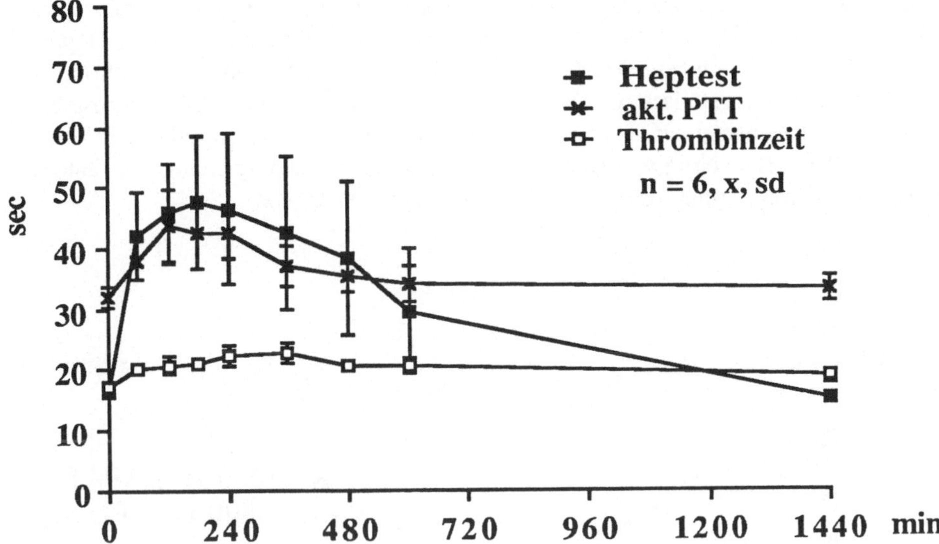

Abb. 1. Gerinnungswerte nach subkutaner Verabreichung von 5.000 Einheiten unfraktionierten Heparins auf den Heptest, die aktivierte partielle Thromboplastinzeit (aPTT) und die Thrombinzeit (3 NIH U/ml Plasma). Dargestellt sind die Mittelwerte mit Standardabweichung bei 6 gesunden Personen. Es zeigt sich nur eine geringe Verlängerung der Gerinnungszeiten aPTT und Thrombin, während der Heptest sich um das 2,5fache verlängert.

2.2 Niedermolekulares Heparin

Die Wirkungen niedermolekularen Heparins mit einem mittleren Molekulargewicht zwischen 4.000 und 6.000 Dalton unterscheiden sich nach intravenöser Gabe deutlich von denen eines kommerziellen Heparins mit einem mittleren Molekulargewicht von 10.000 bis 14.000 Dalton. Die aPTT verlängert sich durch niedermolekulares Heparin geringer als durch normales Heparin (Übersicht in: 14). Niedermolekulare Heparinfraktionen hemmen nach intravenöser Verabreichung beim Menschen Faktor IIa deutlich geringer als normales Heparin. Die Anzahl von Sacchariden mit mehr als 14 Einheiten/mg Substanz ist jedoch bei niedermolekularem Heparin deutlich geringer als bei normalem Heparin, so daß sich die unterschiedlichen Effekte ergeben.

Die deutlichsten Differenzen von normalem zu niedermolekularem Heparin nach intravenöser Gabe finden sich bezüglich der Inhibierung von Faktor Xa. Die maximale, sofort einsetzende Wirkung ist für beide Präparationen etwa gleich. Die Inhibierung von Faktor Xa läßt nach der Verabreichung normalen Heparins mit einer Halbwertszeit

58

von 50-60 min nach, während die niedermolekularer Heparine 100-120 min beträgt
(Abb. 2) (Übersicht in: 21). Bei einer Steigerung der Dosis niedermolekularen Heparins
um das 2,5fache nimmt die Fläche unter der Inhibierung-Zeit-Kurve jedoch um das
5fache zu. Diese Ergebnisse sprechen dafür, daß niedermolekulares Heparin zusätzlich
über andere Mechanismen als über die direkte Wirkung, Faktor Xa inhibiert. Sowohl
ein schnelleres Recycling von Heparin als auch eine Freisetzung endogener Glucosa-
minoglukane mit gerinnungshemmender Wirkung sind möglich.

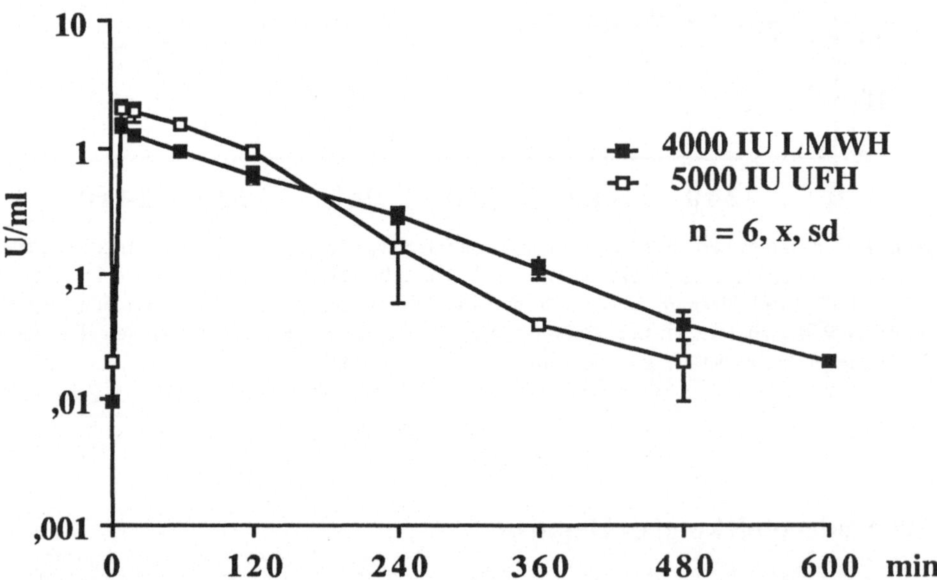

Abb. 2. Wirkung von intravenös injiziertem unfraktioniertem (UFH) und niedermolekularem
(LMWH) Heparin SANDOZ auf die Antifaktor Xa Aktivität, gemessen mit dem Heptest.
Dargestellt sind die Mittelwerte mit Standardabweichung von 6 gesunden Personen.

Nach subkutaner Verabreichung von niedermolekularem Heparin lag die Halbwertszeit
der Faktor-Xa-Inhibierung bei 200-300 min. Die Bioverfügbarkeit von niedermolekularem Heparin nach subkutaner Verabreichung ist über 90 % im Vergleich zu etwa
20 % für unfraktioniertes Heparin, bezogen auf die Faktor Xa Inhibierung (Übersicht
in: 17). Die Anti-Faktor Xa/aPTT Ratio nach subkutaner Verabreichung übertrifft die
in vitro berechnete Zahl. In vitro beträgt die Ratio 2-4, nach der subkutanen Verabreichung ex vivo 4-8 (22). Dieses Phänomen kann etwa über eine verminderte Affinität
dieser Substanzen zum Gefäßendothel oder eine Freisetzung endogener saurer Muco-
polysaccharide mit Anti-Faktor Xa Aktivität erklärt werden (23). Weitere Vergleiche
von fraktioniertem Heparin zeigten in verschiedenen Studien eine dosisabhängige

Zunahme der Anti-Faktor Xa-Aktivität ex vivo nach intravenöser und subkutaner Verabreichung (24, 25). Der typische Verlauf der Gerinnungstests nach subkutaner Verabreichung von niedermolekularem Heparin ist in Abbildung 3 dargestellt. Abbildung 4 zeigt die deutlich stärkere Hemmung von Faktor Xa durch niedermolekulares Heparin im Vergleich zu unfraktioniertem Heparin.

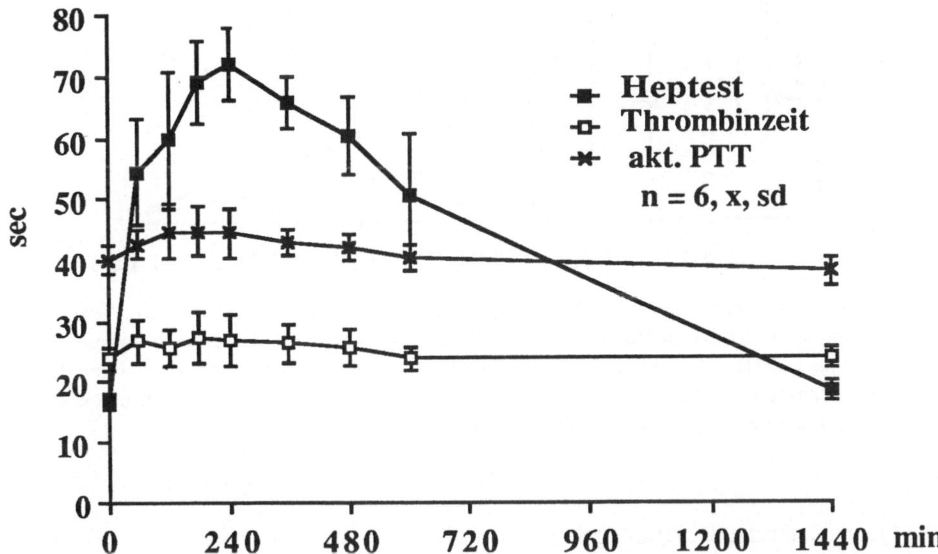

Abb. 3. Gerinnungswerte nach subkutaner Gabe von niedermolekularem Heparin SANDOZ auf den Heptest, die aktivierte partielle Thromboplastinzeit (aPTT) und die Thrombinzeit. Dargestellt sind die Mittelwerte mit Standardabweichung von 6 gesunden Personen. Es zeigt sich eine Verlängerung der Gerinnungszeiten im Heptest auf das 4fache des Ausgangswertes, während Thrombinzeit und aPTT nur geringfügig verlängert werden. 24 h nach subkutaner Verabreichung finden sich bei einigen Personen immer noch meßbare Effekte im Antifaktor Xa Test (Heptest).

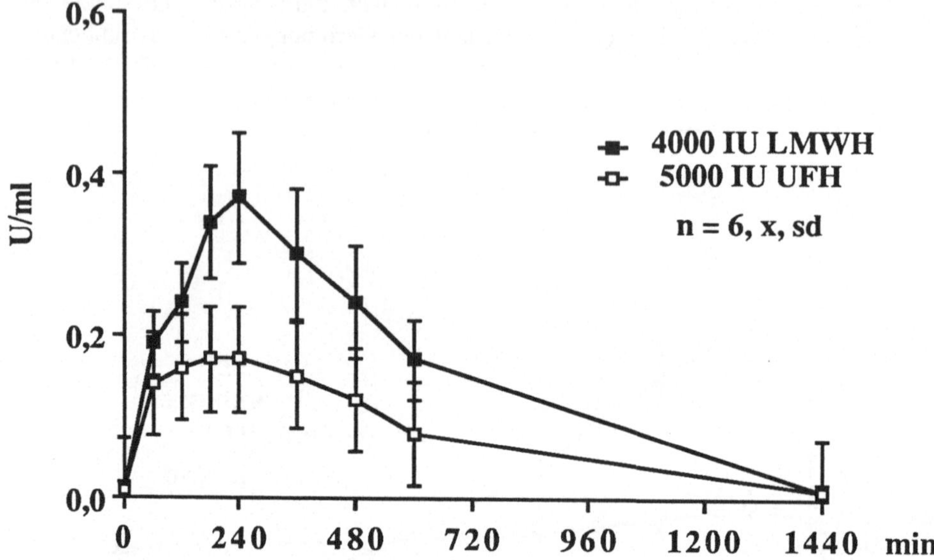

Abb. 4. Vergleich der Antifaktor Xa Aktivität nach subkutaner Verabreichung von 4.000 Einheiten niedermolekularen Heparins SANDOZ (LMWH) und 5.000 Einheiten unfraktionierten Heparins (UFH). Dargestellt sind die Mittelwerte und die Standardabweichung bei 6 gesunden Personen. 24 h nach subkutaner Verabreichung findet sich mit niedermolekularem Heparin noch eine geringe Hemmung der Antifaktor Xa Aktivität.

Die Quantifizierung der Blutungskapazität unfraktionierter und fraktionierter Heparine stellt ein bedeutsames Problem dar. Die Bestimmung der Blutungszeit ist über einen konventionellen Hautschnitt oder über eine Schnittwunde am Schwanz eines Tieres mit einer großen Variationsbreite versehen (26, 27). Eine neue Methode stellt die Messung der Blutungszeit über die Darmmukosa des Magens dar. Hier zeigte sich, daß eine 10fach höhere Dosis eines fraktionierten Heparins erforderlich war, um die gleiche Verlängerung der so durchgeführten Blutungszeit wie bei unfraktioniertem Heparin hervorzurufen (28).

Bei einwöchiger Verabreichung kommt es bei Dosierungen von mehr als 15.000 Anti-Faktor-Xa-Einheiten des niedermolekularen Heparins zu einer Kumulation der anti-Faktor-Xa-Aktivität (29, 30). Bei einer längerfristigen Verabreichung von fraktioniertem Heparin mit zwei Verabreichungen täglich, zeigt sich neben der Kumulation der Anti-Faktor-Xa-Aktivität auch eine Zunahme der Halbwertszeit. Diese ist 8 Tage nach einer zweimal täglichen subkutanen Gabe auf das zweifache verlängert, im Vergleich zu einer einmaligen Verabreichung (56). Bei einer Verabreichung von Heparin und unfraktioniertem Heparin über mehrere Tage, kommt es zu einem passageren Transaminasenanstieg, der eine Woche nach der Beendigung der Behandlung nicht mehr nachweisbar ist (56, 57).

2.3 Der derzeitige Stand zum Metabolismus von Heparinen

Die intravenöse und subkutane Verabreichung radioaktiven Heparins zeigt einen parallelen Verlauf der Radioaktivität und der gerinnungshemmenden Wirkung (31). Die Halbwertszeit ist jedoch biphasisch. Die α-Halbwertszeit beträgt nach diesen Untersuchungen nur wenige Minuten und wird als Verteilungsphänomen gedeutet. Die zweite Halbwertszeit beträgt etwa 50 min. Der Verteilungsraum wird mit dem 1,3 bis 1,5-fachen des Plasmavolumens angegeben. Unter Verwendung von 99m Tc-Heparin findet sich eine biphasische Elimination bei Gesunden sowie bei Patienten mit Venenthrombosen (32). Die α-Halbwertszeit beträgt 6 min und ist ebenfalls als Verteilungsphänomen zu deuten. Die β-Elimination liegt bei Gesunden und bei Patienten mit Thrombosen bei 133 min. Diese Ergebnisse wurden mittels Autoradiographie erhalten. Nach intravenöser Injektion von [125]Jod-Heparin wird die Radioaktivität dosisabhängig aus dem Plasma eliminiert. Mittels Ganzkörperszintigraphie zeigt sich, daß etwa 60 % der Radioaktivität innerhalb 40 min über der Leber erscheinen. Etwa 8 % finden sich über der Milz. Geringere Aktivitätsmengen stellen sich über Lunge und Niere dar. Eine anschließende Rückverteilung der Radioaktivität in das Blut zeigt jedoch eine Desulphatierung und biologisch inaktives Heparin.

Die Bedeutung der Nierenfunktion für die Kinetik von Heparin wird an urämischen und niederinsuffizierten Patienten deutlich. Nephrektomierte Patienten weisen eine doppelt so lange Halbwertszeit wie normale Personen auf, gemessen mit der Polybrene-Neutralisation (33). Auch urämische Patienten zeigen eine deutliche verlängerte Halbwertszeit. Einen höheren Bedarf an Heparin bei subkutaner Verabreichung wird auf eine schlechtere Resorption bei Patienten mit Niereninsuffizienz zurückgeführt (34).

Bei Patienten mit Lebererkrankungen findet sich als Hinweis auf ein vermindertes Verteilungsvolumen eine verlängerte Halbwertszeit (35), ohne, daß eine beschleunigte Clearance vorliegt. Dies resultiert in einer längeren biologischen Halbwertszeit.

Bei thrombembolischen Erkrankungen findet sich eine verkürzte Halbwertszeit für Heparin, gemessen in gerinnungsanalytischen Tests (36). Dies wird auch durch eine beschleunigte Clearance von Heparin bei der Lungenembolie bestätigt (37). Auch Patienten mit einer Thrombophlebitis weisen eine gesteigerte Clearance von Heparin auf (34).Die Halbwertszeit verkürzt sich für unfraktioniertes und niedermolekulares Heparin bei Patienten mit manifester Thrombose. Dieser Effekt ist bei weitem deutlicher für unfraktioniertes als für fraktioniertes Heparin. Dies wird auf eine geringere Interaktion der niedermolekularen Heparinfraktionen mit Plättchenfaktor 4 zurückgeführt (38). Ein direkter Vergleich verschieden hergestellter Heparinfraktionen auf die experimentelle Thrombose und Hämostase bestätigt, daß keine bedeutsamen oder zuletzt nur geringe Unterschiede bestehen zwischen den unterschiedlich hergestellten Heparinfraktionen (39).

Bei Patienten mit unkompliziertem Myokardinfarkt zeigte die Verabreichung von 99m Tc-Heparin und zwei gleichartig markierten niedermolekularen Heparinen keine Unterschiede in der Clearance, dem Verteilungsvolumen und der Eliminationsphase.

Die Bioverfügbarkeit war ebenso vergleichbar. Hingegen zeigte sich eine biexponentielle Clearance im Vergleich zur gerinnungshemmenden Aktivität mit einer schnellen α-Phase von 13 min und einer langsamen β-Elimination von 120 min. 30-50 % der Substanz wurden in den Urin ausgeschieden. Differenzen zwischen den verschiedenen Präparationen in Abhängigkeit vom Molekulargewicht fanden sich nicht (40).

Der plazentare Transport von Heparin wurde in tierexperimentellen und humanpharmakologischen Untersuchungen geprüft. Wie normales Heparin passiert auch niedermolekulares Heparin nicht die Plazenta beim Schaf (41) oder beim Menschen (42, 43, 44, 45).

Neuste, eigene Untersuchungen mit Flureszenz und Jod markierten natürlichen und modifizierten Heparinen und anderen Glycosaminoglycanen geben Hinweise auf den Rezeptor-gebundenen Metabolismus an Blutzellen und in der Leber.

3. Profibrinolytische Wirkung

Kinetische Untersuchungen der Freisetzung von t-PA zeigten einen stärkeren Effekt für fraktioniertes als für unfraktioniertes Heparin (46). Im Rahmen klinischer Untersuchungen zur postoperativen Thromboseprophylaxe fanden sich keine Hinweise dafür, daß Änderungen von t-PA durch fraktioniertes Heparin auftreten. Zudem fanden sich auch keine Hinweise für einen prädiktiven Index dieser beiden Parameter zur Entstehung der postoperativen Venenthrombose (47). Kein Einfluß auf die Fibrinolyse durch niedermolekulares Heparin wurde im Rahmen anderer Untersuchungen, insbesondere unter Berücksichtigung des zirkadianen Rhythmus der Fibrinolyse, gefunden (48, 49). Eine Steigerung der Freisetzung von t-PA wird durch dDAVP beobachtet, die durch unfraktioniertes Heparin noch einmal erhöht werden kann. DDAVP führt zu einem Abschwemmen von t-PA vom Gefäßendothel und bedingt dadurch die Steigerung der fibrinolytischen Aktivität. Die Wirkung von unfraktioniertem Heparin bleibt in diesem Zusammenhang derzeit offen (50). Auch ist eine direkte Stimulierung der Synthese von t-PA und u-PA durch Heparin bei menschlichen Fibroblasten bestätigt worden. Sie zeigen, daß die RNA-Synthese von Plasminogenaktivatoren durch den endothelial growth factor stimuliert wird (51). Andere Untersuchungen hingegen zeigten keine Steigerung der thrombolytischen Wirksamkeit von t-PA durch Heparin (52).

Auch die Lipoproteinlipase und hepatische Triglyzeridlipase werden durch niedermolekulares Heparin nach intravenöser Gabe freigesetzt (53, 54). Nach Gabe des niedermolekularen Heparins wird die Lipoproteinlipase in vergleichbarem Maß wie durch normales Heparin innerhalb weniger Minuten im Plasma meßbar. Ihre Aktivität fällt mit einer Halbwertszeit von 30 min nach Gabe des normalen Heparins und mit einer Halbwertszeit von etwa 60 min nach niedermolekularem Heparin ab. Die Fläche unter der Aktivitäts-Zeit-Kurve ist nach Gabe des niedermolekularen Heparins etwa 2mal höher als nach normalem Heparin. Die hepatische Triglyzeridlipase wird durch normales und durch niedermolekulares Heparin gleichermaßen freigesetzt, die Halbwertszeiten und die Fläche unter der Aktivitäts-Zeit-Kurve sind nicht unterschiedlich.

Lipasen spalten Triglyceride in Glycol und freie Fettsäuren (FFA). Der Anstieg der FFA im Blut nach Heparininjektion ist daher ein Maß für die Aktivität der Lipasen. Der Konzentrationsverlauf der FFA nach s.c. Gabe von unfraktioniertem und niedermolekularem Heparin ist in Abbildung 5 dargestellt. Mit unfraktioniertem Heparin erscheinen deutlich mehr FFA im Blut, als mit niedermolekularem Heparin. Dies deutet auf einen geringeren lipolytischen Effekt des niedermolekularen Heparins hin.

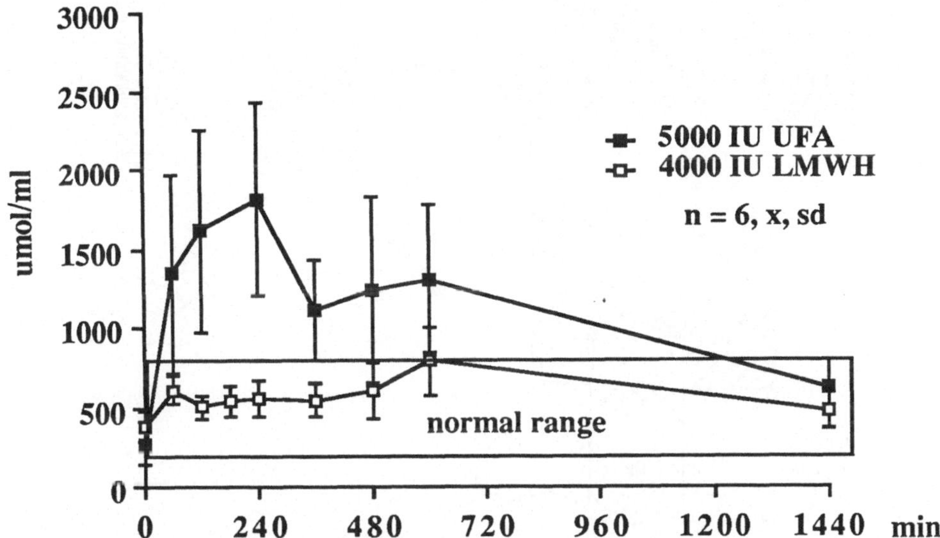

Abb. 5. Konzentration der freien Fettsäuren nach der subkutanen Verabreichung von niedermolekularem Heparin SANDOZ und unfraktioniertem Heparin. Dargestellt sind die Mittelwerte mit Standardabweichung. Es zeigt sich, daß mit niedermolekularem Heparin nur eine geringe Freisetzung der freien Fettsäuren erfolgt, die meist innerhalb des Normalbereiches verbleibt.

4. Wirkung auf den Tissue Factor Pathway Inhibitor

Dieser Inhibitor des extrinsischen Systems der Blutgerinnung ist ein Lipoprotein, das den Komplex aus Tissue Factor und Faktor VIIa hemmt. Dieses Lipoprotein wurde Extrinsic Pathway Inhibitor (EPI) oder Tissue Factor Pathway Inhibitor (TFPI) genannt (55). EPI selbst findet sich an ein Lipoprotein gebunden und wird durch geringe Mengen von Faktor Xa freigesetzt (56).

Tissue Factor aktiviert in Gegenwart von Kalzium Faktor VII zu Faktor VIIa. Der Komplex Tissue Factor/Faktor VIIa aktiviert Faktor X zu Xa. Der Komplex aus TFPI und Faktor Xa kann sich auch an den Komplex aus Tissue Factor und Faktor VIIa anlagern. Es entsteht ein negativer Feed-Back der Aktivierung von Faktor X zu Xa.

TFPI ist auch in der Lage, den aktivierten Komplex aus Tissue Factor/Faktor VIIa/ Faktor Xa zu inhibieren. Auf diese Weise werden zwei Wege der Inhibierung durch den TFPI vermittelt (50). Der Wirkungsmechanismus ist in Abbildung 6 dargestellt.

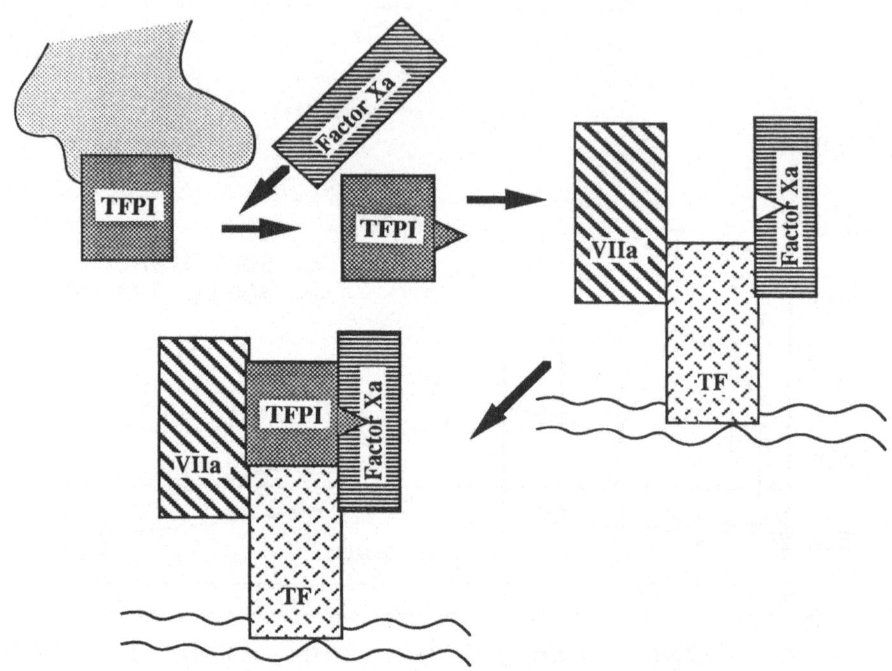

Abb. 6. Darstellung des Wirkungsmechanismus von dem neuen Inhibitor der Blutgerinnung: Tissue Factor Pathway Inhibitor. Von Bedeutung ist, daß geringe Mengen aktivierten Faktors X bereits ausreichen, um eine Aktivierung von TFPI zu erreichen und auf diese Weise eine Gerinnungshemmung zu vermitteln. Es handelt sich hier um einen negativen Feed-Back einer aktivierten Blutgerinnung.

Nach intravenöser Verabreichung von unfraktioniertem und fraktioniertem Heparin kommt es zu einem Anstieg des TFPI im Blut bei Patienten mit Malignomen (57). Bei gesunden Personen ist die Halbwertszeit des Extrinsic Pathway Inhibitor relativ kurz, so daß 2-4 h nach der Verabreichung bereits Normwerte gemessen werden. Unterschiede für fraktioniertes und unfraktioniertes Heparin bestehen nicht (Abbildung 7). Nach subkutaner Verabreichung findet sich nur ein Anstieg nach fraktioniertem Heparin (58).

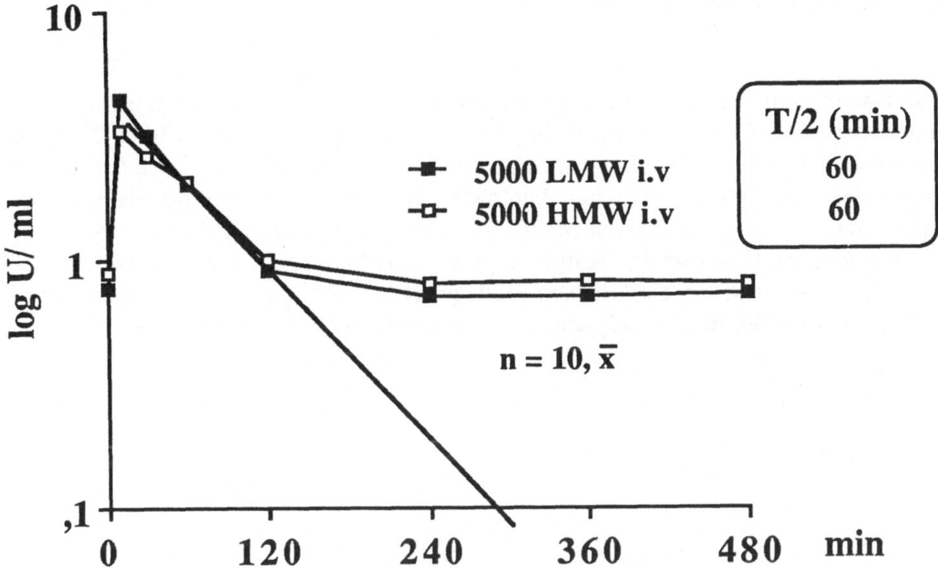

Abb. 7. Freisetzung von TFPI nach intravenöser Verabreichung von unfraktioniertem und niedermolekularen Heparin bei 10 gesunden Personen. Dargestellt sind die Mittelwerte mit Standardabweichung. Es zeigen sich vergleichbare Effekte der Freisetzung von TFPI durch die beiden Heparine.

5. Neutralisierung von Heparinen mit Protamin

Es wird angenommen, daß das positiv geladene Protamin mit den negativen Sulfatgruppen des Heparinmoleküls reagiert. Die Neutralisierung erfolgt über eine Bindung der negativ geladenen Gruppen der Heparine mit den positiv geladenen Aminogruppen von Protamin. In vitro werden die Wirkungen von unfraktioniertem und fraktioniertem Heparin auf alle Gerinnungsparameter komplett antagonisiert (59, 60 , 61). Ex vivo erfolgt eine komplette Neutralisierung für unfraktioniertes und fraktioniertes Heparin auf die aPTT und Thrombin. Die Hemmung von Faktor Xa wird bei unfraktioniertem Heparin vollkommen antagonisiert. Nach Verabreichung von fraktioniertem Heparin kommt es ex vivo zu einer Antagonisierung auf Faktor Xa zu 50-60 %. Wird jedoch Vollblut ohne eine Antikoagulation nach der Blutentnahme untersucht, findet sich auch für unfraktioniertes Heparin keine komplette Aufhebung des gerinnungshemmenden Effektes durch Protamin. Die Wirkungen auf die Blutungszeit, die durch Heparine hervorgerufen wird, lassen sich durch Protamin aufheben (51). Bei der extrakorporalen Zirkulation wird der gerinnungshemmende Effekt von fraktioniertem Heparin durch Protamin so aufgehoben, daß keine hämorrhagischen Komplikationen nach Beendigung der extrakorporalen Zirkulation auftreten (62). Protamin wird daher zur Antagonisierung von unfraktionierten und fraktionierten Heparinen eingesetzt.

6. Zusammenfassung und Ausblick

Die Untersuchungen zur Pharmakologie von niedermolekularen Heparinen haben zu einem besseren Verständnis der Pathogenese und zu einer differenzierteren Therapie thromboembolischer Erkrankungen beigetragen. Die neue Substanzklasse der niedermolekularen Heparine stellt eine Alternative in der Thromboseprophylaxe in der operativen Medizin, der inneren Medizin und bei unerwünschten Wirkungen auf die konventionellen Heparine dar. Aufgrund positiver Erfahrungen in der Langzeitanwendung hat es inzwischen einen festen Stellenwert bei Nebenwirkungen und relativen Kontraindikationen im Bereich der oralen Antikoagulation erhalten.

Literatur

1)   McLean J: The thromboplastic action of cephalin. Am J Physiol (1916) 41: 250

2)   Howell WH, Holt E: Two new fractions in blood coagulation. Heparin and proantithrombin. Amer J Physiol (1918) 47: 328-341

3)   Harenberg J, de Vries JX: Characterization of heparins by high performance size exclusion liquid chromatography. J Chromatogr (1983) 261: 287-292

4)   Barrowcliffe TW, Johnson A, Eggleton CA, Kemball-Cook G, Thomas DP: Anticoagulant activities of high and low-molecular-weight heparin fractions. Brit J Haematol (1979) 41: 573-582

5)   Eggleton CA, Barrowcliffe TW, Merton RE, Thomas DP: In vitro and in vivo studies of the anti Xa activity of heparin. Thromb Res (1981) 24: 319-328

6)   Lane DA, Mac Gregor IR, Michalski R, Kakkar VV: Anticoagulant activities of four unfractionated and fractionated heparins. Thromb Res (1978) 12: 237-246

7)   Barrowcliffe TW, Curtis AD, Johnson EA, Thomas DP: An International Standard for Low Molecular Weight Heparin. Thromb Hemostas (1988) 60: 1-7

8)   Holmer E: Anticoagulant properties of heparin and heparin fractions. Scand J Haematol (1980b) 24, Suppl 35, 25-34

9)   Casu B, Oreste P, Torri G, Zopetti G, Choay J, Lormeau JC, Petitou M: The structure of heparin oligosaccharide fragments with high antifactor Xa activity containing the minimal antithrombin III-binding sequence. Biochem J (1981) 197: 599-609

10)   Choay J, Petitou M, Lormeau JC, Sinay P, Casu B, Gatti G: Structure activity relationship in heparin: A synthetic pentasaccharide with high affinity for antithrombin III. Biochem Biophys Res Commun (1983) 116: 492-499

11)   Walenga JM, Petitou M, Lormeau JC, Samama M, Fareed J, Choay J: Antithrombotic activity of a synthetic heparin pentasaccharide in a rabbit stasis thrombosis model using different thrombogenic challenges. Thromb Res (1987) 46: 187-198

12)   Lam LH, Silbert JE, Rosenberg RD: The separation of active and inactive forms of heparin. Biochem Biophys Res Comm (1976) 69: 570-577

13)   Estes JW, Pelikan EW, Krüger-Thiemer E: A retrospective study of the pharmcokinetics of heparin Clin. Pharma Therap (1969) 10: 329-337

14)   Harenberg J, Stehle G, Augustin J, Zimmermann R: Comparative Human Pharmacology of Low Molecular Weight Heparins. Sem Thromb Hemostas (1989) 15: 414-423

15) Whitehead MI, MacCarthy TGH: A comparative trial of subcutaneous dodium and calcium heparin as assessed by local haematoma formation and pain. In: Kakkar VV, Thomas DP (eds) Heparin. Chemistry and Clinical Usage. Academic Press, London, New York, San Francisco. (1976) p. 361-366

16) Cade JF, Andrews JT, Stubbs AE: Comparison of sodium and calcium heparin in prevention of venous thromboembolism. Aust N Z J Med (1982) 12: 501-504

17) Thomas DP, Sagar S, Stamatakis JD, Mafei FHA, Erdi A, Kakkar VV: Plasma heparin levels after administration of calcium and sodium salts of heparin. Thromb Res (1976) 9: 241-248

18) Johnson EA, Kirwood TBL, Stirling Y, Perezu-Requejo JL, Ingram GIC, Bangham DR, Brozovic M: Four Heparin Preparations: Anti-Xa potentiating effect of Heparin after subcutaneous injection. Thrombos Haemostas (1976) 35: 586-591

19) Harenberg J, Giese Ch, Knödler A, Zimmermann R: Antifactor Xa clotting method for heparin and low molecular weight heparins. Ärztl Lab (1986) 32: 181-184

20) Harenberg J, Giese Ch, Knödler A, Zimmermann R: Comparative study on a new one-stage clotting assay for heparin and its low molecular weight derivatives. Haemostasis (1989) 19: 13-20

21) Harenberg J: Pharmacology of Low Molecular Weight Heparins. Sem Thromb Hemostas (1990) 16 Suppl: 12-18

22) Harenberg J, Gnasso A, de Vries JX, Zimmermann R, Augustin J: Anticoagulant and lipolytic effects of a low-molecular-weight heparin fraction. Thromb Res (1985) 39: 683-692

23) Merton RE, Thomas DP: Experimental studies on the relative efficacy of dermatan sulphate and heparin as antithrombotic agents. Thrombos Haemostas (1987) 58: 839-846

24) Harenberg J, Würzner B, Zimmermann R, Schettler G: Bioavailability and antagonization of the low-molecular-weight heparin CY 216 in man. Thromb Res (1986) 44: 549-555

25) Rostin M, Montastruc JL, Houin G, D'Azemar P, Bayrou B, Boneu B: Pharmacodynamics of CY 216 in healthy volunteers: inter-individual variations. Fundam Clin Phar macol (1990) 4: 17-23

26) Hobbelen PM, Vogel GM, Meuleman DG: Time courses of the antithrombotic effects, bleeding enhancing effects and interactions with factors Xa and thrombin after administration of low molecular weight heparinoid Org 10172 or heparin to rats. Thromb Res (1987) 48: 549-558

27) Hoppensteadt D, Walenga JM, Fareed J.:Comparative antithrombotic and hemorrhagic effects of dermatan sulfate, heparian sulfate and heparin. Thromb Res (1990) 60:191-200

28) Bang CJ, Berstad A, Talstad I: Gastric mucosal bleeding after unfractionated and low molecular weight heparin in rats. Scand J Gastroenterol (1990) 25: 379-382

29) Harenberg J, Giese C, Dempfle CE, Stehle G, Heene DL: Biological activity and safety of the subcutaneous administration of high doses of low molecular weight heprin for 8 days in human volunteers. Thromb Haemost (1989) 61: 357-362

30) Frydman AM, Bara L, Le Roux Y, Woler M, Chauliac F, Samama MM: The antithrombotic activity and pharmacokinetics of enoxaparine, a low molecular weight heparin, in humans given single subcutaneous doses of 20 to 80 mg. J Clin Pharmacol (1988) 28: 609-618

31) Mombelli G, Schaedelin J, Beck EA Pharmakokinetik von Heparin nach einmaliger intravenöser oder subkutaner Injektion Schweiz Med Wschr (1977) 107: 810-815

32) Esquerre, JP Boneu B, Guiraud R: Kinetics of technetium-labeled heparin in thromboembolism: Preliminary report Int J Nucl Med Biol (1979) 6: 215-220

33) Teien AN, Bjornson J: Heparin elimination in uraemic patients on haemo-dialysis Scand J Haemat (1976) 17, 19-25

34) Andrassy K, Salzmann W, Saggau W, Storch H, Ritz E: Is more heparin necessary for low-dose heparin prophylaxis in uremic patients? Thrombos Haemostas (1981) 46: 740-742

35) Teien AN: Heparin elimination in patients with liver cirrhosis Thromb Haemostas (1977) 38: 701-705 ·

36) Hirsh J, van Aken WG, Gallus AS, Dollery CT, Cade JF, Yung WL: Heparin Kinetics in Venous Thrombosis and Pulmonary Embolism Circulation, (1976) 53: 691-695

37) Simon TL, Hyers TM, Gaston JP, Harker: LA Heparin pharmacokinetics: increased requirements in pulmonary embolism Brit J Haem (1978) 39: 111-120

38) Mungall D, Raskob G, Coleman R, Rosenbloom D, Ludden T, Hull R: Pharmacokinetics and dynamics of heparin in patients with proximal vein thrombosis. J Clin Pharmacol (1989) 29: 896-900

39) Ostergaard PB, Nilsson B, Bergqvist D, Hedner U, Pedersen PC: The effect of low molecular weight heparin on experimental thrombosis and haemostasis - the influence of production method. Thromb Res (1987) 45: 739-749

40) Psuja P: Kinetics of radiolabelled (99mTc) heparin and low molecular weight heparin fraction CY 216, CY 222 in patients with uncomplicated myocardial infarction. Folia Haematol Leipz (1988) 115: 661-668

41) Andrew M, Cade J, Buchanan MR, Cerskus AL, Jefferis A, Towell M, Hirsh J : Low molecular weight heparin does not cross the placenta. Thrombos Haemostas (1983) 50: 225

42) Forestier F, Daffos F, Rainaut M, Toulemonde F: Low Molecular Weight Heparin (CY 216) Does Not Cross the Placenta During the Thrid Trimester of Pregnancy. Thromb Haemostas (1987) 57: 234

43) Harenberg J, Leber G, Augustin J, Raedsch R, Schwarz F, Stiehl A, Zimmermann R: Ambulante Langzeitprophylaxe der Thromboembolie mit niedermolekularem Heparin. Klin Wschr (1987) 65: 331-337

44) Harenberg J, Schwarz F, Dietz R, Leber G, Zimmermann R, Kübler W: Antikoagulation mit niedermolekularem Heparin bei Patienten mit prothetischem Herzklappenersatz. Z Kardiol (1987) 76: 284-28

45) Harenberg J, Leber G, Zimmermann R, Schmidt W: Thromboembolieprophylaxe mit niedermolekularem Heparin in der Schwangerschaft. Geburtsh u Frauenheilk (1987) 47: 15-18

46) Doutremepuich D, Deharo E, Doutremepuich F, Lalanne MC, Toulemonde F: Kinetic study of tPA release induced by heparin and heparin fragment. Thromb Res (1989) 53: 615-621

47) Sorensen JV, Borris LC, Lassen MR, Christiansen HM, Schott P, Olsen AD, Neerstrand HS: Association between plasma levels of tissue plasminogen activator and postoperative deep vein thrombosis - influence of prophylaxis with a low molecular weight heparin. Thromb Res (1990) 59: 131-138

48) Eriksson E, Wollter IM, Christenson B, Stigendal L, Risberg B: Heparin and fibrinolysis - comparison of subcutaneous administration of unfractionated and low molecular weight heparin. Thromb Haemost (1988) 59: 284-288

49) Grimaudo V, Omri A, Kruithof EK, Hauert J, Bachmann F: Fibrinolytic and anticoagulant activity after a single subcutaneous administration of a low dose of heparin or a low molecular weight heparin-dihydroergotamine combination. Thromb Haemost (1988) 59: 388-391

50) Agnelli G, Levi M, Cosmi B, ten Cate JW, Nenci GG: Additive effect of dDAVP and standard heparin in increasing plasma t-PA. Thromb Haemost (1989) 61: 507-510

51) Rapaport RS, Ronchetti-Blume M, Vogel RL, Hung PP: Heparin potentiates endothelial cell growth factor stimulation of plasminogen activator synthesis by diploid human lung fibroblasts. Thromb Haemost (1988) 59: 514-522

52) Fry ET, Sobel BE: Lack of interference by heparin with thrombolysis or binding of tissue-type plasminogen activator to thrombi. Blood (1988) 71: 1347-1352

53) Millot F, Etienne J, Aiach M, Meyniel D, Brault D, Pieron R, Laruelle P: Effet d'un dérivé de l'héparine de faible poids moléculaire sur la libération d'une activité lipolytique dans la circulation sanguine. C R Acad Sc (1982) 295: 771-776

54) Harenberg J, Stehle G, Dempfle CE, von Hodenberg E, Heene DL: Beeinflussung der Blutgerinnung und der Lipasen durch das niedermolekulare Heparin CY 216. Ärztl Lab (1989) 35: 73-79

55) Broze GJ, Miletich JP: Characterization of the inhibition of tissue factor in serum. Blood (1987 a) 69: 150-155

56) Schmidt M, Barrowcliffe TW, Gray E, Watton J, Harenberg J: Anti-Xa clotting activities in different hepatic-triglyceride lipase preparations from post-heparin plasma. Thromb Res (1991) 63: 503-508

57) Lindahl AK, Abildgaard U, Stokke G: Release of extrinsic pathway inhibitor after heparin injection: increased response in cancer patients. Thromb Res (1990) 59: 651-656

58) Harenberg J, Schäfer M , Stehle G, Schmidt M, Dempfle CE, Heene DL: Release of the extrinsic inhibitor, hepatic lipase and anti-factor Xa activity into post-heparin plasma. Thromb Haemost (1991) 65:915

59) Harenberg J, Giese Ch, Knödler A, Zimmermann R, Schettler G: Neutralization of a Low Molecular Weight Heparin Kabi 2165 by Protamine Chloride. Klin Wochenschr (1986) 64: 1171-1175.

60) Harenberg J, Gnasso A, de Vries JX, Zimmermann R, Augustin J: Inhibition of low-molecular-weight heparin by protamine chloride in vivo. Thromb Res (1985) 38: 11-20

61) Hubbard AR, Jennings CA: Neutralization of heparan sulphate and low-molecular-weight heparin by protamine. Thrombos Haemostas (1985) 13: 86-90

62) Massonnet-Castel S, Pelissier E, Bara L, Terrier E, Abry B, Guibourt P, Swanson J, Jaulmes B, Carpentier A, Samama M: Partial reversal of low-molecular-weight heparin (PK 10169) Anti-Xa activity by protamine sulfate: In vitro and in vivo study during cardiac surgery with extracorporal circulation. Haemostasis (1986) 16: 139-145

Thromboseprophylaxe mit NM-Heparinen – Ergebnisse und ungelöste Fragen

Ergebnisse der Thromboseprophylaxe in der Allgemeinchirurgie

Dr. med. E. Tröster, Prof. Dr. med.R. Häring
Universitätsklinikum Steglitz der Freien Universität Berlin, Abteilung für Allgemein-,
Gefäß- und Thoraxchirurgie, Hindenburgdamm 30, 12203 Berlin

Es besteht heute kein Zweifel mehr daran, daß Thrombosen nicht nur als eigenständige Erkrankung, sondern auch als postoperative Komplikation eine zu beachtende Rolle spielen. Nicht nur das Risiko einer häufig letal verlaufenden Lungenembolie, sondern auch die lebenslange Einschränkung durch spätere Folgeerkrankungen sind von großer Bedeutung.

In der allgemein empfohlenen und auch anerkannten perioperativen Thromboseprophylaxe gilt heute als Standardverfahren die dreimal tägliche subcutane Injektion von konventionellem, d.h. Low Dose Heparin in der Dosierung von 5000 I.E.

Auf diese Weise wurde die Thromboseinzidenz in der Allgemeinchirurgie von ca. 30 % auf 5-15 % gesenkt. Gleichermaßen wurde bei der jetzt über zwanzigjährigen Anwendung des Low Dose Heparins von vielen Autoren anerkannt, daß die 3 x 5000 I.E. Gabe bei Hochrisikopatienten nur eine ungenügende Absenkung der Thromboseraten bewirkt.

Durch Weiterentwicklung auf dem Gebiet der Pharmakologie des Heparins konnte aus den bekannten Standardheparinen durch Fraktionierung niedermolekulares Heparin gewonnen werden. Wie durch Forschungsergebnisse und zahlreiche Studien belegt werden konnte, unterscheiden sie sich vom unfraktionierten Heparin vor allem durch eine bessere Bioverfügbarkeit, eine verlängerte biologische Halbwertszeit und durch eine erhöhte Affinität zu Faktor Xa. Daraus deutete sich für den klinischen Einsatz des niedermolekularen Heparins gegenüber dem konventionellem Heparin eine bessere Wirksamkeit und Verträglichkeit sowie die Anwendung als Einmal-Applikation an.

In den letzten Jahren sind verschiedene klinische Vergleichsstudien durchgeführt worden, die die Wirksamkeit von niedermolekularem Heparin im Vergleich zum herkömmlichen Heparin untersucht haben. Es handelt sich bei diesen Untersuchungen um propsektive, randomisierte, teilweise Doppelblindstudien.

Einschlußkriterien waren ein Lebensalter von 40 Jahren und höher, und die Patienten mußten sich einem Eingriff in der Allgemeinchirurgie unterziehen, mit einer zu erwartenden Länge von mindestens sechzig Minuten. Der postoperative Behandlungszeitraum mußte wenigstens sieben Tage betragen.

Ausschlußkriterien waren anamnestisch bekannte Kontraindikationen gegen Heparin, interferierende Begleitmedikationen, Schilddrüsendysfunktionen, Schwangerschaft und Stillzeit. Ebenfalls nicht in die Studien aufgenommen wurden Patienten mit schweren hepatischen und renalen Funktionsstörungen und mit postphlebitischem Syndrom.

Als Prüfkriterium dienten objektive diagnostische Verfahren wie der Radiojod-Fibrinogen-Test und zumeist, bei positivem Befund, eine anschließende Phlebographie. Sorgfältig wurden während der gesamten Behandlungsdauer der intra- und postoperative Blutverlust, eventuelle Reoperationen, der Flüssigkeitsverlust über die Drainagen, das Auftreten von Wundhämatomen und Hämatomen an den Injektionsstellen sowie eventuell notwendige Transfusionen von Vollblut oder Erythrozytenkonzentraten dokumentiert.

Neben der medikamentösen Thromboseprophylaxe wurde bei diesen Studien die klinikeigene physikalische Therapie und die Frühmobilisation durchgeführt. Andere, als Thromboseschutz geltende Mahmen, wurden nicht angewendet.

In den folgenden Ausführungen soll eine klinische Thrombo-Embolie-Studie vorgestellt werden, die in der Abteilung für Allgemein-, Gefäß- und Thoraxchirurgie und der Abteilung für Nuklearmedizin im Klinikum Steglitz in Berlin durchgeführt wurde.

Überprüft wurde die Wirksamkeit und Verträglichkeit einer einmaligen Gabe von 1500 aPTT Einheiten eines niedermolekularen Heparins (Monoembolex) im Vergleich zur dreimal täglichen Gabe von 5000 I.E. konventionellem Heparins. In diesem Patientenkollektiv sind insgesamt 104 Patienten untersucht worden. Die Zuteilung der beiden Patientengruppen erfolgte doppelblind in randomisierter Reihenfolge.

Eine Patientengruppe von 53 Patienten erhielt dreimal täglich 5000 I.E. unfraktioniertes Heparin subcutan injiziert, die andere Gruppe von insgesamt 51 Patienten erhielt 1500 aPTT-Einheiten eines niedermolekularen Heparins einmal pro Tag sowie zwei Placeboinjektionen. Diese Gruppe erhielt auf jeden Fall eine Verumapplikation präoperativ. Die erste Injektion erfolgte zwei Stunden präoperativ und danach im 8-Stunden-Rhythmus über einen Zeitraum von mindestens sieben Tagen.

Postoperativ wurde der Radiojod-Fibrinogen-Test durchgeführt als primäres Wirksamkeitskriterium. Die Messungen erfolgten über einen Zeitraum von sieben bis zehn Tagen. Ergaben sich positive Testergebnisse, wurde der Befund phlebographisch verifiziert.

Auf der Grundlage der klinischen Diagnostik wurden, wie bei ähnlichen Studien, die oben genannten Prüfkriterien täglich dokumentiert. Alle 104 in die Untersuchung aufgenommenen Patienten sind auch in die Auswertung gelangt.

Das durchschnittliche Lebensalter der Patienten in der NMH-Gruppe lag bei 58 Jahren, für die LDH-Gruppe bei 8,8 Tagen. Die Behandlungsdauer betrug im Mittel in der Gruppe der NMH-Patienten 9,1 Tage und in der Gruppe der LDH-Patienten 8,8 Tage.

Durch die Randomisierung bestand in allen Basisdaten kein signifikanter Unterschied zwischen beiden Gruppen. Keiner der Patienten hatte in der Woche vor der Operation gerinnungshemmende Substanzen genommen. Die verschiedenen Risikofaktoren für das Entstehen einer Thrombose waren ebenfalls für beide Gruppen vergleichbar. Insgesamt waren 32,7 % aller Patienten Raucher!

Auch zwischen der Art und der Dauer der Operationen bestand zwischen beiden Gruppen kein signifikanter Unterschied. Insgesamt erlitten 11 Patienten eine tiefe Beinvenenthrombose. Sieben Patienten hatten unfraktioniertes Heparin bekommen (13,2 %), vier Patienten hatten niedermolekulares Heparin bekommen (7,8 %). Auch dieser Unterschied kann nicht als signifikant angesehen werden. Bei drei Patienten aus der NMH-Gruppe war ein unangemessen hoher Blutverlust aufgetreten, in der LDH-Gruppe war eine solche Komplikation nicht beobachtet worden.

Die Blutverluste in den Drainagen betrugen für die Gruppe der NMH im Mittel 34,7 ml, für die Gruppe der LDH 65,4 ml. Bluttransfusionen erhielten zwanzig Patienten aus der Gruppe der NMH-Patienten und sechzehn Patienten aus der LDH-Gruppe. Das transfundierte Volumen war für beide Gruppen gleich.

Ausgedehnte Wundhämatome und blutungsbedingte Reoperationen waren nicht beobachtet worden. Auch waren keine weiteren unerwünschten Nebenerscheinungen gesehen worden.

Bezüglich des Durchschnittsalters, der großen Zahl an Risikofaktoren sowie der Art und Länge der Eingriffe, handelt es sich bei den vorliegenden Untersuchungen um ein Patientenkollektiv, das dem Risikopatientengut in der Allgemeinchirurgie entspricht.

So bedeutet das Auftreten von sieben bzw. vier Thrombosen eine auffallend niedrige Rate und beweist damit die hohe Wirksamkeit beider Therapieschemen.

Es sind keine Unterschiede bezüglich des Erstmanifstationstages aufgetreten, und eine signifikante Verzögerung des Auftretens thromboembolischer Komplikationen, wie sie in einer anderen Studie beschrieben worden ist, konnten wir nicht beobachten. Die Inzidenz hämorrhagischer Komplikationen war gering.

Legt man diese Ergebnisse und die Ergebnisse vieler anderer Studien zugrunde, so ergibt sich als Schlußfolgerung, daß die postoperative Thromboseprophylaxe mit der einmal täglichen Gabe eines niedermolekularen Heparins als sicherer und wirksamer Schutz angesehen werden kann. Es entspricht in seiner Wirksamkeit der dreimal täglichen Gabe von 5000 I.E. herkömmlichen Heparins.

Aufgrund der nur einmal täglichen Gabe findet es aber zu Recht eine immer größer werdende Akzeptanz bei Patienten und Klinikpersonal. Es ist jedoch auch erkannt worden, daß mit der üblichen dreimaligen Gabe von 5000 I.E. Heparin-Prophylaxe Hochrisikogruppen nur ungenügend vor Thrombosen geschützt werden. Von den eingeführten niedermolekularen Heparinen liegen bisher nur von wenigen Präparaten Studien über die Wirkung bei Hochrisikopatienten vor. Hier müssen noch weitere Untersuchungen durchgeführt werden, mit zum Teil höheren Dosierungen, um den Nachweis der Effektivität zu erbringen.

Thromboembolieprophylaxe in der Gynäkologie

Prof. Dr. med. L. Heilmann
Stadtkrankenhaus, Abt. Gynäkologie und Geburtshilfe, August-Bebel-Str. 59, 65428 Rüsselsheim

Einführung

Die Inzidenz der venösen Thrombosen und der Lungenembolie variiert je nach Erfassungsmethode erheblich und liegt in der operativen Gynäkologie zwischen 11 und 37 %. Epidemiologische Daten weisen weiterhin daraufhin, daß 6 % der Bevölkerung mit einem Alter über 40 Jahre ein postthrombotisches Syndrom als Resultat einer vorangegangenen tiefen Beinvenenthrombose haben (Widmer et al., 1977). Populationsstatistiken aus den USA und England geben eine jährliche Mortalität an Lungenembolien von etwa 0,05 % an (Hume et al., 1970; Hirsh et al., 1981). Diese offiziellen Daten sind wegen der ineffektiven Diagnostik - allein am klinischen Symptom - mit Vorbehalt zu betrachten. Das kann man daraus ersehen, daß bei 50 % der Patienten mit Zeichen der Thrombose im Venogramm ein normaler Befund zu sehen ist. Verbunden mit diesen Kenntnissen der schwierigen klinischen Diagnose von tiefen Beinvenenthrombosen, wurde eine Reihe objektiver Tests entwickelt (RFT, Plethysmographie, Ultraschall, Thermographie), um frühzeitig die Diagnose voranzutreiben. Besonders der radioaktive Fibrinogentest wurde zu einer Screeningmethode ausgebaut, die uns genaue Kenntnisse über die postoperative Thrombose erbrachte (Kakkar et al., 1970). Vor allem der frühe Eintritt (intraoperativ) der Thrombosen, die hohe Frequenz und die Beteiligung der Beinvenen wurde mit diesen Methoden herausgearbeitet und führte dann als Folge davon zu einer breiten Anwendung der Thromboseprophylaxe.

Das ansteigende Risiko einer postoperativen Thrombose ist gut erklärbar. Der Operationsstreß, verbunden mit einer Endothelschädigung, setzt eine gewaltige Kaskade von Stoffwechselvorgängen in Gang, die man folgendermaßen zusammenfassen kann:

Die postoperativen Akut-Phasenreaktionen und die Gerinnungsaktivierung führen zu einem Anstieg von Fibrinogen und Faktor VIII und zu einer Abnahme der fibrinolytischen Aktivität (vermindertes Plasminogen, hohes α-2-Antiplasmin). Die Gefäßwandschädigung induziert einen Anstieg der Plasminogenaktivatorinhibitoren und eine Abnahme der Prostazyklinfreisetzung. Dadurch wird wiederum die Thrombozytenaggregation gesteigert, wobei die Blutplättchen postoperativ generell zunehmen. Die erhöhten hochmolekularen Akut-Phasen-Proteine bewirken wiederum eine Erhöhung der Plasmaviskosität. Die verlangsamte Blutströmungsgeschwindigkeit während der Operation und der Anästhesie kann dann zur Stagnation des venösen Blutflusses führen. Dem Gerinnungssystem steht das Inhibitorensystem gegenüber. Dieses Inhibitorensystem ist primär gegen das Thrombin gerichtet, das eine Schlüsselstellung für die

Auslösung von Gerinnungsvorgängen hat. Das Antithrombin III kann vom Thrombin gebunden werden (TAT) bzw. kann das übriggebliebene Thrombin auf Fibrinogen einwirken und dieses zu Fibrin umwandeln. Dieses Fibrin wird postoperativ durch die gesteigerte Fibrinolyse zu D-Dimer abgebaut.

Im Vordergrund für die Entwicklung venöser Thrombosen stehen die Störungen der plasmatischen Gerinnung und der venösen Zirkulation. Thrombozytäre Faktoren treten dagegen eher in den Hintergrund. Es ist zum gegenwärtigen Zeitpunkt unmöglich, aus Gerinnungstests, Risikofaktoren, Screeningmethoden und Operationsart, eine selektive Thromboseprophylaxe zu entwickeln (Hohl, 1983; Forbes and Lowe, 1987). Andererseits treten 50-80 % der Lungenembolien ohne klinische Zeichen von tiefen Venenthrombosen auf (Kotz and Geelhoed, 1981). Wenn man diese allgemeinen Tatsachen berücksichtigt, so muß man auch für die operative Gynäkologie eine generelle Thromboseprophylaxe fordern.

Vor- und Nachteile einer Thromboseprophylaxe in der Gynäkologie

Wenn man eine generelle Thrombosprophylaxe diskutiert, dann sollten folgende Anforderungen gestellt werden (Tab. 1).

Tabelle 1. Anforderungen an eine Thromboseprophylaxe

---

1. Einfache Anwendung
2. wenige Kontraindikationen
3. fehlende bzw. minimale Nebenwirkungen
   (vor allem Blutungsrisiko)
4. intraoperative Wirksamkeit
5. geringe Kosten

Der derzeitige Stand der Thromboseprophylaxe läßt sich folgendermaßen darstellen und sollte anhand der Anforderungen überprüft werden (Tab. 2).

Tabelle 2. Derzeitige Methoden der Thromboseprophylaxe

---

1. physikalische Maßnahmen
   (intermittierende pneumatische Kompression, Kompressionsstrümpfe)
2. Ausgleich eines Volumendefizites durch ausreichende Flüssigkeitszufuhr
3. Low-dose Heparin (LDH)
4. Dextran
5. Hydroxyäthylstärke
6. Heparin-Dihydergot (HDHE)
7. niedermolekulares Heparin (NMH)

Die intermittierende pneumatische Kompression der Beine fördert den venösen Rückstrom und steigert die periphere Zirkulation. Weiterhin wird die fibrinolytische Aktivität erhöht. In der Gynäkologie existiert eine Studie von Clarke-Pearson et al. (1984), der eine Verminderung der venösen Thrombosen von 34,6 % (Kontrollgruppe ohne Prophylaxe) zu 12,7 % in der Therapiegruppe gefunden hatte. Das Screening erfolgt mit RFT oder Impedanzplethylsmographie. Die Nachteile dieser physikalischen Methoden sind gering (Lösen eines Thrombus) und die Vorteile bei Patientinnen mit hohem Blutungsrisiko sind gegeben. Eine zusätzliche Säule der Thromboseprophylaxe ist die ausreichende intra- und postoperative Flüssigkeitszufuhr, um einen Volumenmangel mit Hämokonzentration zu vermeiden.

Die Verwendung der Low-dose-Heparin Prophylaxe hat auch in der Gynäkologie eine entscheidende Reduktion der venösen Thrombosen erbracht, wobei in der Malignomchirurgie (Clarke-Pearson et al., 1983a) die Effektivität bis heute noch nicht geklärt ist (Tab. 3).

Tabelle 3. Häufigkeit der DVT bei Patientinnen nach gynäkologischen Operationen (nach prospektiven randomisierten Studien).

Autor	N	% TVT	Dos.	% Malignome
Ballard	55	3,6	2x5.000	5,5
Mc Carthy	64	11,0	2x5.000	11,0
Bärtschi	54	7,4	2x5.000	20,0
Kunz	88	14,8	2x5.000	15,0
Adolf	100	7,0	2x5.000	n.b.
Taberner	49	6,1	2x5.000	4,0
Hohl (1980)	115	1,6	3x5.000	19,0
Hohl (1980)	64	3,1	3x5.000	14,0
Brehm	148	10,1	2x7.500	17,0
Briel [a]	95 [a]	14,7 [a]	2x2.500 Anti-Xa	12,0
Borstad [a]	54 [a]	n.b.	1x5.000 Anti-Xa	17,0
Clarke-Pearson (1990)	104	8,7	3x5.000 E	85,0
Clarke-Pearson (1983)	88	14,8	3x5.000 E	100,0
Heilmann (1989) [b]	150 [b]	1,3	1.500 aPTT	65,3

[a] niedermolekulares Heparin (Fa. Kabi Vitrum)
[b] niedermolekulares Heparin (Fa. Sandoz AG)
  n.b.: nicht bekannt

Die Studie von Clarke-Pearson et al. (1984) zeigt eine Thromboseinzidenz von 34,6 % in einem Malignomkollektiv ohne Prophylaxe. Ein Jahr vorher (Clarke-Pearson et al., 1983a), fand er in einer prospektiven Studie mit 3 x 5000 I.E. Heparin in der Kontrollgruppe eine Thromboseinzidenz von 12,4 % und in der Heparingruppe von 14,8 %. Die Unterschiede waren nicht signifikant.

Dem Benefit einer Reduktion der Thrombosefrequenz steht das unkontrollierbare Risiko einer Blutung entgegen (Clarke-Pearson et al., 1983b; Kakkar et al., 1985). Das war vielfach auch der Grund, den befragte Gynäkologen in Schweden (Bergqvist, 1985) und in den USA (Kotz and Geelhoed, 1981) für die Nichtanwendung der Heparinprophylaxe angaben: In der Literatur werden Blutungskomplikationen zwischen 24 % (Briel et al., 1981) und 54 % (Borstad et al., 1988) angegeben. In einer eigenen Studie (Heilmann et al., 1989) lag die Inzidenz der Wundhämatome bei 14,3 % (LMWH) bzw. 19,3 % (3 x 5.000 E UFH). Aus diesen Gründen soll die Heparinmedikation je nach operativer Situation und Hämostase individuell geregelt werden. Bei einer festen Dosierung von 3 x 5.000 I.E. unfraktionierten Heparins s.c. pro Tag, können in der operativen Gynäkologie 10 % Nachoperationen wegen Blutungen nötig werden und würden damit die Inzidenz behandlungswürdiger Thrombosen übersteigen (v. Hugo und W. Theis, 1991). Ausgehend von dem nichtvermeidbaren Blutungsrisiko unter einer Heparinprophylaxe, empfehlen Grospietsch und Kuhn (1991) bei Nachmittagsoperationen und nicht ausreichender Hämostase, die erste Heparingabe zwischen 6 h und 8 h am nächsten Morgen durchzuführen. Das Risiko einer Nachblutung hat selbst in der Hüftchirurgie dazu geführt, den verspäteten Beginn der Heparinprophylaxe (12-24 Std. postoperativ) neu zu überdenken (Levine et al., 1991; Turpie et al., 1986). Ähnliche Ergebnisse hinsichtlich der Thrombosevermeidung wurden mit einer Warfarin-prophylaxe erzielt, die postoperativ begonnen wurde (Powers et al., 1989). In beiden Studien lag die DVT-Frequenz bei 10,8 % (LMWH) bzw. 9,2 % (Warf) und die Blutungskomplikation bei 4 % (LMWH) bzw. 9,3 % (Warfarin), wobei in der letzteren Gruppe die Häufigkeit der Bluttransfusionen nicht anstieg. Die Minderung der postoperativen Komplikationen (Blutung und Infektion) - wenn man die Heparinprophylaxe aus klinischen Gesichtspunkten postoperativ beginnt -, ist auch aus den Studien von Pachter und Riles (1977) abzulesen. Während beim präoperativen Beginn in 27 % Blutungs- und Wundheilungskomplikationen zu beobachten waren, konnte beim postoperativen Beginn nur in 7,5 % solch eine Komplikation registriert werden.

Die Prophylaxe mit oralen Antikoagulantien und mit Acetylsalicylsäure sollte wegen der hohen Nebenwirkungsrate bzw. der geringen Effektivität nicht mehr durchgeführt werden. Die Anwendung eines Kolloids zur Thromboseprophylaxe ist bisher nur für das Dextran und die Hydroxyäthylstärke belegt. Die antithrombotische Wirksamkeit der Hydroxyäthylstärke ist vergleichbar mit der einer Low-Dose-Heparinisierung bei Patientinnen mit niedrigem Risiko (Heilmann, 1989; Heilmann et al., 1991). Daneben ist die hämodynamische Wirkung eher moderat, und die Beeinflussung der Rheologie ist besser als beim Dextran. Die Wirkung beruht neben der Hämodilution auf einer Verminderung des Faktor VIIIR: Ag und einer gesteigerten lokalen Lyse der Fibrinfasern.

In Abwägung der Risiken gegenüber der Vermeidung der Thrombosen durch eine generelle Low-dose-Heparinisierung der Patienten, hat man sich zu einem individuellen Vorgehen bei einer generellen Thromboseprophylaxe entschlossen. Dabei hat man sich in der Klassifikation nach den präoperativen Risiken, der Operationszeit (Kakkar et al., 1970) und dem Alter gerichtet (Berqvist, 1983). Wenn man die Patientinnen nach solchen Kriterien einteilt, so erhält man unterschiedliche Thromboseinzidenzen (Tab.4), aus denen sich folgende Richtlinien für die Prophylaxe ableiten lassen (Tab 5).

Tabelle 4. Klassifikation der Risikofaktoren

Lokalisation der Thrombose	normales Risiko	mittleres Risiko	hohes Risiko
US (%)	2,0	10-40	40-80
OS (%)	0,4	2-8	10-20
LE (%)	0,2	1-8	5-10
tödl. LE (%)	0,002	0,1-0,4	1-5

US: Unterschenkel, OS: Oberschenkel, LE: Lungenembolie

Tabelle 5. Empfehlungen zur Thromboseprophylaxe bei gynäkologischen Operationen

< 40 Jahre < 30 Minuten	Kompressionsstrümpfe
< 40 Jahre > 30 Minuten	Kompressionsstrümpfe oder Hydroxyäthylstärke oder niedermolekulares Heparin
> 40 Jahre < 30 Minuten	Kompressionsstrümpfe oder niedermolekulares Heparin
> 40 Jahre > 30 Minuten	niedermolekulares Heparin oder low-dose-Heparin
Malignome	niedermolekulares Heparin + Hydroxyäthylstärke

Bei allen Patientinnen, die 40 Jahre und älter sind und einem operativen Eingriff (Laparotomie oder vaginaler Eingriff mit Eröffnung des Peritoneums oder Malignomchirurgie) von mehr als 30 Minuten unterzogen werden, sollte eine Heparinprophylaxe durchgeführt werden. Da das niedermolekulare Heparin gleich wirksam der Low-dose-Heparinisierung ist, sollte es sinnvoll sein, eine Einmalinjektion von niedermolekularem Heparin vorzunehmen (Heilmann et al., 1989). Folgende internistische Begleiterkrankungen müssen bei der Indikationsstellung zur Heparinprophylaxe beachtet werden:

Hämorhagische Diathesen, blutende Magen-Darm-Ulcera, manifeste Hypertonie, subakute Endokarditis und vorausgegangene Eingriffe am Hirn und Rückenmark. Nach Hohl und Gruber (1983) sollte bei diesen Erkrankungen eine nichtmedikamentöse Prophylaxemethode angewandt werden. Ungeklärt und in ihrer Wirkung nicht erwiesen ist eine Thromboseprophylaxe bei folgenden Operationen:

Laparoskopie, Abrasio, Konisation, Mamma-Probeexzision und kleine Eingriffe an Vulva und Vagina (v. Hugo und Heidegger, 1991). Bei jüngeren Patientinnen können die Vorteile einer dreimaligen Gabe eines Kolloids berücksichtigt werden. Zum gegenwärtigen Zeitpunkt empfiehlt sich nur die Hydroxyäthylstärke als Thromboseprophylaktikum (Heilmann, 1989; Heilmann et al., 1991).

Bei Malignompatientinnen wird die Kombination von Heparinprophylaxe und der intra- und postoperativen Gabe eines Kolloids empfohlen (Consensus-Conference, 1980). Es handelt sich hierbei um Hochrisikopatientinnen. Bei einem vergleichbaren Patientenkollektiv (Hüftoperationen), hatten Schöndorf et al. (1984) über günstige Erfahrungen mit solch einer Kombination berichtet.

Zusammenfassung

Für gynäkologische Operationen sollte eine individuell angepaßte Thromboseprophylaxe durchgeführt werden. Da es für die Gynäkologie bewiesen ist, daß durch Heparin die Zahl der tiefen Beinvenenthrombosen und Lungenembolien zu senken ist, sollten Patientinnen über 40 Jahre und über 30 Minuten Anästhesiedauer, eine Heparinprophylaxe bekommen. Bei jüngeren Frauen dagegen sollte an die Vorteile einer Kolloidgabe gedacht werden.

Literatur

1)   Bergqvist D (1981): Postoperative Thromboembolism. Springer Verlag, Berlin-Heidelberg-New York.

2)   Bergqvist D (1985): Prevention of postoperative thromboembolism in Sweden - The development of practice during five years. Thrombosis and Haemostasis 57, 239-241.

3)   Borstadt E, Urdal K, Handeland G, Abildgaard U (1988): Comparison of Low molecular weight heparin vs. unfractionated heparin in gynecological surgery. Acta Obstet Gynecol Scand 67, 99- 103.

4)   Briel RC, Bögelspacher HR, Neeser E, Kunz S (1981): Postoperative Hämatome und Wundheilungsstörungen unter Low-dose-Heparin - Heparin/DHE Prophylaxe Med Welt 64, 732-734.

5)   Clarke-Pearson DL, Coleman RE, Synan IS, Hinshaw W, Creasman WT (1983a): Venous thromboembolism prophylaxis in gynecologic oncology: A prospective, controlled trial of low-dose heparin. Am J Obstet Gynecol 145, 606-613.

6)   Clarke-Pearson DL, Synan IS, Creasman WT (1983b): Anticoagulation therapy for venous thromboembolism in patients with gynecological malignacy. Am J Obstet Gynecol 147, 369-375.

7)   Clarke-Pearson DL, Synam JS, Hinshaw WM, Coleman RE, Creasman WT (1984): Prevention of postoperative venous thromboembolism by external pneumatic calf compression in patients with gynecologic malignacy. Obstet Gynec 63, 92-98.

8)   Consesus-Conference (1980): Prevention of venous Thrombosis and pulmonary embolism. JAMA 256, 744-749.

9)   Forbes CD, Lowe GDO (1987): Clinical diagnosis. In: Hirsh J (ed.): Venous thrombosis and pulmonary embolism: Diagnostic methods. Churchill Livingstone, Edinburgh-London-Melbourne-New York.

10)   Grospietsch G, Kuhn W (1991): Präoperative Untersuchungen und Vorbereitung; In : Zander J, Graeff H: Gynäkologische Operationen; Springer; Heidelberg/Berlin.

11)   Heilmann L (1989): Thromboseprophylaxe beim Kaiserschnitt mit Hydroxyäthylstärke. Med Welt 40, 648-651.

12)   Heilman L, Kruck M, Schindler AE (1989): Thromboseprophylaxe in der Gynäkologie: Doppelblindvergleich zwischen niedermolekularem (LMWH) und unfraktioniertem (UFH) Heparin. Geburtshilfe und Frauenheilk 49, 803-807.

84

13)   Heilmann L, Heitz R, Koch FU, Ose Ch (1991): Die perioperative Thromboseprophylaxe beim Kaiserschnitt: Ergebnisse einer randomisierten prospektiven Vergleichsuntersuchung mit 6 % Hydroxyäthylstärke 0.62 und low-dose-Heparin. Z Gebh Perinat 195, 10-15.

14)   Hirsh J, Genton E, Hull R , (1981): Venous thromboembolism. Grune and Stratton, New York.

15)   Hohl MK (1983): Prophylaxe der tiefen Venenthrombose und Lungenembolie in der Gynäkologie. In: Koller F, Duckert F (Hrsg.): Thrombose und Embolie. Schattauer Verlag Stuttgart.

16)   Hohl MK, Gruber UF (1983): Thromboembolie-Prophylaxe in der Frauenheilkunde. H Huber; Bern/Stuttgart/Wien.

17)   Hugo RV, Theiss W (1991): Thromboembolische Komplikationen und ihre Prophylaxe. In: Zander J, Graeff HJ: Gynäkologische Operationen. Springer; Heidelberg/Berlin.

18)   Hugo RV, Heidegger H (1991): Thromboseprophylaxe in der operativen Gynäkologie. In: Schmidt W: Jahrbuch der Gynäkologie und Geburtshilfe; Biermann;

19)   Hume, M, Sevitt S, Thomas DP(1970): Venous thrombosis and pulmonary embolism. Harvard Univ Press, Cambridge, Massachusetts.

20)   Kakkar VV, Howe CT, Nicolaides AN (1970): Deep vein thrombosis of leg. Is there a high risk group? Amer J Surgery 120, 529-534.

21)   Kakkar VV, Howe CT, Flane C, Clark M (1969): Natural history and postoperative deep vein thrombosis. Lance, 2, 230-233.

22)   Kakkar VV, Murray MHG (1985): Efficacy and safety of low-molecular weight heparin (CY216) in preventing venous thromboembolism: a co-operative study; Brit Surg 72, 786-791.

23)   Kotz HL, Geelhoed GW (1981): Lethal thromboembolism and its prevention in pelvic surgery. A review. Gynecolgic Oncology 12, 271-280.

24)   Levine MN, Hirsh J, Gent M, Turpie AG, Leclerc J, Powers PJ, Jay RW, Neemeh J (1991): Prevention of Deep Vein Thrombosis after Elective Hip Surgery; Ann of Intern Med 114, 545-551.

25)   Pachter HL, Riles TS (1977): Low Dose Heparin: Bleeding and Wound Complications in the Surgical Patient; A Prospective Randomized Study. Ann of Surgery 186, 669-674.

26)   Powers PJ, Gent M, Jay RM, Julian DH, Turpie AG, Levine MN, Hirsh J (1989): A Randomized Trial of Less Intense Postoperative Warfarin or Aspirin Therapy in the Prevention of Venous Thromboembolism After Surgery for Fractured Hip; Arch. Intern. Med. 149, 771-774.

27)   Schöndorf Th, Kessler HJ, Weber U, Grebe SF (1984): Einfluß unterschiedlicher Anästhesieverfahren und kolloidaler Volumensubstitution auf das Thrombosevorkommen nach Hüftgelenksoperationen. Med Welt 35, 683-686.

28)   Turpie AGG, Levine MN, Hirsh J, Carter CJ, Jay RM, Powers PJ, Andrew M, Hull RD, Gent M (1986): A Randomized Controlled Trial of a low-molecular-weight Heparin (Enoxaparin) to prevent Deep-vein Thrombosis in Patients Undergoing elective Hip Surgery; N Engl J Med 315, 925-929.

29)   Widmer LK, Moll TH, Martin H (1977): Epidemiology and socio-medical importance of peripheral venous disease. In: Hobbs JT (Ed.): The Treatment of venous disorders. Lippincott JB Co, Philadelphia.

Peri- und postoperative Thromboembolie-prophylaxe mit niedermolekularen Heparinen – Eine Übersicht über klinische Erfahrungen in der Allgemeinchirurgie

Prof. Dr. med. Sylvia Haas, Prof. Dr. med. Günther Blümel
Klinikum rechts der Isar, Institut für Experimentelle Chirurgie, Ismaningerstr. 22
81675 München

Es gilt als bekannte Tatsache, daß nicht nur in der Orthopädie und Unfallchirurgie, sondern auch bei Patienten mit abdominalchirurgischen Eingriffen tödliche Lungenembolien auftreten können. In der Literatur wird für die Allgemeinchirurgie eine Inzidenz von 0,3 bis 0,8 % angegeben (5, 9). Durch eine effiziente Prophylaxe könnte die postoperative Mortalität deutlich gesenkt werden, und darüber hinaus könnten auch Spätkomplikationen, wie z.B. das postthrombotische Syndrom, verringert werden. Zu diesem Zweck wurde von Kakkar die sog. low dose Heparin Prophylaxe in die Klinik eingeführt (10). Diese Prophylaxe mit niedrig dosiertem Heparin vermochte die Thromboseinzidenz im Rahmen der operativen Medizin zwar signifikant zu senken, jedoch ist es derzeit noch erforderlich, dieses "low-dose"-Heparin zweimal und bei Hochrisikopatienten sogar dreimal täglich s.c. zu verabreichen. Im Hinblick auf eine verbesserte Praktikabilität und Therapieverläßlichkeit wäre es aber wünschenswert, einen vergleichbaren antithrombotischen Schutz mit einer einmaligen Gabe der Wirksubstanz pro Tag zu erreichen. Aufgrund einer verlängerten funktionellen Halbwertszeit von niedermolekularem Heparin schien dieser Wunsch im Bereich des Möglichen zu liegen. Dieses Prüfziel lag fast allen bisherigen Studien, die im Rahmen der Thromboembolieprophylaxe mit niedermolekularen Heparinen durchgeführt worden sind, zugrunde.

Erfahrungen mit Fragmin®

Die Notwendigkeit einer effizienten Thromboseprophylaxe wurde von Ockelford et al. durch eine placebokontrollierte Studie bei Patienten mit abdominalchirurgischen Operationen aufgezeigt. Mit Hilfe des sog. Radiofibrinogentests (RFT) wurde bei 16,9 % der Patienten in der Kontrollgruppe eine Thrombose diagnostiziert, wogegen dies nur bei 4,2 % der Patienten unter einmal täglicher Gabe von 2.500 anti-Xa-E Fragmin® der Fall war. Eine phlebographische Kontrolle der RFT-positiven Patienten erbrachte bei

10,0 % unter Placebo- und 2,2 % unter Fragmin-Gabe eine Bestätigung der tiefen Venenthrombose (TVT). Die Unterschiede waren hochsignifikant. Die Verträglichkeit war in beiden Gruppen gleich gut (16).

In einer großen französischen Multicenterstudie wurden einmal täglich 2.500 anti-Xa-E Fragmin® im Vergleich zu zweimal täglich 5.000 I.E. unfraktioniertem Heparin (UFH) geprüft. 385 Patienten mit größeren abdominalchirurgischen Eingriffen wurden eingeschlossen; 3,1 % entwickelten einen positiven Thrombosenachweis in der Fragmin- und 3,6 % in der Kontrollgruppe. Bezüglich der Verträglichkeit wurden auch hier keine Unterschiede gefunden (4).

Das gleiche Studiendesign wurde auch von einer österreichischen Arbeitsgruppe geprüft. Hartl et al. konnten in einer 250 Patienten umfassenden Studie jeweils 9 % Thrombosen in der Fragmin- und UFH-Gruppe nachweisen (8).

Auch von Kakkar et al. und Koller et al. wird aufgrund eigener Erfahrungen bei Patienten mit abdominalchirurgischen Eingriffen die einmal tägliche Gabe von 2.500 anti-Xa-E Fragmin® empfohlen (13, 14).

Bei einer relativ kleinen Zahl von insgesamt 52 Patienten wurde von Onarheim et al. der Vergleich einer einmal täglichen Gabe von 5.000 anti-Xa-E Fragmin® mit zweimal täglich 5.000 I.E. UFH durchgeführt. In beiden Gruppen wurde eine Thromboserate von 8 % gefunden; auch die Verträglichkeit war gleich (17).

Im Rahmen einer randomisierten, prospektiven Doppelblindstudie wurde von Bergqvist et al. der Nachweis einer antithrombotischen Effizienz von einmal täglich 5.000 anti-Xa-E Fragmin® im Vergleich zu zweimal täglich 5.000 I.E. UFH bei abdominalchirurgischen Eingriffen geführt. Diese 468 Patienten umfassende Multicenterstudie zeigt eine annähernd gleiche Inzidenz von positivem RFT in beiden Gruppen (4,3 % in der UFH-Gruppe; 6,4 % in der Fragmin-Gruppe). Allerdings unterscheiden sich die beiden Gruppen signifikant bezüglich des zeitlichen Auftretens der Thrombosen. In der UFH-Gruppe liegt der Schwerpunkt der Thromboseinzidenz bereits am ersten postoperativen Tag, wogegen in der Fragmin-Gruppe eine Häufung in der zweiten Hälfte des Untersuchungszeitraumes von acht Tagen auftritt. Komplikationen und Nebenwirkungen in Form von Mortalität, perioperativem Blutverlust, intraoperativem Transfusionsbedarf und Infektionen sind in beiden Gruppen gleich verteilt. Post operationem erhielten 25,4 % der Kontrollpatienten und 34,9 % der Fragmin-Patienten eine Transfusion; dieser Unterschied ist signifikant. Sonstige hämorrhagische Komplikationen wurden in der Fragmin-Gruppe mit 11,6 % signifikant häufiger als in der UFH-Gruppe beobachtet. Als Grund hierfür wird ein zu kurzes Zeitintervall der ersten Applikation vor dem operativen Eingriff (2 h präop.) vermutet (2).

Inzwischen wurde von derselben Arbeitsgruppe eine weitere Multicenterstudie mit verändertem Applikationsintervall vorgelegt. Hier wurde bei 1.040 Patienten eine einmal abendliche Verabreichung von 5.000 anti-Xa-E Fragmin® mit der herkömmlichen Prophylaxe von zweimal täglich 5.000 I.E. UFH verglichen, wobei die erste Injektion von UFH am Morgen des Operationstages verabreicht wurde. Im Vergleich zu 9,7 % der UFH-Patienten hatten nur 5,0 % der Fragmin-Patienten einen positiven RFT; der Unterschied war signifikant. Im Gegenteil zur ersten Studie war hier die Verträglichkeit in beiden Gruppen gleich gut. Lediglich klinisch unbedeutende, kleinere Hämorrhagien wurden mit 5,9 % signifikant häufiger in der Fragmin- als mit 3,0 % in der Kontrollgruppe gesehen (3).

Erfahrungen mit Embolex® -NM bzw. Mono-Embolex® -NM

Sasahara et al. prüften die antithrombotische Wirksamkeit und Verträglichkeit von einmal täglich 1.500 aPTT-E Embolex® -NM im Vergleich zu zweimal täglich 5.000 I.E. Heparin-DHE® unter Doppelblindbedingungen. Mit Hilfe dieser 269 Patienten umfassenden Studie wurde eine Ebenbürtigkeit der antithrombotischen Wirksamkeit der einmal täglichen Gabe von Embolex® -NM im Vergleich zur Kontrollgruppe gefunden. Die Zahl der mittels RFT diagnostizierten TVT wird mit 10,3 % für die Heparin-DHE® und 10,4 % für die Embolex® - NM-Gruppe angegeben. Bei der Lokalisation der Thrombosen ergibt sich jedoch ein Vorteil zugunsten von Embolex® -NM: Soweit Thrombosen auftraten, blieben sie unter der Kombination mit niedermolekularem Heparin auf die wenig embolieträchtige Wadenregion beschränkt (20). Auch Welzel et al. fanden eine gleiche antithrombotische Wirksamkeit von einmal täglich 1.500 aPTT-E Embolex®-NM im Vergleich zu zweimal täglich 5.000 I.E. Heparin-DHE®. In beiden Gruppen wurden jeweils 11 % Thrombosen nachgewiesen (21).

Mono-Embolex® -NM (1.500 aPTT-E niedermolekulares Heparin ohne Zusatz von DHE) wurde von zwei Arbeitsgruppen in der Allgemeinchirurgie geprüft. In beiden Studien wurde jeweils die einmal tägliche Gabe von 1.500 aPTT-E Mono-Embolex® - NM mit dreimal täglicher Gabe von UFH verglichen. Adolf et al. fanden 10,8 % Thrombosen in der Mono-Embolex® -NM- und 11,4 % Thrombosen in der UFH-Gruppe, während von Koppenhagen et al. 7,8 % Thrombosen nach Gabe von Mono-Embolex®-NM und 13,2 % nach Gabe von UFH beobachtet wurden. Die Unterschiede waren nicht signifikant. In beiden Studien war die Verträglichkeit gleich gut (1, 15).

In einer großen multizentrischen, randomisierten und kontrollierten Studie sollte die antiembolische Effizienz von Mono-Embolex® -NM im Vergleich zu low-dose-Heparin untersucht werden. Insgesamt sollten 17.000 Patienten mit allgemeinchirurgischen Eingriffen eingeschlossen werden, wovon 8.500 einmal täglich 1.500 aPTT-E Mono-Embolex® -NM und 8.500 dreimal täglich 5.000 I.E. Heparin erhalten sollten. Nach Einschluß von 11.561 Patienten mußte die Studie unterbrochen werden, da infolge einer zu geringen Obduktionsrate der verstorbenen Patienten die als primärer Endpunkt definierte Zielgröße "tödliche Lungenembolie" nicht erreicht werden konnte. Allerdings ergab eine Analyse der vorliegenden Daten, daß die Mortalität in der Mono-Embolex® -NM-Gruppe mit 20 Patienten (0,3 %) im Vergleich zu 31 Patienten (0,5 %) der low-dose-Heparin-Gruppe deutlich geringer zu sein scheint. Die Verträglichkeit, gemessen an Hand eines postoperativen Hb-Abfalls >3g/100 ml der Transfusionsinzidenz und eines nebenwirkungsbedingten Prophylaxeabbruchs, war signifikant besser in der Mono-Embolex® -NM-Gruppe (22).

Erfahrungen mit Fraxiparin®

Vor der Durchführung einer Multicenterstudie mit einmal täglicher Applikation der niedermolekularen Heparinfraktion Fraxiparin®, prüfte Kakkar die Frage, ob die Inzidenz von TVT bei ein- und zweimal täglicher Gabe unterschiedlich ist. Patienten mit größeren, abdominalchirurgischen Eingriffen, erhielten entweder einmal oder zweimal täglich 7.500 anti-Xa-E I.C. Fraxiparin® (11). Nachdem keine verminderte antithrombotische Wirkung unter der Einmal-täglich-Prophylaxe gefunden worden war, behandelte Kakkar weitere 550 Patienten mit einmal täglicher Dosis von 7.500 anti-Xa-E I.C. Fraxiparin®. ·3,4 % dieser Patienten mit größeren, elektiven chirurgischen Eingriffen hatten eine positiven RFT (12).

Anschließend wurde eine kontrollierte Multicenterstudie durchgeführt, deren Ergebnisse folgendermaßen zusammengefaßt werden können: Unter Verwendung von einmal täglich 7.500 anti-Xa-E I.C. Fraxiparin® wurde sogar eine signifikant geringere Anzahl von TVT bei den mit niedermolekularem Heparin behandelten Patienten beobachtet. Im Rahmen dieser 395 Patienten umfassenden Doppelblindstudie erhielten 199 Patienten zweimal täglich 5.000 I.E. UFH und 196 Patienten einmal täglich 7.500 anti-Xa-E I.C. Fraxiparin®. Im Vergleich zu 7,5 % in der Kontrollgruppe hatten nur 2,5 % der mit Fraxiparin® behandelten Patienten einen positiven RFT. Diese signifikant bessere antithrombotische Wirksamkeit von Fraxiparin® wurde bei gleicher Verträglichkeit in beiden Gruppen erreicht (12). In einer weiteren prospektiven, randomisierten Multicenterstudie wurden Wirksamkeit und Verträglichkeit von einmal täglich 7.500 anti-Xa-E I.C. Fraxiparin® im Vergleich zu dreimal täglich 5.000 I.E. UFH von Encke und Breddin geprüft. Von 1.909 Patienten konnten 1.896 ausgewertet werden. Unter UFH-Prophylaxe hatten 4,5 % und unter Fraxiparin-Prophylaxe nur 2,8 % einen positiven RFT. Der Unterschied war signifikant. Bezüglich der Verträglichkeit wurden keine Unterschiede gefunden (6).

Hinsichtlich der Verhinderung von tödlichen Lungenembolien in der Allgemeinchirurgie wurde Fraxiparin® von Pezzuoli et al. in einer multizentrischen Doppelblindstudie geprüft. 4.498 Patienten erhielten während eines Mindestzeitraumes von sieben postoperativen Tagen entweder einmal täglich 7.500 anti-Xa-E I.C. Fraxiparin® oder Placebo. 26 Patienten waren insgesamt verstorben, davon 8 (0,36 %) in der Fraxiparin®- und 18 (0,80 %) in der Kontrollgruppe. Der Unterschied war signifikant. Bei 23 Patienten (88,5 %) konnte eine Autopsie durchgeführt werden. Hierbei wurden zwei tödliche Lungenembolien (0,09%) in der Fraxiparin®-Gruppe und vier (0,18 %) in der Placebo-Gruppe gefunden. Bei vier weiteren Patienten der Placebo-Gruppe wurde eine Lungenembolie beschrieben, welche den Tod mitverursacht haben könnte (18).

Erfahrungen mit Clexane®

Samama et al. führten mit Clexane® drei Studien auf dem Gebiet der Allgemeinchirurgie durch. In jeder der Untersuchungen erfolgte eine einmal tägliche Gabe von Clexane® im Vergleich zu dreimal täglich UFH. In der ersten Studie wurden einmal täglich 60 mg Clexane® mit dreimal täglich UFH verglichen. In der zweiten Studie wurde die Clexane®-Dosis auf 40 mg reduziert, und in der dritten Untersuchung wurden 20 mg pro Tag eingesetzt. Die drei Studien wurden multizentrisch an 11 Kliniken mit fast 900 Patienten durchgeführt. Unter einer Dosis von täglich 20 mg Clexane® fand sich eine Thromboseinzidenz von 3,8 % im Vergleich zu 7,6 % unter UFH. Hinsichtlich Verträglichkeit konnten in keiner der drei Studien wesentliche Unterschiede zwischen beiden Gruppe festgestellt werden; nur unter der relativ hohen Dosis von 60 mg Clexane® kam es zu einem leichten Hämoglobinabfall im postoperativen Verlauf. Aus den Ergebnissen dieser drei Studien wurde geschlossen, daß eine einmal tägliche Dosis von 20 mg Clexane® bei allgemeinchirurgischen Patienten ausreichend, effizient und sicher ist (17).

Inzwischen wurde die antiembolische Wirkung des Dosisregimes von 20 mg Clexane® in einer großen deutschen Multicenterstudie bei 10.032 Patienten mit allgemeinchirurgischen Operationen unter Beweis gestellt. Alle Patienten erhielten einmal täglich 20 mg Clexane® bis zum siebten postoperativen Tag. Bei 21 Patienten (0,21 %) wurde klinisch eine Lungenembolie diagnostiziert, welche durch objektive Verfahren, wie Szintigraphie, Röntgen, EKG und Blutgasanalysen objektiviert werden konnte. Drei Patienten (0,03) verstarben an einer Lungenembolie (7).

Schlußfolgerung

Nachdem in zahlreichen klinischen Studien eine mindestens ebenbürtige antithrombotische Wirksamkeit von niedermolekularem Heparin im Vergleich zu UFH gezeigt werden konnte, liegt der wesentliche Vorteil in der verbesserten Handhabung dieser Art der Thromboseprophylaxe. Dies ist nicht nur ein Vorteil für Patient und Pflegepersonal während des stationären Aufenthaltes, sondern durch die nur einmal täglich notwendigen Injektionen kann im Falle von persistierendem Risiko für thromboembolische Komplikationen diese Prophylaxe auch in der poststationären Phase eine gewisse Zeit lang weitergeführt werden. Die Patienten lernen sehr rasch – ähnlich wie Patienten mit insulinpflichtigem Diabetes mellitus –, sich die Injektionen einmal täglich selbst zu verabreichen. Spät auftretende thromboembolische Komplikationen könnten somit sicherlich noch weiter reduziert werden.

Auch die Verträglichkeit von niedermolekularen Heparinen gegenüber UFH scheint gleich zu sein. Allerdings sei an dieser Stelle darauf hingewiesen, daß Überdosierungen von niedermolekularem Heparin ähnlich wie bei UFH zu hämorrhagischen Komplikationen führen können. Um derartige Komplikationen zu vermeiden, ist es notwendig, die Herstellerangaben streng zu beachten. Dies ist bei einem eventuellen Präparatewechsel besonders wichtig, denn wegen der unterschiedlichen Standardisierungsverfahren können die Einheiten verschiedener Präparate weder miteinander verglichen noch mit Hilfe eines Faktors umgerechnet werden.

Zusammenfassend kann gesagt werden, daß niedermolekulare Heparine eine für den klinischen Alltag wertvolle Neuerung darstellen. Die bisherigen Ergebnisse über die Anwendungsmöglichkeiten im Rahmen der peri- und postoperativen Thromboembolieprophylaxe sollten für den Kliniker ein Ansporn sein, mit diesen neuen Substanzen eigene Erfahrungen zu sammeln.

Zusammenfassung

Eine Übersicht über die bisherigen klinischen Erfahrungen mit niedermolekularen Heparinen in der Allgemeinchirurgie führt zu dem Ergebnis, daß mit nur einmal täglicher Gabe von niedermolekularem Heparin eine mindestens ebenbürtige antithrombotische Effizienz wie unter herkömmlicher low-dose Heparinprophylaxe erreicht werden kann, bei welcher durch die mehrfach applizierten Injektionen eine zwei- bis dreimal tägliche Belästigung von Patienten und Pflegepersonal in Kauf genommen werden muß. Auch die Verträglichkeit von niedermolekularen Heparinen gegenüber UFH scheint gleich zu sein. Außerdem gibt es mehrfache Hinweise, daß auch Lungenembolien durch niedermolekulare Heparine verhindert werden können. Um dies im Vergleich zur herkömmlichem low-dose-Heparin-Prophylaxe endgültig abschätzen zu können, sind jedoch noch weitere Studien notwendig.

Literatur

1) Adolf J, Knee H, Roder JD, van de Flierdt E, Siewert; RJ: Thromboembolieprophylaxe mit niedermolekularem Heparin in der Abdominalchirurgie, Dtsch med Wschr (1989) 114:48-53

2) Bergqvist D, Burmark US, Frisell J, Hallböök T, Lindblad D, Risberg E, Törngren S, Wallin G: Low molecular weight heparin once daily compared with conventional low-dose heparin twice daily. A prospective double-blind multicenter trial on prevention of postoperative thrombosis. Br J Surg (1986)73:204-208

3) Bergqvist D, Mätzsch T, Burmark US, Frisell J, Guilbuad O, Hallböök T,Horn A, Lindhagen A, Ljungner H, Ljungström KG, Onarheim H, Risberg B,Törngren S, Örtenwall P: Low molecular weight heparin given the evening before surgery compared with conventional low dose heparin in prevention of thrombosis. Br J Surg (1988) 75:888-891

4) Caen JP: A randomized double-blind study between a low molecular weight heparin Kabi 2165 and standard heparin in the prevention of deep vein thrombosis in general surgery – A French multicenter trial.Thromb Haemost (1988) 59:216-220

5)   Clagett G, Reisch J: Prevention of venous thrombo-embolism in general surgical patients. Ann Surg (1988) 208:227-240

6)   Encke A, Breddin K: Comparison of a low molecular weight heparin and unfractionated heparin for the prevention of deep vein thrombosis in patients undergoing abdominal surgery. Br J Surg (1988) 75:1058-1063

7)   Haas S, Flosbach CW: Antithrombotic e fficacy and safety of enoxaparin in general surgery. Eur J Surg In press 1992

8)   Hartl P, Brücke P, Dienstl E, Vinazzer H: Prophylaxis of thromboembolism in general surgery: Comparison between standard heparin and Fragmin. Thromb Res (1990) 57:577-584

9)   Kakkar VV, Corrigan TP, Fossard DP: Prevention of fatal postoperative pulmonary embolism by low doses of heparin. An international multicentre trial. Lancet (1975) II:45-51

10)   Kakkar VV: The current status of low-dose heparin in prophylaxis of thrombophlebitis and pulmonary embolism. World J Surg (1978) 2:3-8

11)   Kakkar VV, Djazaeri B, Fok J, Fletcher M, Scully M, Westwick J: Low molecular weight heparin and prevention of postoperative deep vein thrombosis. Br Med J (1982;) 284:375-379

12)   Kakkar VV: Prevention of post-operative venous thromboembolism by a new low molecular weight heparin fraction. Nouv Rev Fr Hematol (1984) 26:277-282

13)   Kakkar VV, Kakkar S, Sanderson RM, Peers CE: Efficacy and safety of low regimes of low molecular weight heparin (Fragmin) in preventing postoperative venous thromboembolism. Hemostasis (1986) 16 (Suppl 2):19-24

14)   Koller M, Schoch U, Buchmann P, Largiader F, von Felten A, Frick PG: Low molecular weight heparin (Kabi 2165) as thromboprophylaxis in elective visceral surgery. A randomized, double-blind trial versus unfractionated heparin. Thromb Haemost (1986) 56:243-246

15)   Koppenhagen K, Matthes M, Häring R, Tröster E, Wolf H, Welzel D: Thromboembolieprophylaxe in der Abdominalchirurgie. Vergleich der Wirksamkeit und Verträglichkeit von niedermolekularem Heparin und unfraktioniertem Heparin. Münch Med Wschr (1990) 132:677-680

16)   Ockelford PA, Patterson J, Johns A: A double blind placebo controlled trial of thromboprophylaxis in major elective general surgery using once daily injections of a low molecular weight heparin fragment (Fragmin). Thromb Haemost (1989) 62:1046-1049

17)   Onarheim H, Lund T, Heimdal A, Arnesjo B: A low molecular weight heparin (Kabi 2165) for prophylaxis of postoperative deep venous thrombosis. Acta Chir Scand (1986) 152:593-596

18)   Pezzuoli G, Neri Serneri GG, Settembrine P, Coggi G, Olivari N, Buzetti G, Chierichetti S, S, Scotti A, Scatigna M, Carnovali M: Prophylaxis of fatal pulmonary embolism in general surgery using low molecular weight heparin CY 216: A multicentre double-blind, randomized, controlled, clincal trial versus placebo (STEP). Int Surg (1989) 74:205-210

19)   Samama M, Berhard P, Bonnardot JP, Combe-Tamzali S, Lanson Y, Tissot E: Low molecular weight heparin compared with unfractionated heparin in prevention of postoperative thrombosis. Br J Surg (1988) 75:128-131

20)   Sasahara AA, Koppenhagen K, Häring R, Welzel D, Wolf H: Low molecular weight heparin plus dihydroergotamine for prophylaxis of post-operative deep vein thrombosis. Br J Surg (1986) 73:697-700

21) Welzel D, Stringer MD. Hedges AR, Parker CJ, Kakkar VV, Ward VP, Sanderson RM, Cooper D, Kakkar S: Fixed combinations of low molecular weight or unfractionated heparin plus dihydroergotamine in the prevention of postoperative deep vein thrombosis. Thromb Haemost (1989) 62 (1):523 (Abstr.)

22) Wolf H, Encke A, Haas S, Welzel D: Comparison of the efficacy and safety of Sandoz low molecular weight heparin and unfractionated heparin: Interim analysis of a multicenter trial. Semin Thromb Hemost (1991) 17:343-346

Thromboseprophylaxe in der Neurochirurgie

Prof. Dr. med. Dr. h. c. Dieter Voth
Neurochirurgische Universitätsklinik Mainz, Langenbeckstr. 1, 55131 Mainz

Einleitung

Die Wirksamkeit einer systematischen perioperativ durchgeführten Thromboembolie-Prophylaxe mit Heparin ist in den vergangenen 15 Jahren vielmals geprüft und bestätigt worden. Besonders eindrucksvoll war dieser Effekt bei Patienten, die einer der bekannten "high risk"-Gruppen angehörten, etwa Personen mit elektivem Hüftgelenkersatz oder ausgedehnten Eingriffen im Bereich des Beckens (1, 4, 5, 8).

Im Fachgebiet der Neurochirurgie fand eine Prophylaxe nur gelegentlich Befürworter, wobei hierfür zwei Gründe angeführt wurden:
1. das Fehlen einer typischen "high risk"-Gruppe und
2. die Gefahr einer Blutungskomplikation im Bereich des Zentralnervensystems
   (3, 4, 10).

Bekannte Komplikationen der Antikoagulantientherapie, wie etwa intrazerebrale Hämatome, traten aber durchweg nach einer Cumarin-Therapie ein. Mit der Einführung der niedermolekularen Heparine erwies sich eine derartige Prophylaxe nach anfänglichen Schwierigkeiten, etwa der Dosisfindung, als effektiv, gut verträglich und nebenwirkungsarm (11, 12, 15), wobei Studien mit einem validen Design aus dem neurochirurgischen Bereich nur vereinzelt vorlagen.

Wir führten deswegen eine Studie in einer neurochirurgischen Patientengruppe durch, die als "low risk"-Gruppe anzusehen ist. Die Ergebnisse werden ausführlich an anderer Stelle publiziert (14).

Patientengut und Methodik

Aus den Patienten unserer Klinik, die sich einer Operation wegen eines lumbalen Bandscheibenvorfalles unterziehen mußten, wurden die Teilnehmer an der Studie in den Jahren von 1987 bis 1990 rekrutiert. Insgesamt 204 Patienten, die den Einschlußkriterien entsprachen, wurden nach eingehender Information und schriftlich vollzogener Einwilligung in die Studie aufgenommen. Durch Protokollverstöße schieden 25 Patienten aus.

   Die Zusammensetzung des Patientengutes wurde durch die nachfolgenden Einschlußkriterien bestimmt:

- Patientengut: Ausschließlich Patienten mit elektiven Eingriffen im vertebralen
  Bereich. Die stationäre Behandlung soll sich über mindestens 7 Tage erstrecken.
- Alter: Patienten mit einem Mindestalter von $\geq$ 40 Jahren.
- Geschlecht: männlich und weiblich
- Operationsdauer: die voraussichtliche OP-Dauer soll $\geq$ 45 Minuten betragen.

Als Ausschlußkriterien fanden Anwendung:

- Myokardinfarkt oder instabile Angina pectoris innerhalb der letzten 6 Monate
- periphere Durchblutungsstörungen
- schwere renale und/oder hepatische Funktionsstörungen
- schwere Hypertonie (mmHg > 200:120)
- bekannte Blutgerinnungsstörungen wie Hämophilie, Thrombozytopenie usw.
- Schilddrüsendysfunktion
- Gravidität
- Interferierende Begleitmedikation (z.B. Aspirin, Phenylbutazon, Indometacin,
  Plasmaexpander vom Dextrantyp etc.)
- Patienten, bei denen aufgrund eines postphlebitischen Syndroms das Meßergebnis
  des Radiofibrinogentests beeinflußt werden kann.
- Patienten, die während der letzten vier Wochen im Rahmen einer klinischen Studie
bisher nicht zugelassene Medikamente erhalten haben.

Das Studiendesign schrieb eine randomisierte, doppelblinde, kontrollierte, interindividuelle und prospektive Durchführung vor. Die Patienten der beiden Studienarme erhielten folgende Medikation.

Die Zuteilung zu den beiden Prophylaxe-Gruppen erfolgt doppelblind in randomisierter Reihenfolge, und zwar:

2 x Heparin-Dihydergot® pro die s.c. (HDHE)
oder
1 x 1.500 I.E. niedermolekulares Heparin, chemisch gespalten + 0,5 mg Dihydroergotamin in fixer Kombination pro die s.c. (NMH/DHE)
und
1 x Placebo pro die s.c.

Die Analyse der Daten schloß ein: die allgemeinen Patientendaten, Risikofaktoren und Begleiterkrankungen, die Art der Narkose und die Anästhesiedauer. Untersucht wurden ferner der intraoperative Blutverlust und die Volumensubstitution am Operationstage, das Auftreten von Wundhämatomen, der Blutverlust in die Drainage postoperativ und eine eventuelle Volumensubstitution. Art und Umfang der physikalischen Thromboembolieprophylaxe wurden ebenfalls ausgewertet.

Alle Patienten wurden dem Radiojodfibrinogentest unterzogen. Eine differente Verteilung der Radioaktivität im Seitenvergleich oder eine umschriebene relative Zunahme waren ein Indiz für eine Venenthrombose. In diesen Fällen erfolgte sofort eine Phlebographie und eine entsprechende Behandlung.

Ergebnisse

Die Basis- und Anamnesedaten der Patienten (Tab. 1) ergaben eine gleichartige Gewichtung für beide Prophylaxegruppen und eine durchaus homogene Verteilung hinsichtlich Alter und Geschlecht.

Tabelle 1.

Basis- und Anamnesedaten		NMH/DHE	HDHE
Patientenzahl		87	92
Alter (Jahre)	$\bar{x} \pm s$	52,5 ± 8,2	52,8 ± 9,1
	min/max	40/74	39/87
Alter > 60 Jahre		16	18
Geschlecht	weibl.	38	41
	männl.	49	51
Größe (cm)	$\bar{x} \pm s$	170,9 ± 7,9	170,0 ± 8,0
Gewicht (kg)	$\bar{x} \pm s$	74,5 ± 12,8	74,2 ± 13,1

Ein Gleiches gilt auch für die spezifischen Behandlungsdaten, so etwa für die Art des operativen Eingriffes, die Operations- und Narkosedauer. Zu der Definition der operativen Maßnahmen sei noch erläutert, daß in der Regel der Eingriff unter Einsatz des Mikroskopes und nach mikrochirurgischen Techniken durchgeführt wurde. Eine interlaminäre Fensterung, häufig genug nur eine zirkumskripte Flavektomie, wurde allenfalls nach lateral hin erweitert, wenn der Prolaps weit seitlich lokalisiert war. Nur in Ausnahmefällen mußten Bogenanteile reseziert werden, bis hin zu einer Hemilaminektomie.

Ein auffallend hoher Blutverlust während der Operation wurde nur in einem Studienarm (HDHE) beobachtet und im Protokoll festgehalten; die Indikation für eine Volumensubstitution wurde andererseits in beiden Prophylaxegruppen in gleicher Häufigkeit bejaht. Saugdrainagen wurden nur bei einem kleinen Teil des Patientenkollektivs implantiert, so daß die angeführten Zahlen nur Einzelbeobachtungen sind. Eine Aussage, aus der sich ein Trend ableiten ließe, ist diesen Daten nicht zu entnehmen.

Die Ergebnisse des Radiojodfibrinogentestes sind in Tab. 2 zusammengefaßt. In der Gruppe NMH/DHE fiel der Test bei vier Patienten (4,6 %) pathologisch aus, in dem anderen Studienarm insgesamt dreimal (3,26 %). In allen Fällen wurde eine Phlebographie durchgeführt, bei einem bzw. zwei Patienten der beiden Gruppen eine Thrombose bestätigt. Klinische Zeichen einer Phlebothrombose bestanden bei allen drei Patienten der Gruppe HDHE, in der anderen Gruppe (NMH/DHE) nur bei einem Patienten. Eine Lungenembolie wurde in keinem einzigen Falle beobachtet.

Die Notwendigkeit einer Revision wegen einer Nachblutung war bei den Patienten unserer Studie nie gegeben. Erst recht fehlten schwerwiegende Komplikationen wie epidurale raumfordernde Blutungen im Spinalkanal.

Tabelle 2.

Thromboembolische Komplikationen	NMH/DHE	HDHE
Radiofibrinogentest positiv	4	3
Phlebographie durchgeführt	4	3
Phlebographie positiv	1	2
Klinische Zeichen einer Thrombose	1	3
Lungenembolie	-	-
Behandlungs-/ Beobachtungsdauer (Tage) $\bar{x} \pm s$	$8,0 \pm 1,4$	$7,6 \pm 1,6$

Diskussion

Lungenembolien und das postthrombotische Syndrom sind eine gefürchtete Komplikation, vor allem in der postoperativen Phase. Ihre Inzidenz ist in den einzelnen chirurgischen Fachgebieten durchaus unterschiedlich: neben Eingriffen mit einem hohen Risiko, etwa Hüftgelenksersatzoperationen oder ausgedehnten Eingriffen im Bereich des Beckens, kennen wir eine Vielzahl an Eingriffen, die ganz offensichtlich nur ein sehr geringes Risiko für derartige Komplikationen aufweisen. Hierzu sind auch die Patienten zu zählen, die sich einer Operation wegen eines lumbalen Bandscheibenvorfalles unterziehen müssen. Sie stellen zudem ein recht homogenes Krankengut dar, dessen Belastung durch einen standardisierten Eingriff im wesentlichen ebenfalls gleichartig sein dürfte.

Die Frage, ob sich dieses Patientengut nun wirklich als "low risk"-Gruppe einordnen läßt, ist nach unseren Befunden eindeutig zu beantworten. *Koppenhagen* erwartet in dieser Gruppe distale Thrombosen im Bereich der Waden in etwa 2 %, iliofemorale Thrombosen in 0,4 %, eine klinisch erkennbare Lungenembolie in 0,2 % und einen tödlichen Verlauf bei allenfalls 2 Promille. Der recht sensitive Radiojodfibrinogentest fiel nun in beiden Gruppen unserer Studie in 4,6 % und 3,2 % pathologisch aus, die phlebographische Untersuchung vermochte Thrombosen in etwas geringerer Häufigkeit auch zu bestätigen. Damit erfüllt unsere Patientengruppe unter den Bedingungen der Prophylaxe die Kriterien für eine "low risk"-Gruppe. Aus ethischen Gründen war es letztlich nicht tragbar, eine placebokontrollierte Studie durchzuführen.

Man muß aus diesen Daten den Schluß ziehen, das zwar Patienten nach lumbalen Bandscheibenoperationen nicht hochgradig gefährdet sind, daß sie aber bereits unter einer effektiven Prophylaxe der Definition einer "low risk"-Gruppe entsprechen. Es ist sicher zu erwägen, ob diese Befunde eine generelle Prophylaxe hinreichend begründen; zweifelsfrei ist aber wohl die Notwendigkeit einer Prophylaxe bei Patienten mit einem erhöhten Risiko. Die Einschlußkriterien unserer Studie scheinen diesen Personenkreis meines Erachtens hinreichend zu beschreiben.

Aus den Befunden dürfen wir die Empfehlung ableiten, eine Thromboembolie-Prophylaxe bei allen Patienten mit Bandscheibenoperationen durchzuführen, die älter als 40 Jahre sind. Selbstverständlich sind alle anderen Methoden einer Thromboseverhütung konsequent einzusetzen.

Ein zweiter Problemkreis, den unsere Studie erhellen sollte, war die Befürchtung unerwünschter Blutungskomplikationen intra- und postoperativ, zumal derartige Nachblutungen im neurochirurgischen Bereich schwerwiegende Folgen haben können. Die von uns erhobenen Befunde erlauben die Aussage, daß in beiden Therapiearmen intraoperativ Bluttransfusionen in einer nur sehr niedrigen Inzidenz erforderlich wurden, daß bei keinem Patienten ein auffallendes Wundhämatom oder gar eine epidurale Nachblutung beobachtet wurde. Schließlich war in keinem Falle eine postoperative Bluttransfusion erforderlich.

Hieraus wird man folgern dürfen, daß die Durchführung einer Thromboembolieprophylaxe mit NMH/DHE und HDHE bezüglich der Effektivität und des Fehlens von Nebenwirkungen völlig gleichwertig ist. Allerdings bleibt zu bedenken, daß die Medikation mit NMH/DHE für das Pflegepersonal und den Patienten eine geringere Belastung bedeutet.

Zusammenfassung

An einer "low risk"-Patientengruppe (Operation eines lumbalen Bandscheibenvorfalles) wird eine prospektive Studie zur Thromboembolieprophylaxe durchgeführt. Die Studie erfolgte randomisiert, doppelblind, kontrolliert und interindividuell; von den über 200 Personen wurden nach Abschluß von Protokollverstößen die Daten von 179 Patienten analysiert. Eine Gruppe erhielt zweimal Heparin-Dihydergot pro die subkutan, die andere 1 x 1.500 I.E. niedermolekulares Heparin und 0,5 mg Dihydroergotamin und einmal Placebo täglich subkutan.

Alle Patienten wurden einem Radiofibrinogentest unterzogen. Die Befunde zeigen, daß in rund 4 % der Radiofibrinogentest positiv ausfällt. Die Einflüsse der Prophylaxe auf intra- und postoperative Blutverluste und andere Parameter wird überprüft.

Es wird deutlich, daß auch in dieser "low risk"-Gruppe eine Thromboseneigung und damit eine Emboliegefahr besteht, die eine Prophylaxe rechtfertigen.

Literatur

1)   Barnett HG, Clifford JR, Llewellyn RC (1977) Safety of minidose-Heparin administration for neurosurgical patients. J Neurosurg 35: 27-30

2)   Caen JP (1988) A randomized double-blind study between a low molecular weight heparin Kabi 2165 and standard heparin in the prevention of deep vein thrombosis in general sugery. Thromb Haemostasis 59: 216-220

3)   Cerrato D, Ariano C, Fiacchino F (1978) Deep vein thrombosis and low-dose heparin prophylaxis in neurosurgical patients. J Neusurg 49: 378-381

4)   Collings R, Scrimgeour A, Yusuf S, Peto R (1988) Reduction in fatal pulmonary embolism and venous thrombosis by periperative administration of subcutaneous heparin. Overview of results of randomized trials in general, orthopedic and urologic surgery. N Engl J Med 318: 1162-1172

5)   Francis CW, Pellegrini Jr VD, Marder VJ, Harris CM, Totterman S, Gabriel KR, Baughman DJ, Roemer S, Burke J, Goodman TL, McEvarts C (1989) Prevention of venous thrombosis after total hip artheroplasty. J Bone J Surg 71A: 327-335

6)   Gruber UF, Rem J, Meisner C, Gratzl O (1984) Prevention of thromboembolic complications with miniheparin-dihydroergotamine in patients undergoing lumbar disc operations. Eur Arch Psychatr Neurol Sci 234: 157-161

7)   Harenberg J, Kallenbach B, Martin U, Dempfle CE, Zimmermann R, Kübler W, Heene DL (1990) Randomized controlled study of heparin and low molecular weight heparin for prevention of deep vein thrombosis in medical patients. Thromb Res 59: 3-21

8)   Hellmann L, Kruck M, Schindler AE (1989) Thromboseprophylaxe in der Gynäkologie: Doppelblind-Vergleich zwischen niedermolekularem (LMWH) und unfraktioniertem Heparin (UFH). Geburtsh Frauenheilk 49: 803-807

9)   Kakkar VV, Stringer MD, Hedges AR, Parker CJ, Welzel D, Ward VP, Sanderson RM, Cooper D, Kakkar S (1989) Fixed combinations of low-molecular weight or unfractionated heparin plus dihydoergotamine in the prevention of postoperative thrombosis. Am J Surg 157: 413-418

10) Powers SK, Edwards MSB (12982) Prophylaxis of thromboembolism in the neurosurgical patient: a review. Neurosurgery 10: 509

11) Sasagara AA, Koppenhagen K, Härling R, Welzel D, Wolf H (1986) Low molecular weight heparin plus dihydro ergotamine for prophylaxis of postoperative deep vein thrombosis. Brit J Surg 73: 697-700

12) Stefan H, Neundörfer B, (1992) Effektivität und Risiko der Antokoagulanzientherapie. Nervenheilkunde 11: 48-54

13) Voth D (1988) Thromboembolie-Prophylaxe in der Neurochirurgie. Symposiumsbericht "Niedermolekulares Heparin im Spannungsfeld von Theorie und Praxis" (Ed. Sandoz AG), Frankfurt: p.2

14) Voth D, Schwarz M, Hahn K, Dei-Anang K, Al Butmeh S (1982) Prevention of deep vein thrombosis in neurosurgical patients: A randomized, prospective, double-blind study in 179 patients. Neurosurg Rev 15: 289-294

15) Wolf H, Welzel D, Kaiser H, Majer M. Schäfer D, Husfeldt K-J, Voigt J, Sunder-Plassmann L (1988) Bewertung der perioperativen Thromboembolie-Prophylaxe mit niedermolekularem Heparin und Dihydroergotamin. Arzneim-Forsch/ Drug Res 38 (II), 10: 1516-1519

Thromboseprophylaxe mit niedermolekularen Heparinen aus der Sicht des Anästhesisten

PD Dr. med. Gerhard Klein
Zentrum der Anästhesiologie und Wiederbelebung, Klinikum der Johann-Wolfgang-Goethe-Universität, Theodor-Stern-Kai 7, 60596 Frankfurt/Main

Als Anästhesist gibt es für mich heute im wesentlichen zwei Berührungspunkte mit den niedermolekularen Heparinen:

1. Auf der Intensivtherapiestation als Therapeutikum bei *Heparin-induzierten Thrombozytopenien* und
2. Im Rahmen der *Thromboembolie-Prophylaxe* (hier besonders im Zusammenhang mit *rückenmarksnahen Leitungsanästhesien*).

Ad 1. Heparin-induzierte Thrombopenien

Relativ häufig (bis zu 25 %) werden 1-4 Tage nach Beginn einer Heparintherapie leichte Thrombozytenabfälle beobachtet, die keinerlei klinische Bedeutung haben (Cines 1980). In etwa 1-5 % der mit Standardheparin behandelten Patienten treten aber nach 7-14 Tagen ausgeprägte Thrombozytopenien (< 100.000/µl) auf (Bell et al 1976; Kelton 1986; Nelson et al 1978). Bei einigen dieser Patienten kann es zur paradoxen Entwicklung von Blutungen und thromboembolischen Komplikationen kommen. Bei solchen Heparin-induzierten Thrombozytopenien wird heute das unfraktionierte Heparin durch ein niedermolekulares Heparin ersetzt. Dieses Behandlungskonzept hat sich mittlerweile als so erfolgreich erwiesen, daß es derzeit als Therapie der ersten Wahl angesehen werden kann (Bauerriegel et al 1988; Gouault-Heilmann et al 1987; Roussi et al 1984; Vitoux et al 1986).

Ad 2. Rückenmarksnahe Leitungsanästhesien

Die rückenmarksnahen Leitungsanästhesien beinhalten u.a. das extrem seltene Risiko der Ausbildung eines epiduralen Hämatoms mit nachfolgender neurologischer Schädigung. Durch Kompression des Spinalkanals kann eine Querschnitt-Symptomatik aus-

102

gelöst werden, deren Ausmaß von der Höhe der Punktion und der Ausdehnung des epiduralen Hämatoms abhängt. Solche passageren oder persistierenden Komplikationen sind sehr selten. Es ist seit vielen Jahren bekannt, daß epidurale Hämatome nach diagnostischen Punktionen des Liquorraumes, bei Spinal- und Peridural-Anästhesien (PDA) während und bei fehlender Anitkoagulation, aber auch *spontan* (z.B. unter der Geburt) auftreten können.

Die Häufigkeit *periduraler vaskulärer Läsionen* wird mit 3-10 % angegeben (Phillips et al 1969; Usubiaga 1970; Crawford 1985). Häufigkeitsangaben über *gravierende neurologische Schäden* sind nur durch Zusammenfassungen der in der Literatur mitgeteilten Komplikationen unter Berücksichtigung der Gesamt-Fallzahlen näherungsweise möglich. Sie bewegen sich zwischen 0 : 30.000 und 3 : 10.000 je nach Autor und können lediglich Schätzungen darstellen.

Prädisponierende Faktoren für epidurale Blutungen und Hämatome sind:

- Peridurale mehr als spinale Punktion
- Alter > 60 Jahre
- traumatische Punktion und/oder
- Antikoagulation.

Die höhere Inzidenz bei der *PDA* ist erklärlich durch das größere Kaliber der Punktionsnadel sowie das Plazieren eines Katheters, der in den Epiduralraum vorgeschoben wird. Die Häufung bei Patienten *über 60 Jahren* kann eine künstliche Selektion darstellen, weil rückenmarksnahe Leitungsanästhesien bevorzugt bei älteren Menschen durchgeführt werden. Ferner mag aber auch die Fragilität der Gefäße eine Rolle spielen. Die *traumatische Punktion* - besonders häufig bei anatomisch veränderter Wirbelsäule (z.B. ankylosierende Spondylartritis, Skoliose) - birgt das Risiko wiederholter Gefäßläsionen in sich. Steht ein solcher Patient dann auch noch unter *Antikoagulation*, so wird die erhöhte Wahrscheinlichkeit einer epiduralen Blutung verständlich.

Die *prophylaktische Gabe unfraktionierter Heparine* in der perioperativen Phase stellt eine seit vielen Jahren fest etablierte Therapie dar. Sie dient unmittelbar der *Senkung perioperativer Morbidität und Mortalität*. Daher besitzt sie eine außerordentlich hohe Priorität gegenüber anderen perioperativen therapeutischen Maßnahmen, wie z.B. der Auswahl einer Anästhesiemethode (Dudziak 1990). Im Zusammenhang mit dieser Thromboembolieprophylaxe - aber auch völlig unabhängig davon - kam es auch schon in der Vergangenheit zum Auftreten epiduraler Hämatome nach rückenmarksnahen Leitungsanästhesien. Es wurde nach einfachen hämostaseologischen Tests gesucht, welche die Heparinwirkung eindeutig quantifizieren. Die Bestimmung der PTT oder der TZ erlauben hier sicherlich klare Aussagen im Falle einer therapeutischen Heparinisierung oder einer Überdosierung bei "low-dose"-Heparinisierung. Im Rahmen der Thromboseprophylaxe ("low-dose") sind jedoch keine Veränderungen der PTT oder der TZ zu erwarten. Im Zusammenhang mit der Gabe von Heparinen traten epidurale Blutungen sowohl bei rückenmarksnaher Leitungsanästhesie und *vorheriger Prophylaxe* (<4 Std.) als auch bei *nachfolgender therapeutischer Heparinisierung* und dem Entfernen epiduraler Katheter auf (Dupeyrat 1991).

Mit der Einführung *niedermolekularer fraktionierter Heparine (LMWH)* trat nun im Zusammenhang mit Spinal- bzw. Periduralanästhesien ein neues Problem auf. Tryba präsentierte drei Fälle von epiduralen Hämatomen und Paraplegien nach Spinal-/ Peridural-Anästhesien und gleichzeitiger Anwendung von LMWH (Tryba 1990). Als Wortführer einer "Konsensuskonferenz" (Tryba 1989) empfahl er schon vorher, keine rückenmarksnahen Leitungsanästhesien bei Gebrauch von LMWH anzuwenden bzw. weiterzuführen, bis genauere Daten über das Blutungsrisiko vorliegen. Diese Empfehlung wurde dann insofern revidiert, als Tryba empfahl, entweder 1. am Op-Tag auf unfraktionierte Heparine auszuweichen oder 2. ein 12-Stunden-Intervall zwischen der Gabe von LMWH und dem Anlegen einer rückenmarksnahen Leitungsanästhesie abzuwarten. Die beiden Empfehlungen entbehren derzeit jeglicher wissenschaftlicher Grundlage. Die zweite Empfehlung stellt aber wahrscheinlich einen praktikablen Kompromißvorschlag dar, der inzwischen so oder in ähnlicher Form auch von anderen Autoren getragen ist (Dupeyrat 1991). An dieser Stelle ist es wichtig festzustellen, daß *derzeit nahezu keine klinische Situation* denkbar ist, bei der eine *Allgemeinanästhesie kontraindiziert und <u>nur</u> eine rückenmarksnahe Leitungsanästhesie medizinisch indiziert* sei. Die Entscheidung für oder gegen eine Regionalanästhesie wird grundsätzlich nur durch objektivierbare (wissenschaftlich begründete) Kriterien und Risiken in der gegebenen aktuellen Situation beeinflußt (Dudziak und Klein 1983). Sollte es sich in Zukunft herausstellen, daß ein reproduzierbarer kausaler Zusammenhang zwischen ordnungsgemäß dosierten LMWH und dem Risiko einer Blutung (z.B. epidurales Hämatom bei PDA und/oder Spinalanästhesie) besteht, so muß man tatsächlich die rückenmarksnahe Leitungsanästhesie bei diesen Patienten in Frage stellen. Die möglichen Indikationen für eine PDA können niemals die Indikation für eine Thromboembolie-Prophylaxe übertreffen.

Fakt ist aber, daß es sich derzeit lediglich um Fallberichte *eines* Autors handelt, bei denen zumindest in einem Fall eine unverhältnismäßig hohe Dosis eines LMWH (10.000 I.E. anti-Xa) verabreicht wurde. Ein Zeitintervall von 12 Stunden zwischen dem Anlegen der rückenmarksnahen Leitungsanästhesie und der Verabreichung von LMWH erscheint derzeit als sicher. Dupeyrat et al. berichteten 1991 auf der Jahrestagung der Französischen Gesellschaft für Anästhesie und Reanimation über ihre Erfahrungen mit LMWH und rückenmarksnahen Leitungsanästhesien in 1025 Fällen (Dupeyrat 1991). Unter Einhaltung des 12-Stunden-Intervalls traten keine epiduralen Hämatome auf. Dennoch bleibt die Frage einer Weiterführung einer Regionalanästhesie bzw. dem sicheren Zeitpunkt zum Entfernen eines PD-Katheters unter LMWH-Therapie offen. Das 12-Stunden-Intervall berücksichtigt die Tatsache, daß die maximale Serumkonzentration etwa 4-5 Stunden nach der s.c.- Gabe von 2.000 - 3.000 I.E. anti-Xa erreicht wird; d.h. daß kein Wirkungsmaximum des LMWH während des Anlegens der rückenmarksnahen Anästhesie vorliegt. Ein antithrombotischer Schutz besteht aber dennoch. Es besteht heute eine klare Tendenz zur Bevorzugung dieser Variante der Prophylaxe mit LMWH im Zusammenhang mit rückenmarksnahen Leitungsanästhesien (Bachmann 1990; Breddin 1990). Man muß aber derzeit ganz klar feststellen, daß die s.c. Gabe der – vom Hersteller empfohlenen üblichen – Dosis eines LMWH mit der Prämedikation oder kurz vorher *nicht kontraindiziert* ist, da weit mehr als 10.000 in klinischen Studien eingeschlossenen Patienten mit rückenmarksnaher Anästhesie das LMWH 2 Stunden präoperativ komplikationslos gegeben wurde. Wenn

104

auch diese Patientenzahl derzeit zwar noch nicht genügt, um von einer absoluten Sicherheit dieses Vorgehens sprechen zu können, reicht sie aber dennoch aus, um eine entsprechende Kontrainidikation als überflüssig zu bezeichnen (Bachmann 1990).

Literatur

1) Bachmann F (1990): Stellungnahmen anläßlich der Konsensus-Konferenz "Heparine und Regionalanästhesie" 8. Mai und 5. Juni 1990 in Bern

2) Bauerriegel G, Gerbig H et al (1988): Heparin-induzierte Thrombopenie. Münch Med Wschr 130:133

3) Bell WR, Tomasulo PA et al (1976): Thrombocytopenia occuring during the administration of heparin. Ann Int Med 85:155

4) Breddin K (1990): Diskussionsforum über "Rückenmarksnahe Anästhesie unter medikamentöser Thromboembolieprophylaxe". 31.01.1990 in Frankfurt/Main

5) Cines DB, Kaywin P et al (1980): Heparin-associated thrombocytopenia. New Engl J Med 303:788

6) Crawford JS (1985): Some maternal complications of epidural analgesia for labor. Anaesthesia 40:1219

7) Dudziak R, Klein G (1983): Indikationen zur Regionalanästhesie. Dtsch Ärzteblatt 80:39

8) Dudziak R (1990): Editorial. heparin III/90

9) Dupeyrat (1991): Anaestesic loco-regionale et anticoagulants. MAPAR congress proceedings, Paris, pp 365-383

10) Gouault-Heilmann M, Huet Y et al (1987): Low molecular heparin fractions as an alternative therapie in heparin-induced thrombocytopenia. Haemostasis 17:134

11) Kelton GJ (1986): Heparin-induced thrombocytopenia. Haemostasis 16:175

12) Nelson JC, Lerner RG et al (1978): Heparin-induced thrombocytopenia. Arch Int Med 138:548

13) Phillips OC, Ebner H et al (1969): Neurologic complications following spinal anaesthesia with lidocaine: a prospective review of 10,440 cases. Anaesthesiology 30:284

14) Roussi JH, Houbouyan LL et al (1984): Use of low molecular weight heparin in heparininduced thrombocytopenia with thrombotic complications. Lancet (1984): 1182

15) Tryba M und die Teilnehmer des Workshops über hämostaseologische Probleme bei Regionalanästhesien (1989): Hämostaseologische Voraussetzungen zur Durchführung von Regionalanästhesien. Regionalanästhesie 12:127

16) Tryba M (1990): Etat de l'hemostase et anesthesie loco-regionale. Ann Fr Anesth Reanim 9:375

17) Usubiaga JE (1970): Neurological complications of spinal and epidural anesthesia. In: Saidman LJ, Moya F (Hrsg.) Complications of anesthesia. CC Thomas, Springfield pp 227-240

18) Vitoux JF, Mathieu JF et al (1986): Heparin-associated thrombopenia treatment with low molecular weight heparin. Thromb. Haemostas 55:37

Thromboseprophylaxe bei ambulanten und post-stationären Patienten in der Unfallchirurgie

Prof. Dr. H. Reilmann
Chefarzt der Unfallchirurgischen Klinik des Städtischen Klinikums Braunschweig,
Holwedestr. 16, 38118 Braunschweig

Einleitung

Unbestritten ist auch heute noch die tiefe Beinvenenthrombose in der Unfallchirurgie eine der häufigsten Komplikationen (4, 7). Die Bedeutung der medikamentösen Prophylaxe zur Senkung der Thromboseinzidenz ist durch umfangreiche Studien und objektive Untersuchungsmethoden nachgewiesen. Aus den Erfahrungen und Berichten von Thrombosen nach Verletzungen der unteren Extremität mit nachfolgender Gipsimmobilisierung hat sich eine umfassende Diskussion zur Indikation der ambulanten Prophylaxe entwickelt. Eine Expertenkomission der Deutschen Gesellschaft für Unfallchirurgie hat sich dieser Thematik angenommen und Empfehlungen für die ambulante Thromboseprophylaxe erstellt.

Pathophysiologie

Die Thromboseentstehung bei unfallchirurgischen Patienten mit immobilisierendem Verband an der unteren Extremität läßt sich in klassischer Weise auf die von Virchow beschriebenen Abläufe zurückführen (Abb. 1), wobei es nur zur Thrombenbildung kommt, wenn Veränderungen aller drei Faktoren der Virchow'schen Trias vorliegen, die in ihrer Pathogenität eine unterschiedliche Gewichtung haben können.

1. Gefäßwand

Prinzipiell beinhalten Verletzungen der Knochen, der Gelenkstrukturen und Weichteile auch eine Mitbeteiligung der umliegenden Gefäße. Bezieht man die begleitende Verletzung auf die tiefen Beinvenen, so resultieren daraus oftmals Intimaläsionen, die die Initialzündung für das Entstehen einer wandständigen Thrombose sein können.

2. Gefäßinhalt

Aufgrund eines Traumas kommt es oftmals zu einer reaktiven Thrombozytose sowie zu einem Fibrinogenanstieg. Diese Veränderungen sind abhängig vom Schweregrad der Verletzung.

3. Blutströmung

Der Einfluß der Skelettmuskeltätigkeit auf den venösen Blutfluß ist gerade an der unteren Extremität von evidenter Bedeutung. Immobilisierende Verbände vermindern die Aktivität der Muskelpumpe und führen daher zu einer Strömungsverlangsamung. In den Taschen der Venenklappen können sich daher bei niedriger Blutströmung Totwasserzonen bilden, in denen sich wiederum Gerinnsel bilden können.

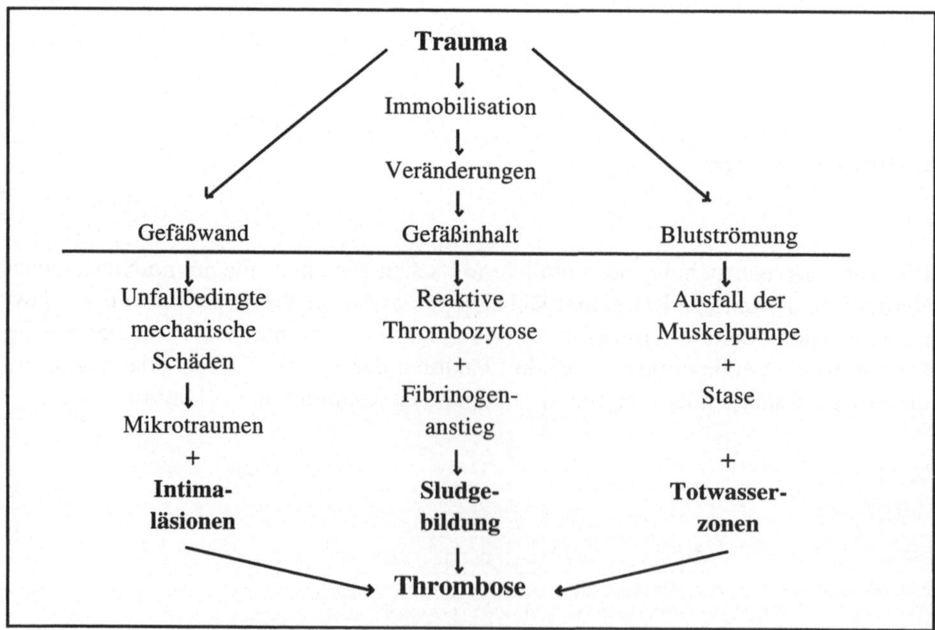

Abb. 1. Pathophysiologie der tiefen Beinvenenthrombose

Literaturübersicht

Im Rahmen einer retrospektiven Studie an 52 Patienten mit tiefer Beinvenenthrombose nach Gipsbehandlung berichten Pick et al. (6) über eine Inzidenz postthrombotischer Syndrome von 5 %. Breyer et al. (1) fanden bei Patienten nach präoperativer Gipsruhigstellung der unteren Extremität ohne Thromboseprophylaxe und anschließender Operation in Blutleere, eine altersabhängige Thromboserate von 40-78 %. Scurr (7) zeigte in einer Studie an einem allgemeinchirurgischen Krankengut, daß bei der Mehrzahl der Patienten mit thrombotischen Komplikationen diese erst nach Entlassung aus der stationären Behandlung und Abschluß der Thromboseprophylaxe auftraten.

In einer vergleichenden Studie konnten Zagrodnick und Kaufner (10) in der ambulanten und postoperativen Behandlungsphase bei 200 Patienten ohne Thromboseprophylaxe eine Inzidenz der tiefen Beinvenenthrombose von 4,5 % nachweisen. Dagegen fanden sie bei 103 Patienten mit Thromboseprophylaxe, die unter gleichen Bedingungen operativ behandelt wurden, keine Thrombosen.

Medikamentöse Prophylaxe

Wenngleich die Anzahl vorliegender Studien gering ist, erscheint aufgrund der Kenntnisse der pathophysiologischen Vorgänge die Forderung nach einer poststationären sowie einer ambulanten Thromboseprophylaxe gerechtfertigt. Die Bedingungen, die an eine medikamentöse ambulante Thromboseprophylaxe geknüpft sind, lassen sich zusammenfassend wie folgt formulieren: Sie sollte effektiv, risikoarm und praktikabel sein.

Die Effektivität hat sich am Wirkungsnachweis des eingesetzten Präparates zu orientieren. Risikoarmut ist zu fordern, da der ambulante Patient der ständigen stationären Kontrolle entzogen ist. Praktikabilität muß vorausgesetzt werden, um die Compliance zu sichern.

Vor diesem Hintergrund erscheinen die niedermolekularen Heparine für den Zweck der ambulanten Antikoagulation besonders geeignet (3, 9, 5). Es liegend ausreichend viele Studien vor, die den Wirkungsnachweis der niedermolekularen Heparine in einer einmal täglichen Dosierung erbringen (Abb. 3). Nach bisher vorliegenden Untersuchungen wurden Blutungskomplikationen bei ambulanter Prophylaxe nicht beobachtet. Gerinnungsparameter wie aPTT, Quick und AT III änderten sich nicht. Auch die Thrombozytenzahl blieb konstant, wenngleich Einzelbeobachtungen auch bei niedermolekularen Heparinen über Thrombozytopenien berichten (2). Ein Fall aus eigener klinischer Erfahrung bestätigt dies. Aus diesem Grund ist eine einmal wöchentliche Thrombozytenbestimmung zu empfehlen.
Lokale Unverträglichkeitserscheinungen wie Wundhämatome im Injektionsbereich und allergische Reaktionen werden in einer Häufigkeit bis über 30 % beschrieben (2, 10). Sie sind jedoch in der Regel reversibel.

Kujath und Spannagel (4) führten diesbezüglich eine vergleichende Studie der Thromboseprophylaxe bei Gipsimmobilisation mit niedermolekularen Heparinen durch. 85 Patienten erhielten NMH, und die Vergleichsgruppe (n = 85) erhielten keine ambulante Thromboseprophylaxe. Als Ergebnis dieser Studie fanden sich in der Patientengruppe ohne NMH 14,1 % Thrombosen, und in der Gruppe mit NMH kam es nur in 2,4 % der Fälle zur Ausbildung einer Thrombose.

Prophylaxe bedeutet Risikominderung. Der immobilisierende Gipsverband ist das wesentliche und am besten faßbare Risiko. Daher sollte man bei der Indikation für einen immobilisierenden Verband auch alternative Behandlungsmöglichkeiten wie funktionelle Schienenverbände in Betracht ziehen.

Praktische Durchführung

Prinzipiell kann zwischen zwei Patientengruppen unterschieden werden, wobei Kinder unter 14 Jahren ausgeschlossen sind:
1. Der poststationäre Patient.
2. Der rein ambulante Patient.

Der poststationäre Patient, der in der ambulanten Phase einen immobilisierenden Verband benötigt, ist bereits in der stationären Phase auf die ambulante Selbstinjektion vorbereitet (Abb. 2). Die Erfahrung zeigt, daß die Compliance bei über 70-90 % der Fälle liegt (4). Der übrige Anteil der Patienten erhält entweder durch Familienangehörige oder durch eine Gemeindeschwester seine tägliche Injektion.

Der rein ambulante Patient mit immobilisierendem Verband ist schwerer zu führen. Hier kann zum jetzigen Zeitpunkt die Thromboseprophylaxe empfohlen werden, wenn Verletzungen und insbesondere andere Faktoren vorliegen, die das Risiko einer Thrombose erhöhen. Dies sind zum Beispiel Übergewicht, vorausgegangene Operationen, venöse Vorschäden, Nikotinabusus und höheres Lebensalter, wobei das Vorliegen mehrerer Faktoren das Thromboserisiko beträchtlich erhöht. Die Durchführung der Thromboseprophylaxe obliegt dem Hausarzt.

Für die Dauer der Prophylaxe gilt als Grundregel, daß sie so lange ausgeführt werden sollte, bis der immobilisierende Verband entfernt und eine ausreichende Mobilisation des Patienten vorhanden ist.

Verfahren amb. TE - Prophylaxe
• Risikoanalyse • aufklärendes Gespräch • Organisation (HA, Gemeindeschwester) • Selbstinjektion nach Training (poststationär)

Abb. 2. Durchführung der Thrombo-Embolieprophylaxe mit NMH

Zusammenfassung

1. Der immobilisierende Verband an der unteren Extremität stellt ein erhöhtes Risiko für die Entwicklung einer tiefen Beinvenenthrombose dar.

2. Die medikamentösen Voraussetzungen für eine effektive ambulante Prophylaxe sind durch die Anwendung von niedermolekularen Heparinen in Einmaldosierung gegeben.

3. Eine ambulante Thromboseprophylaxe bei einem Patienten mit immobilisierendem Verband an der unteren Extremität ist grundsätzlich indiziert. Dabei sind Verletzungen und weitere individuelle Risikofaktoren mit in die Indikationsstellung einzubeziehen.

Literatur

1) Breyer HG, Koppenhagen K, Mabiki M, Rahmanzadeh R (1982): Thromboserisiko durch Gipsimmobilisation und Operation an der unteren Extremität. Hefte Unfallheilk 164; 423

2) Haas S, Biegholt M (1989): Ambulante Thromboembolieprophylaxe mit niedermolekularem Heparin. Hämostaseologie 9 (5); 237

3) Micheli LJ (1975): Thromboembolic complications of cast immobilisation for injuries of the lower extremities. Clin Orthop Rel Res 108; 191

4) Kujath, Spannagel (1990): Vortrag anläßlich der 30. Tagung der Deutschen Gesellschaft für Phlebologie und Proktologie in Darmstadt.

5) Lassen MR: Wirksamkeitsvergleich zwischen Clexane 40 und Dextran 70 bei totalem Hüftgelenkersatz. Der Unfallchirug (Beilage) Springer Verlag; 10

6) Pick CF, Rahmer E, Walter E, Müller W (1982): Thromboseentstehung im Gipsverband. Phlebo Protocol 11; 155

7) Scurr JH (1988): Deep venous thrombosis: a continuing problem. Brit med J 297; 28

8) Spieler U (1982): Begründung der Antikoagulation bei Gipsfixation der unteren Extremität. Schweiz Rund Med 62; 325

9) Thurpie AAG: Entscheidende Entwicklung der Thromboseprophylaxe in den USA und Kanada. Der Unfallchirurg. (Beilage) Springer Verlag; 12

10) Zagrodnick J, Kaufner HK (1990): Ambulante Thromboembolieprophylaxe in der Traumatologie durch Selbstinjektion von Heparin. Unfallchirurgie 93; 331

Therapie der Bein-, Beckenvenenthrombose

Thrombosealter und Verfahrenswahl

Dr. med. R. Raschke
Chirurgische Abteilung des Diakonissenkrankenhauses Karlsruhe-Rüppurr,
Diakonissenstr. 28, 76199 Karlsruhe

Einleitung

Die Indikation zum aktiven Vorgehen bei einer Iliofemoralvenenthrombose wird im deutschen Schrifttum und im älteren amerikanischen Schrifttum in der Regel auch davon abhängig gemacht, daß die Anamnesedauer nicht länger als 1 Woche zurückreicht (2,7,8). Dies gilt sowohl für die operative wie die Lysetherapie als Zeitlimit. Wir sind anhand der auswertbaren Krankenunterlagen von 727 Patienten aus über 900 venösen Thrombektomien aus den Jahren 1979 bis 1991 der Frage nachgegangen, ob die anamnestischen Angaben zuverlässig sind, und welchen Einfluß dies auf verschiedene Vorgehensweisen hat bzw. haben würde.

Methodik

Die Krankenunterlagen von 727 in unserer Klinik operativ behandelten Patienten wurden in der vorliegenden retrospektiven Untersuchung bezüglich der angegebenen Anamnesedauer, der intraoperativen Einschätzung des Thrombosealters durch den Operateur sowie die Aussage über eine komplette, inkomplette oder als Thrombektomieversuch beendete Operation miteinander verglichen. Die Auswertung erfolgt durch einen an der Datenerhebung nicht beteiligten Arzt auf einem MS-DOS Computersystem.

Die erhaltenen Daten werden zur Grundlage von Überlegungen zur zeitlich begrenzten Indikation zum aktiven Vorgehen bei der Iliofemoralvenenthrombose benutzt.

Als Indikation zur Operation gelten: Kontraindikationen zur Lysetherapie, mangelnder Therapieeffekt einer Lysetherapie, die durchgemachte Lungenembolie bei persistierender Bein-Beckenvenenthrombose, flottierende Thromben oberhalb der Vena poplitea und die Phlegmasia coerulea dolens, sowie die septische Thrombose, die wir in diesem Kollektiv jedoch nicht beobachteten (2,7,8).

Wir führen die venöse Thrombektomie in Allgemeinnarkose durch. Eine Blockade der Vena cava inferior von der Gegenseite aus wird nicht mehr vorgenommen (4, 6). Zur intraoperativen Autotransfusion verwenden wir das Solcotrans ®-Einwegsystem und heparinisieren unsere Patienten während der Abklemm- und Thrombektomiephase mit 20.000 I.E. Heparin systemisch (4).

Die Einschätzung des Thrombosealters erfolgte durch den Operateur nach dem Eindruck der Entfernbarkeit und wurde als frisch eingeschätzt, wenn eine geleeartige Konstistenz vorlag. Als nicht ganz frisch galten Veränderungen, bei denen sich etwas festere Ausgußthromben fanden, die kaum ältere, d.h. gräulich gefärbte Anteile aufwiesen. Diese Thromben sind problemlos mit dem Fogarthy-Katheter zu entfernen, bzw. exprimierbar. Als teils frisch/ teils älter wurden Thrombosen eingestuft, wenn die in Organisation übergehenden Anteile mehr als etwa 30% der Thrombenmasse ausmachten. Veraltete Thrombosen wiesen in der Mehrzahl überwiegend organisiertes Material auf, was jedoch gerade in der Becken- und Oberschenkeletage durchaus noch chirurgisch entfernbar ist. Thrombektomieversuche beziehen sich auf altes bröckeliges Material, bei dem keine Lumeneröffnung mehr möglich war.

Ergebnisse

In die Auswertung gingen 387 männliche und 340 weibliche Patienten ein. Das Durchschnittsalter lag bei 60 Jahren mit einer Streuung von 15-92 Jahren. Die Anamnesedauer lag im Durchschnitt bei 7 Tagen. Dabei hatten 312 Patienten eine Beschwerdedauer von bis zu 3 Tagen, 167 weitere Patienten eine Beschwerdedauer von 4-7 Tagen, und 183 Patienten eine solche von 8-14 Tagen angegeben. Die übrigen 65 Patienten litten bereits länger als 2 Wochen an einer gesicherten oder klinisch/ anamnestisch zu vermutenden Bein- und/ oder Beckenvenenthrombose.

Alle Patienten, mit Ausnahme der an einer Phlegmasia coerulea leidenden, wurden präoperativ phlebographiert. In zehn Fällen konnte der phlebographische Thrombosenachweis intraoperativ nicht nachvollzogen werden.

Tabelle 1. Beschwerdedauer und intraoperative Alterseinschätzung der Thrombose durch den Operateur (n = 717)

intraoperative Einschätzung	Beschwerdedauer in Tagen				
	1-3 Tage	4-7 Tage	8-14 Tage	länger	Summe
frisch	79	32	30	4	145
nicht ganz frisch	34	20	27	11	92
teils frisch/ teils alt	150	88	93	23	354
veraltet	28	16	25	15	84
veraltet mit Apposition	15	9	6	12	42
SUMME:	306	165	181	65	717

(Anamnestisch falsche Angaben grau unterlegt)

Bci dcr intraoperativen Beurteilung der entfernten Thromben wurde die Thrombose bei 145 Patienten (= 20,2 %) als frisch, bei 92 (= 12,8 %) als nicht ganz frisch und bei 354 Patienten (= 49,4 %) als teils frisch, teils älter eingeschätzt, und in all diesen Fällen bot sich somit eine gute Chance für eine erfolgreiche Thrombektomie (Tab. 1). Von diesen Patienten hatten angeblich 188 – also mehr als 1/3 – länger als 1 Woche zuvor Beschwerden, was auf Grund des intraoperativen Befundes eher unwahrscheinlich war. 84 Patienten (= 11,7 %) litten, wie sich intraoperativ herausstellte, an veralteten Thrombosen. Von diesen hatten jedoch 44 Patienten, also fast die Hälfte, eine Beschwerdedauer von bis zu 7 Tagen angegeben. Diese Angaben müssen somit als unzutreffend bezüglich des tatsächlichen Throbosealters bezeichnet werden. 25 weitere Patienten hatten eine Beschwerdedauer von bis zu 2 Wochen angegeben, was auf Grund des intraoperativ gefundenen Thrombenalters auch als eher zu kurz anzusehen ist. Bei 42 Patienten (= 5,8 %) fand sich eine frische Appositionsthrombose, welche sich auf eine veraltete, zumeist in der Becken- oder Oberschenkeletage lokalisierte Veränderung aufgepfropft hatte.

Es ist somit zunächst festzustellen, daß von 72 Patienten fälschlich eine zu lange und von 44 Patienten eine zu kurze Anamnese zu erheben war, wenn man die allgemein als Grenze für eine aktive Therapie angegebene Zeitdauer von 1 Woche zugrunde legt. Dies sind immerhin 16,2 % aus unserem Kollektiv. In der Gruppe mit teils frischen, teils älteren Veränderungen ist eine solche Entscheidung schwierig, rechnet man jedoch diese noch mit hinzu, wenn sie über mehr als 14-tägige Beschwerden klagten, so kommt man auf eine Rate falscher anamnestischer Angaben von fast 20 %! Bei den Appositionsthrombosen ist eine solche Einschätzung wohl nicht möglich.

Tabelle 2. Primärer Operationserfolg nach venöser Thrombektomie (n = 717)

intraoperative Einschätzung	Thrombektomie komplett	inkomplett	Versuch
frisch	141	4	-
nicht ganz frisch	56	34	2
teils frisch/ teils alt	295	58	1
veraltet	7	38	39
veraltet mit Apposition	18	24	-
SUMME:	517	158	42

Der Operationserfolg im Sinne einer kompletten Thrombektomie (Tab. 2) wurde in 83,2 % aller Fälle einer frischen, nicht ganz frischen und teils frisch, teils älter einzustufenden Thrombose erreicht. Bei 38 der 237 Patienten mit frischen bzw. nicht ganz frischen Thrombosen sowie bei 58 der 354 Patienten mit teils frischen, teils älteren Veränderungen konnte eine partielle Lumeneröffnung erreicht werden. Dies entspricht 16,3 % der Patienten. Nur in drei Fällen gelang es überhaupt nicht, eine relevante Menge an thrombotischem Material zu fördern, so daß der Eingriff als Thrombektomieversuch eingestuft werden mußte (= 0,5 %).

Die primäre Erfolgsrate einer kompletten venösen Thrombektomie beträgt in unserem Krankengut, bezogen auf alle 717 Patienten, 70,7 % (n = 507). Bei den intraoperativ als frisch bezeichneten Thrombosen sind es 97,2 % (141 von 145 Fällen), sowie 83,3 % bei den Patienten mit teils frischen, teils älteren Veränderungen. Erwartungsgemäß schlecht sind die Ergebnisse bei veralteten Veränderungen mit einer Erfolgsrate von 7 kompletten Thrombektomien bei 84 Eingriffen, entsprechend 8,3 %.

Bei den Appositionsthrombosen konnten wir in 42,9 % immerhin auch noch veraltetes Material mitentfernen, in den übrigen Fällen verblieben die veralteten Thromben im Gefäßsystem.

Die Rate der Thrombektomieversuche liegt bei 5,9 % (n = 42) im Gesamtkollektiv, unter 1 % bei den frischeren Veränderungen, jedoch bei 44,3 % (n = 39) bei den veralteten Thrombosen.

Diskussion

Die beim Gefäßchirurgen vorgestellten Patienten weisen in der Regel eine Kontraindikation für eine Lysetherapie auf. Trotzdem möchten wir unsere Zahlen einigen differentialtherapeutischen Erwägungen zugrundelegen. Röntgenologische Hinweise für die Indikation zum konservativen oder operativen Vorgehen oder zur Lysetherapie sind häufig nicht spezifisch genug, um in diese Überlegungen wesentlich mit einzugehen. Die Grauzone des Venenverschlußes ohne Kollateralisierung umfaßt ein breites Band unterschiedlich alter Thrombosen. Die anamnestischen Angaben und das klinische Bild bestimmen daher die Indikation zum aktiven Vorgehen. Vorgeschichte und Patientenalter beeinflussen die Differentialindikationen zu den einzelnen Verfahren.

Tabelle 3. Primärer Operationserfolg bei Beschwerden bis zu 7 Tagen   (n = 471)

intraoperative Einschätzung	Thrombektomie komplett	Thrombektomie inkomplett	Versuch
frisch	107	4	-
nicht ganz frisch	34	19	1
teils frisch/ teils alt	202	35	1
veraltet	3	17	24
veraltet mit Apposition	10	14	-
SUMME:	356 = 75,6 %	89 = 18,9 %	26 = 5,5 %

118

Bei 471 unserer Patienten mit bis zu einer Woche andauernden Beschwerden ist die Indikation zum aktiven Vorgehen sicher unbestritten (Tab. 3). Unter diesen fallen 44 Patienten (= 9,3 %) mit veralteten Veränderungen und somit wohl falschen anamnestischen Angaben auf. Der Anteil der kompletten Thrombektomien liegt bei 75,6 % für alle Thrombenalter, und bei 85,1 % für die frischeren Veränderungen. Die Rate an Thrombektomieversuchen ist niedrig: 5,5 % (n = 26).

Hätte man sich nun bei diesen Patienten zur primären Lysetherapie entschieden, hätten wohl jene 44 Patienten mit veralteten Thromben und jene 24 mit Aufpfropf-thrombosen nicht mit vollem Erfolg lysiert werden können. Prozentual ergibt das eine kalkulierte Versagerquote von 14,4 %. Wobei wahrscheinlich auch aus der Gruppe der teils frischen/teils älteren Veränderungen noch einige Patienten nicht zu einer kompletten Rekanalisation zu bringen gewesen wären. Im Falle einer dann eventuell erwogenen gefäßchirurgischen Intervention wäre das Ergebnis mit 13 kompletten Thrombektomien bei 68 Eingriffen wohl nicht sehr zufriedenstellend gewesen.

Andererseits hätten vielleicht 24 Patienten mit frischen und nicht ganz frischen Thrombosen, bei denen keine komplette Thrombektomie zu erzielen war, von einer Lysetherapie profitiert (= 5,1 %).

Tabelle 4. Primärer Operationserfolg bei Beschwerden über 7 Tage (n = 246)

intraoperative Einschätzung	Thrombektomie komplett	inkomplett	Versuch
frisch	34	-	-
nicht ganz frisch	22	15	1
teils frisch/ teils alt	93	23	-
veraltet	4	21	15
veraltet mit Apposition	8	10	-
SUMME:	161 = 65,4 %	69 = 28,1 %	16 = 6,5 %

Bei den jenseits der ersten Woche nach Beschwerdebeginn operierten Patienten konnten wir in 65,4 % eine komplette und in weiteren 28,1 % eine partielle Lumeneröffnung erreichen (Tab. 4). Die Rate an Thrombektomieversuchen lag bei 6,5 %. Auch in dieser Gruppe fanden sich nicht wenige Patienten mit überraschend frischen und daher erfolgreich therapierbaren Befunden: 29,3 % der Thrombosen waren frischer als erwartet (n = 72)!

Tabelle 5. Primärer Operationserfolg bei Beschwerden bis zu 14 Tagen (n = 652)

| intraoperative Einschätzung | Thrombektomie | | |
	komplett	inkomplett	Versuch
frisch	137	4	-
nicht ganz frisch	49	31	1
teils frisch/ teils alt	281	49	1
veraltet	6	31	32
veraltet mit Apposition	13	17	-
SUMME:	486 = 74,5 %	132 = 20,3 %	34 = 5,2 %

Wir setzen unsere zeitliche Grenze bei der Indikation zur venösen Thrombektomie, im Gegensatz zu anderen Arbeitsgruppen, bei 14 Tagen (Tab. 5) und erreichten mit diesem Konzept eine komplette Thrombektomie bei 74,5 % (n = 486) der Patienten, dies liegt nur 1,1 % unter der Rate nach 1 Woche. Die Rate an Thrombektomieversuchen sank sogar von 5,5 % nach 1 Woche auf 5,2 % (n = 34) nach 2-wöchiger Anamnese. Partielle Rekanalisationen ergaben sich bei 20,3 % (n = 132) der Patienten.

Somit profitierten 130 Patienten mit einer kompletten Lumeneröffnung, dies sind ein Viertel aller erfolgreich operierten Patienten, und 43 mit einer partiellen Rekanalisation von unserem aktiveren Vorgehen auch noch zwischen 8 und 14 Tagen nach Beginn der Beschwerden.

Tabelle 6. Primärer Operationserfolg bei Beschwerden von über 14 Tagen (n = 65)

intraoperative Einschätzung	Thrombektomie komplett	inkomplett	Versuch
frisch	4	-	-
nicht ganz frisch	7	3	1
teils frisch/ teils alt	14	9	-
veraltet	1	7	7
veraltet mit Apposition	5	7	-
SUMME:	31 = 47,7 %	26 = 40,0 %	8 = 12,3 %

Ausnahmsweise operieren wir jenseits der 2.Woche nach Beschwerdebeginn (Tab. 6), wenn uns Patienten unter besonderen Gesichtspunkten vorgestellt werden, wie inkomplette Lyse, Lungenembolie unter Lysetherapie oder Lungenembolie unter konservativer Therapie. Diese Ausnahmeindikationen sahen wir im hier vorgestellten Kollektiv in 8,9 % der Fälle (n = 65). Bei 15 Patienten dieser Gruppe konnten wir jedoch aufgrund des intraoperativ gesicherten Thrombenalters davon ausgehen, daß die anamnestischen Angaben falsch waren und eine frischere Thrombose vorlag (= 23,1 %). Bei 31 Patienten dieser Gruppe, das sind 47,7 %, konnte eine komplette Rekanalisierung erreicht werden. Dieses Ergebnis wäre wahrscheinlich mit kaum einem anderen Verfahren erzielt worden.

Tabelle 7. Inkomplette Thrombektomien und Thrombeltomieversuche (n = 200)

intraoperative Einschätzung	Beschwerdedauer in Tagen					
	- 7		8 - 14		> 14	
Eingriffe	n = 471		n = 181		n = 65	
davon	inkomp. Vers.		inkomp. Vers.		inkomp. Vers.	
frisch	4	-	-	-	-	-
nicht ganz frisch	19	1	12	-	3	1
teils frisch/ teils alt	35	1	14	-	9	-
veraltet	17	24	14	8	7	7
veraltet mit Apposition	14	-	3	-	7	-
SUMME:	89	26	69	8	26	8

Betrachten wir nun noch abschließend unsere 200 inkompletten Thrombektomien und Thrombektomieversuche und fragen nach den anamnestischen Angaben, so zeigt sich, daß die Thrombektomie 89 mal nur inkomplett gelang, obwohl die Patienten eine Anamnese von bis zu 7 Tagen angegeben hatten. Darüberhinaus wurde der Eingriff 26 mal als Thrombektomieversuch abgebrochen. Diese beiden Gruppen entsprechen 24,4 % der Patienten mit Beschwerden bis zu einer Woche. Dabei hatten jedoch 41 dieser Patienten (= 35,7 %) ganz offensichtlich unrichtige Angaben gemacht: Bei ihnen fanden wir intraoperativ veraltete Thrombosen vor. Diese nicht erfolgreich behandelbaren Fälle sind somit nicht der Indikationsstellung anzulasten.

Legen wir unsere weitere Indikationsstellung zugrunde (652 Operationen bis 14 Tage nach Beschwerdebeginn), so erhöht sich die Patientenzahl mit Thrombektomieversuchen um 8 Fälle. Diese sind zweifelsohne unserer Entscheidung zur Operation anzulasten. Es ergibt sich aber, da mehr Patienten erfolgreich thrombektomiert werden konnten, keine prozentuale Steigerung der Rate an Thrombektomieversuchen (vergleiche Tab. 3 und Tab. 5). Im Verhältnis hat sich durch unsere Entscheidung die Anzahl inkompletter Thrombektomien bezogen auf die Gesamtzahl durchgeführter Eingriffe nur mäßig von 18,9 % auf 20,2 % erhöht (vergleiche Tab. 3 und Tab. 5).

Jenseits der 2. Woche nach Beginn der Beschwerden ist die Anzahl inkompletter Thrombektomien und Thrombektomieversuche mit 52,3 % erwartungsgemäß am höchsten.

Zusammenfassung

Zusammenfassend können wir anhand unserer Daten feststellen:

- Inkomplette Thrombektomien und Thrombektomieversuche innerhalb der ersten Woche nach Beschwerdebeginn gehen zu Lasten unrichtiger anamnestischer Angaben. Somit sind Therapieversager auch bei der Lyse in vergleichbarer Höhe zu erwarten.
- In der zweiten Woche nach Beschwerdebeginn profitieren mehr Patienten von einem aktiveren Vorgehen, als wir nach einer vorangehenden Untersuchung erwartet hatten (6). Die Indikation zur venösen Thrombektomie kann daher für die Patienten vorteilhaft auf einen Zeitraum bis 2 Wochen nach Beschwerdebeginn ausgedehnt werden, da mehr Patienten davon profitieren, als daß die Anzahl inkompletter oder undurchführbarer Eingriffe ins Gewicht fallend zunimmt. Ob dies auch mit einer Lysetherapie zu erreichen wäre, läßt sich anhand unserer Ergebnisse nicht sagen, erscheint jedoch zweifelhaft.
- Die im neueren amerikanischen Schrifttum vertretene Meinung, daß die venöse Thrombektomie überwiegend der Phlegmasia coerulea dolens bzw. der drohenden venösen Gangrän vorbehalten bleiben soll (1, 3), kann nach unseren Erfahrungen nicht bestätigt werden.
- Die Indikation zum konservativen therapeutischen Vorgehen mit Heparinisierung und Bettruhe, gerade auch unter Hinweis auf eine zu lange bestehende Oberschenkel- und/oder Beckenvenenthrombose, kann weder in der postoperativen Phase (5) noch beim älteren Menschen als das Vorgehen der ersten Wahl gelten.

Literatur:

1) Bernstein EF (1984) Operative Management of Acute Venous Thromboembolism. In: Rutherford RB (ed) Vascular Surgery, 2nd edition. WB Saunders Philadelphia

2) De Weese JA (1984) Venous and Lymphatic Disease. In: Schwartz SJ (ed) Principles of Surgery,4th edition, Mc-Graw-Hill New York

3) De Weese JA (1988) Venous and Lymphatic Disease. In:Schwartz SJ (ed) Principles of Surgery, 5th edition, Mc-Graw-Hill New York

4) Husfeldt KJ, Raschke R, Betzer F, Doldt HJ (1990) Whole Blood Intra-operative Salvage and Reinfusion in Patients Undergoing Venous Thrombectomy. Eur J Vasc Surg 4, 391-393, Grune & Stratton, London

5) Pichlmayr R, Löhlein D (1991) Postoperative Behandlung. In: Pichlmayr R, Löhlein D Chirugische Therapie , 2. Auflage Springer, Berlin Heidelberg New York

6) Raschke R, Husfeldt KJ, Doldt HJ, Wesch G (1990) Bis zu welcher Zeit ist eine venöse Thrombektomie gerechtfertigt. Ein Problem in der Indikation zur Thrombektomie Phlebol Proktol 19:36/ A22. Schattauer, Stuttgart

7) Stiegler H, Sunder-Plassmann L (1987) Akute Verschlüsse der Venen (untere und obere Extremitäten). In: Heberer G, Van Dongen RJAM (Hrsg) Kirschnersche allgemeine und spezielle Operationslehre Band XI Gefäßchirurgie. Springer Berlin Heidelberg New York

8) Sandmann W (1989) Thrombose der tiefen Becken- und Beinvenen. In: Kremer K, Platzer SW (Hrsg) Chirurgische Operationslehre Band I, Hals, Gefäße. Thieme Stuttgart New York

Tiefe venöse Thrombosen – etablierte Behandlungsverfahren und neue Trends

PD Dr. med. E. Seifried
Medizinische Universitätsklinik und Poliklinik, Abteilung Innere Medizin III,
Sektion Hämostaseologie, Robert-Koch-Str. 8, 89081 Ulm

Zusammenfassung

Indikationsgebiete für eine Thrombolysebehandlung sind frische proximale Thrombosen der unteren Extremitäten, bei denen meist keine Kollataralisierung und deshalb eine schlechte Prognose besteht. Keine Indikationen stellen in der Regel die isolierte Unterschenkelvenen- und Subclaviathrombose dar. Zielkriterien der Behandlung sind 1. die Reduktion der Komplikationsraten, 2. die Vermeidung einer Rezidivthrombose und 3. die Verminderung des postthrombotischen Syndroms.

Gegenüber der alleinigen antithrombotischen Therapie mit Heparin hat die thrombolytische Therapie den Vorteil, in einem erheblichen Prozentsatz zu einer Reperfusion thrombotisch verschlossener Gefäße zu führen. Diesem Vorteil steht die erhöhte Inzidenz an hämorrhagischen Komplikationen sowie möglicherweise eine erhöhte Lungenembolierate entgegen. Die Behandlung mit Streptokinase und Urokinase in bisher klinisch erprobten Dosisregimes führt bei ca. einem Drittel der Patienten zu einer kompletten Reperfusion primär verschlossener Gefäße. Die ersten Pilot- und Dosisfindungsstudien mit systemischer Dauerinfusion von Gewebeplasminogenaktivator führen zu grundsätzlich vergleichbaren Ergebnissen. Einen neuen Ansatz zur Verbesserung der thrombolytischen Behandlungsverfahren bietet die lokoregionale Applikation fibrinolytischer Substanzen, wonach aufgrund erster Pilotstudien möglicherweise eine höhere Rekanalisationsrate erreicht wird. Angesichts der individuellen Tragweite sowie der epidemiologischen und ökonomischen Bedeutung insbesondere der tiefen venösen Thrombosen der unteren Extremitäten müssen prospektiv randomisierte Studien zur Behandlung dieses Krankheitsbildes gefordert werden. Es bleibt abzuwarten, ob und in welchem Umfang die zur Zeit in klinischen Studien befindlichen neuen Therapieverfahren Vorteile bringen werden.

Einleitung

Nach Verletzung einer Gefäßwand wird das gesamte Gerinnungssystem aktiviert; einer generalisierten intravasalen Gerinnungsaktivierung sind Regulationsmechanismen wie Verdünnung aktivierter Gerinnungsfaktoren sowie deren Clearance durch das RES der Leber, Aktivierung von Inhibitoren des Gerinnungssystems und die physiologische Fibrinolyse entgegengesetzt. Die Kenntnisse der molekularen Abläufe der physiologischen Fibrinolyse waren Basis der Entwicklung der fibrinolytischen Therapie thromboembolischer Erkrankungen. Die Entwicklung neuer fibrinspezifischer thrombolytischer Substanzen und die zunehmende Sensibilisierung für diesen Krankheitskomplex sowie verbesserte diagnostische Möglichkeiten und die steigende Zahl operativer Eingriffe führten dazu, daß das Krankheitsbild heute als ein erhebliches klinisches Problem erkannt worden ist.

Als Ursache für die Entstehung venöser Thrombosen wird nach wie vor die Virchow'sche Trias "Gefäßwandschädigung, Stase und Hyperkoagulabilität" akzeptiert. Risikofaktoren sind höheres Alter, Übergewicht, Herzkrankheiten, perioperative Immobilisation, Schwangerschaft und Wochenbett, die Einnahme von Kontrazeptiva, besonders in Zusammenhang mit Nikotinabusus, Tumoren, hämatologischen Systemerkrankungen wie myeloproliferative Erkrankungen und angeborene oder erworbene Störungen des Gerinnungs- und Fibrinolysesystems.

Patienten mit verminderter fibrinolytischer Aktivität, erhöhten Konzentrationen prokoagulatorischer Gerinnungsfaktoren und Thrombozytosen werden Risikokollektiven zugeordnet. Ein individuelles Risiko läßt sich, außer bei Patienten mit angeborenen Antithrombin III-, Protein C-, Protein S- und Plasminogen-Mangelzuständen, quantitativ nicht definieren.

Diagnostische Möglichkeiten

Unbehandelt führen tiefe Bein- und Beckenvenenthrombosen in bis zu 30 % der Fälle zu Lungenarterienembolien (2, 37). Bedrohliche Lungenembolien entstammen vorwiegend den iliakalen und ileofemoralen Venenabschnitten, während Thrombosen distaler Venen meist nur zu kleineren Embolien führen (20, 25). Ohne Behandlung kommt es in einem hohen Prozentsatz zu einem Thromboserezidiv und/oder einem postthrombotischen Syndrom. Letzteres wird in 8 bis 40 % beobachtet (6, 27, 36). Die hohe Komplikationsrate unbehandelter Thrombosen zwingt zu einer spezifischen Therapie. Vor der Behandlung einer Thrombose müssen differentialdiagnostisch Befunde wie z. B. Lymphödeme, ein hereditäres Angioödem oder Ödeme anderer Genese, ein Erysipel, eine Insuffizienz der Muskelpumpe bei Paresen, eine Kompression von außen oder eine posttraumatische Schwellung ausgeschlossen werden. Wegen der für den einzelnen Patienten erheblichen Tragweite der Diagnose muß auf eine möglichst aussagekräftige Untersuchungsmethode mit hoher Sensitivität und Spezifität gedrängt werden.

Klinische Thrombosezeichen wie Ruhe- und Belastungsschmerzen im betroffenen Bein, Ödeme, Zyanose, Umfangsdifferenzen, Überwärmung sowie Druckschmerzen im Bereich der betroffenen Extremität bzw. der Leiste oder der Fußsohle u.a. Zeichen, weisen eine Treffsicherheit von weniger als 50 % auf (7, 25). Deutlich verbessert werden kann die diagnostische Sicherheit durch Thermographie, nuklearmedizinische Methoden wie Jod-Fibrinogen- und Technetium-Plasmin-Test, Plethysmographie, Doppler-Ultraschall-Technik und Ultraschallbildverfahren wie insbesondere die Duplex-Sonographie. Als Grundlage für die Einleitung einer invasiven Therapie wird im allgemeinen eine Phlebographie gefordert (Übersicht bei 24). Ist die Diagnose einer tiefen venösen Thrombose durch Kontrastmittel-Phlebographie gesichert und gleichzeitig durch den Duplex-Scanner bestätigt, kann die Verlaufskontrolle einer evtl. Thrombolysetherapie durch dieses nicht invasive Verfahren erfolgen und dazu dienen, den Erfolg dieser risikoreichen Behandlung frühzeitig zu erkennen und die Therapie rechtzeitig abzubrechen. Hierdurch kann eine Überbehandlung vermieden werden (15).

Behandlungsstrategie

Erstes Gebot der Therapie ist es, eine tödliche Lungenarterienembolie zu verhindern. Das Fortschreiten des Geschehens zu reduzieren und damit die durch das akute Ereignis eingetretene Morbidität zu vermindern, möglichst eine Reperfusion der thrombosierten Gefäße unter Erhaltung der Klappenfunktion zu erreichen und dadurch das postthrombotische Syndrom und eine pulmonale Hypertension zu verhindern, sind sekundäre Therapieziele. Ist die Diagnose einer akuten venösen Thrombose gestellt, wird in jedem Fall (außer bei der isolierten Unterschenkelvenenthrombose des gehfähigen Patienten) Bettruhe verordnet, ein Kompressionsverband angelegt und das betroffene Bein hochgelagert und immobilisiert. Die Immobilisation sollte bei der akuten, die Unterschenkeletage überschreitenden Thrombose nach bisherigen klinischen Gepflogenheiten sieben bis zehn Tage dauern. Nach jüngeren Erkenntnissen scheint eine frühzeitigere Mobilisierung kein erhöhtes Risiko zu beinhalten. Dies gilt insbesondere dann, wenn mit Hilfe sonographischer Verfahren eine ältere Thrombose nachgewiesen wird. Liegt die Thrombose länger als sieben bis zehn Tage zurück, kann auf eine Immobilisation verzichtet werden. Beim alten Menschen wird eine baldmöglichste Mobilisierung angestrebt, falls kein flottierender Thrombus eine Gefährdung anzeigt. Bei der reinen Unterschenkelvenenthrombose kann nach Anlegen eines Kompressionsverbandes in jedem Falle mobilisiert werden. Als weitere Therapien kommen die Antikoagulation mit Heparin, eine Thrombolyse oder eine Thrombektomie, jeweils mit anschließender Antikoagulation, in Frage. Welches Behandlungskonzept gewählt wird, muß für jeden einzelnen Patienten geprüft werden und ist abhängig von Lokalisation und Ausdehnung der Thrombose, Alter der Thrombose und des Patienten, Grundkrankheit, Kontraindikationen, den örtlichen Gegebenheiten und nicht zuletzt vom Wunsch des Patienten.

Antikoagulation mit Heparin

Verschiedene Autoren (3, 10) beschreiben, daß nach intravenöser Applikation von Heparin mit einer nachfolgenden Verlängerung der aPTT auf 60 bis 100 sek. eine Progression der Thrombose oder thromboembolische Komplikationen in weniger als 5 % der Fälle auftreten, während bei nicht ausreichend antikoagulatorischer Wirkung ein deutlich erhöhtes Risiko besteht. Üblicherweise wird eine Verlängerung der Thrombinzeit auf das 2- bis 4fache und der aPTT auf das 1,5- bis 2fache verlangt. Eine alternative Applikationsweise ist die intermittierende subkutane Injektion von Heparin, die nach Untersuchungen von Andersson et al. (1) und Bentley et al. (4) im Vergleich mit kontinuierlicher intravenöser Applikation ebenfalls wirksam ist. Beide Studien weisen gewisse Mängel auf und bedürfen daher weiterer Bestätigung. Aufgrund der längeren Halbwertszeit nach subkutaner Verabreichung muß im Falle von Blutungskomplikationen mit Nachteilen gerechnet werden. Die Therapie mit niedermolekularen Heparinpräparaten befindet sich derzeitig in der Phase klinischer Studien und kann noch nicht routinemäßig empfohlen werden.

Bereits aus theoretischen Erwägungen ist die antithrombotische Therapie der tiefen venösen Thrombose mit Heparinpräparaten nicht ideal, weil sie im allgemeinen nicht in der Lage ist, einen thrombotischen Verschluß schnell genug zu beseitigen. Betrachtet man die Ergebnisse der alleinigen Heparintherapie, so werden bei Patienten mit einer akuten Bein-Beckenvenenthrombose nach einer mittleren Therapiedauer von etwa 6 Tagen phlebographisch bei etwa 3 % eine komplette und bei etwa 15 % eine partielle Rekanalisation nachgewiesen. Blutungskomplikationen werden bei etwa 7 % beobachtet, ca. 2 bis 3 % der Patienten versterben im Verlauf der Behandlung an Komplikationen der Erkrankung oder der Therapie. Eine neue Entwicklung ist die Verabreichung von niedermolekularem Heparin. Der Vorteil niedermolekularer Heparinfraktionen liegt in seiner hohen Bioverfügbarkeit und längeren Halbwertszeit im Vergleich mit konventionellem unfraktionierten Heparin. Bisher liegen vor allem Daten zur Thromboseprophylaxe vor. Die Wertigkeit zur Behandlung tiefer venöser Thrombosen ist noch unbestimmt. In ersten Studien konnte jedoch gezeigt werden, daß niedermolekulares Heparin in subkutaner Applikationsweise hinsichtlich der Verhinderung von Lungenarterienembolien und Rezidivthrombosen mindestens ebenso effektiv ist, wie intravenös verabreichtes unfraktioniertes Heparin. In einer multizentrischen doppelblinden Studie von Hull et al. erlitten 6 von 213 Patienten unter niedermolekularem Heparin (2,8 %) und 15 von 219 Patienten unter intravenösem Heparin (6,9 %) eine Rethrombose (p = 0.07). Eine schwere Blutung kam in der Initalphase bei einem Patienten in der ersten Gruppe (0,5 %) und bei 11 Patienten in der zweiten Gruppe (5%) vor, was einer Risikominderung um 91 % (p= 0.006) entspricht. Auch kleinere Blutungen waren in der Patientengruppe mit niedermolekularem Heparin seltener. Sollten sich diese Ergebnisse bestätigen, würden sich hieraus unter Umständen völlig neue Möglichkeiten einer Therapiestrategie ergeben. Zunächst müssen jedoch weitere gutdokumentierte Studien gefordert werden.

Thrombolytische Behandlung

Die klinische Erfahrung und die internationale Literatur zeigen, daß die Antikoagulantienbehandlung in der Lage ist, schwerwiegende Frühkomplikationen tiefer venöser Thrombosen signifikant zu verringern. Sie ist jedoch in der überwiegenden Mehrzahl der Fälle nicht ausreichend, um Spätkomplikationen wie beispielsweise die chronischvenöse Insuffizienz bzw. das postthrombotische Syndrom zu verhindern. Im Gegensatz hierzu bietet die fibrinolytische Therapie die Möglichkeit einer Lyse des Thrombus mit kompletter Reperfusion des primär verschlossenen Gefäßes unter Erhaltung der Venenklappen mit der zumindest theoretischen Möglichkeit, ein postthrombotisches Syndrom zu verhindern.

Die Fibrinolyse ist ein enzymatischer Vorgang, in dessen Mittelpunkt die aktive Protease Plasmin steht. Die Aktivierung der inaktiven Vorstufe Plasminogen in aktives Plasmin erfolgt durch sog. Plasminogen-Aktivatoren. Als physiologische Plasminogen-Aktivatoren gelten die Prourokinase, die Urokinase und der endothelständige Gewebe- oder tissue-type Plasminogen-Aktivator. Zirkuliert freies Plasmin im Blut, so greift dieses nicht nur Fibrin am Thrombus, sondern auch zirkulierende Gerinnungsfaktoren wie Fibrinogen, Faktor V und Faktor VIII-C an; es entstehen Fibrin-Fibrinogen-Spaltprodukte. Der Abbau von Gerinnungsfaktoren und die entstandenen Fibrin-Fibrinogen-Spaltprodukte führen zu einer Ungerinnbarkeit des Blutes bzw. einer hämorrhagischen Diathese. Wird nur thrombusständiges Plasminogen zu Plasmin aktiviert, wie dies physiologischerweise durch tissue - type Plasminogen-Aktivator (t-PA) geschieht, wird das entsprechende Gerinnsel aufgelöst, ohne daß eine systemische Blutungsneigung hervorgerufen wird. Die therapeutische Fibrinolyse macht sich die Kenntnisse der molekularen Abläufe des Fibrinolysesystems zu eigen und führt zu einer Verstärkung der physiologischen Fibrinolyse, indem Plasminogenaktivatoren exogen zugeführt werden. Je nach Herkunft bzw. Wirkungsmechanismus werden physiologische und nicht physiologische sowie fibrinspezifische und nicht fibrinspezifische Plasminogenaktivatoren unterschieden (Übersicht in Tabelle 1).

Tabelle 1. Für die klinische Anwendung erhältliche thrombolytische Substanzen

Plasminogen-Aktivator	Herkunft	klinische Anwendung seit	Fibrin-spezifität
rt-PA	Human-DNS Biotechnologie	1983	ja
Urokinase	Humanurin, - zellkultur	1965	nein
Streptokinase	Streptokokken	1959	nein
APSAC	Streptokokken Humanplasma	1984	nein

Thrombolyse mit Urokinase

Die Urokinase ist ein physiologisches Thrombolytikum, das aus menschlichem Harn gewonnen wird und aus einem hochmolekularen und einem niedermolekularen Anteil besteht. Urokinase besitzt eine hohe Affinität zu Plasminogen; sie führt zur direkten Aktivierung des Plasminogens zu Plasmin. Als physiologische Substanz induziert Urokinase keine Antikörperbildung; die Substanz kann wiederholt angewandt werden und ist für die längerdauernde Anwendung geeignet.

Ausführliche Dosisfindungsstudien liegen für die Urokinase nicht vor. In der klinischen Praxis hat sich bei uns die von Zimmermann et al. (38, 39) etablierte mittelhohe Dosierung von initial 250.000 I.U./Std. mit einer Erhaltungsdosis von 2.000 I.U./kg/Std. über die ersten 8 Stunden bei anschließender Anpassung an den Fibrinogenwert durchgesetzt (Tabelle 2).

Tabelle 2. Klinische Behandlungsschemata für Urokinase zur Behandlung peripherer venöser Thrombosen

	initial I.U./h	Erhaltung I.U./h	Dauer in Tagen
1. mittelhoch	250.000	2.000/kg/h dann nach Fibrinogen	7 bis 14
2. hoch	500.000	150- bis 250.000	4 bis 8

Gleichzeitig muß bei diesem Schema eine ausreichende Antikoagulation mit Heparin gewährleistet sein, wobei zur Thrombinzeiteinstellung auf das 2- bis 4fache des Normalwertes etwa 20.000-30.000 E über 24 Stunden benötigt werden.

Randomisierte Vergleichsstudien zwischen Urokinase und Heparin liegen nicht vor; die publizierten Untersuchungen weisen jedoch ähnliche Eröffnungsraten von Urokinase und Streptokinase auf (29, 30, 32, 39). Die Ergebnisse aus unserem eigenen Patientengut mit Urokinase sind in Abbildung 1 dargestellt.

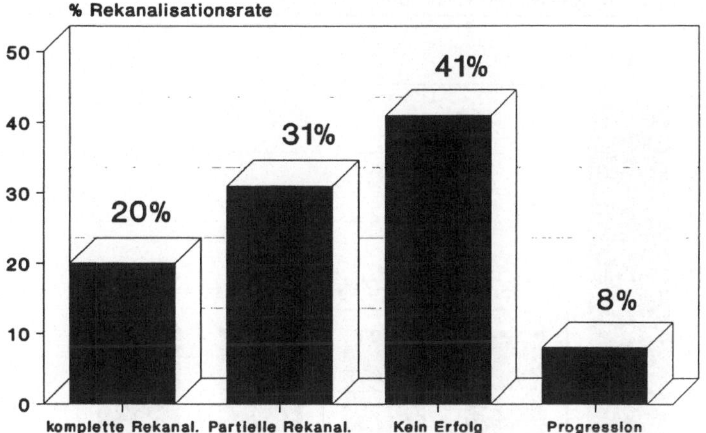

Abb. 1. Thrombolytische Therapie tiefer venöser Thrombosen mit Urokinase, 1983 – 1991 (n=64)

Sie bestätigen die publizierten Ansprechraten von etwa 50 %, weisen aber mit 20 % eine sehr geringe komplette Lyserate auf. Das Nebenwirkungsprofil dieses Behandlungskonzepts ist in den Abbildungen 2 und 3 dargestellt.

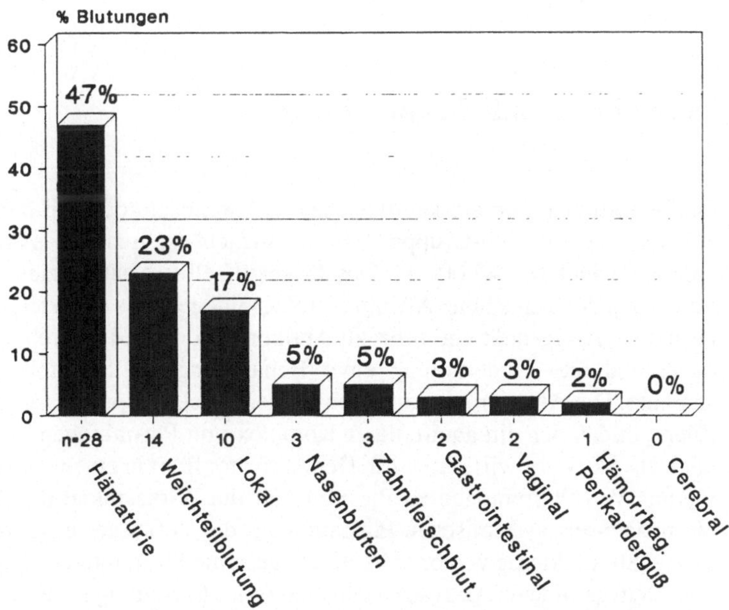

Abb. 2. Thrombolytische Therapie tiefer venöser Thrombosen mit Urokinase, 1983 – 1991 (n=64)

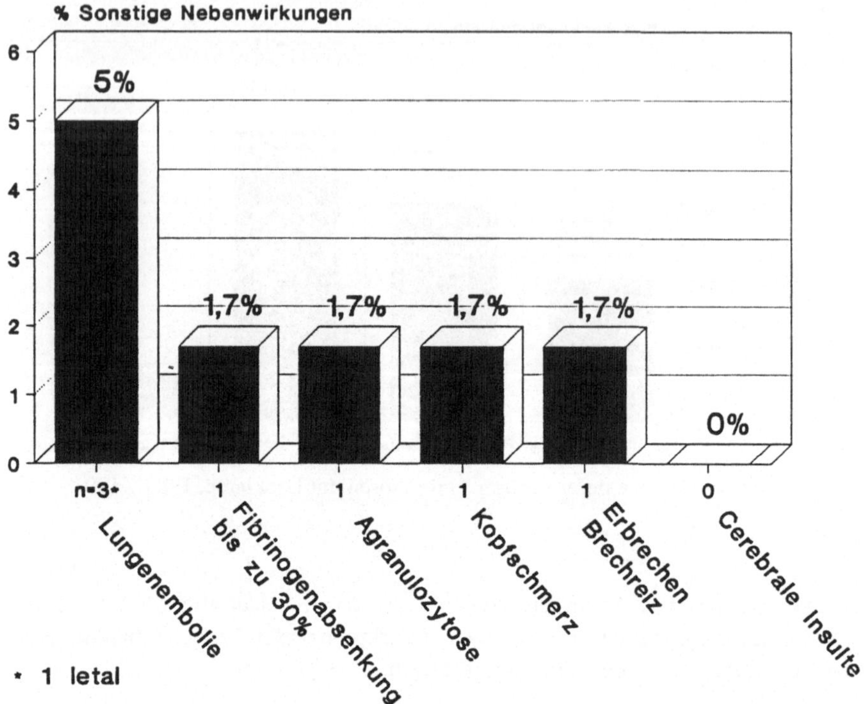

Abb. 3. Thrombolytische Therapie tiefer venöser Thrombosen mit Urokinase, 1983 – 1991 (n=64)

Thrombolyse mit Streptokinase

Die Streptokinase ist ein katalytisches Stoffwechselprodukt β-hämolytischer Streptokokken der Lancefield-Gruppe C; sie ist ein nicht enzymatisches Protein mit einem Molekulargewicht von 47.000 D. Das Molekül selbst besitzt keine proteolytische Aktivität, hat jedoch eine hohe Affinität zu Plasminogen. Als nicht physiologische Substanz besitzt sie Antigenität und führt zu Antikörperbildung. Dadurch werden die Therapiedauer und die Wiederholung einer Behandlung mit Streptokinase deutlich eingeschränkt. Die Aktivierung von Plasminogen durch Streptokinase erfolgt in 2 Schritten: Zuerst bildet sich ein äquimolarer Komplex von Plasminogen und Streptokinase, der dann als Aktivator wirksam wird. Der Aktivator führt in einem zweiten Schritt zur Aktivierung von Plasminogen zu Plasmin. Für die Wirksamkeit der Streptokinase ist das Vorhandensein systemischen Plasminogens die Voraussetzung; werden zu hohe Mengen an Streptokinase verabreicht, ist das gesamte Plasminogen an Streptokinase gebunden. Dem gebildeten Aktivator steht kein freies Plasminogen zur Verfügung, eine systemische Plasminogen-Aktivierung ist nicht mehr möglich. Die ideale Dosierung einer Dauerbehandlung strebt daher an, jeweils ein geeignetes Verhältnis zwischen Plasminogen und Aktivator zu erreichen.

Von den möglichen Streptokinasedosierungen haben sich die kontinuierliche Dauerbehandlung mit einer Initialdosis von 250.000 bis 600.000 I.E./30 Minuten und einer Erhaltungsdosis von 100.000 I.E./Std über 3 bis 6 Tage (33) und in der jüngsten Zeit die ultrahohe Streptokinasetherapie in einer Dosierung von 1,5 Mio I.E./Std. über 6 Std. 1mal täglich für 1 bis 5 Tage (18) durchgesetzt (Übersicht bei Tabelle 3).

Tabelle 3. Klinische Behandlungsschemata für Streptokinase zur Behandlung peripherer tiefer venöser Thrombosen

	Initialdosis (ID) E	Erhaltungsdosis (ED) E	Dauer in Tagen
Dauerinfusion SK	250.000 bis 600.000/30 min	100.000/h[a]	3 bis 6 [b]
UHSK-Lyse Ultrahohe SK	----	1,5 Mio/h über 6 h/Tag	1 bis 3

[a] Anpassung an Fribrinogen und Thrombinzeit durch Dosisänderung oder Pausen

[b] nach 6 Tagen wegen Antikörperbildung Umstellung auf Urokinase oder rt-PA erforderlich

Die thrombolytische Therapie mit Streptokinase wurde im Rahmen zahlreicher kleinerer Studien geprüft und zeigte eine erheblich größere Lyserate als Heparin (Übersichten bei 8, 21, 31). Aus all diesen Studien geht jedoch nicht eindeutig hervor, ob Spätfolgen wie das postthrombotische Syndrom, verhindert werden können. Goldhaber (11) publizierte eine gepoolte Analyse randomisierter Studien zu Streptokinase und Heparin bei Patienten mit tiefer Bein-Beckenvenenthrombose. Von elf Studien wiesen nur sechs eine geeignete Randomisierung auf. Die gepoolten Daten dieser sechs Studien belegen, daß mit Streptokinase behandelte Patienten 3,7fach häufiger eine signifikante Lyse aufweisen, als mit Heparin behandelte. Ähnliche Daten ergeben sich aus der Zusammenstellung von Ehringer und Minar (8): In 19 Studien an 552 Patienten mit einer mittleren Anamnesedauer von < 6,5 Tagen, wurde nach einer Thrombolysetherapie von im Mittel 4 Tagen kumulativ bei 25 % eine komplette, bei 33 % eine partielle Lyse festgestellt. Auch hier ergibt sich rechnerisch eine ca. 3fache Lyserate mit SK, verglichen mit Heparin (siehe oben). Bei 13 % der Patienten kam es zu schweren Blutungen und 1,4 % verstarben unter der Behandlung sowohl an den Blutungen als auch an Embolien. Ein Problem stellt die antigene Wirkung der Streptokinase dar. Nach fünf bis sechs Tagen muß die Therapie auch bei partiellem Ansprechen abgebrochen werden. Eine Möglichkeit, die Lysebehandlung fortzusetzen und damit die Reperfusionsrate zu verbessern, ist die anschließende Gabe von Urokinase. Unsere eigenen Ergebnisse sind in der Abbildung 4 dargestellt.

134

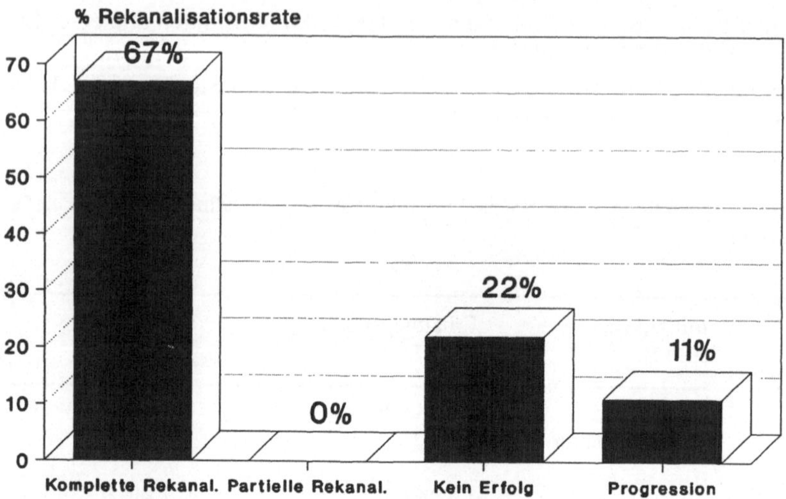

Abb. 4. Thrombolytische Therapie tiefer venöser Thrombosen mit Streptokinase/Urokinase, 1983 – 1991 (n=9)

Alternativ hierzu wird die ultrahochdosierte Streptokinasetherapie (UHSK-Lyse) zur Behandlung tiefer Bein- und Beckenvenenthrombosen angewandt. Als Vorteil dieser Applikationsart wird die kürzere Behandlungsdauer, die einfachere Handhabung und insbesondere die fehlende Notwendigkeit regelmäßiger Laborkontrollen angesehen. In einer jüngst vorgestellten prospektiven Studie von Heinrich et al. (13) konnte hinsichtlich der Rekanalisationsrate mittels IFPC-Score eine leichte Überlegenheit gegenüber der Standard-Streptokinasebehandlung gezeigt werden (Tab. 4). Weitere randomisierte Vergleichsstudien mit anderen Thrombolyseschemata liegen bis zum heutigen Zeitpunkt nicht vor.

Tabelle 4. UHSK versus Dauerinfusion Streptokinase - Ergebnisse der Nordbadischen Venen-Lyse-Studie

	UHSK	Dauer-SK
IFP-C-Score vor Lyse	4,6	4,2
IFP-C-Score nach Lyse	2,4	2,9
Besserung	48 %	31 %
Therapiedauer	3,2 Zyklen	4,2 Tage
Heinrich Angiologenkongress 1991		

Die Wertigkeit dieses Verfahrens ist daher nur schwer abzuschätzen. Die Lyseergebnisse kleinerer offener Studien liegen im historischen Vergleich etwa bei denen, die mit Streptokinase- oder Urokinase-Dauerbehandlung erzielt werden können. Auffallend ist die Nebenwirkungsrate, die an kumulativen Daten von Patienten in sechs Studien für initiale Nebenreaktionen wie Blutdruckabfall, allergische Reaktionen und Fieber mit 60 %, Lungenarterienembolien mit 3,6 %, Blutungen mit 18 % und tödlichem Ausgang mit 2,4 % vergleichsweise hoch liegen. Diese hohe Nebenwirkungsrate konnte in der Studie von Heinrich et al. (13) nicht bestätigt werden; hier wird über keine tödliche Lungenembolie oder Blutung berichtet.

Eine Weiterentwicklung der Streptokinase sind die sog. azylierten Plasminogen-Streptokinase-Aktivator-Komplexe (APSAC), deren aktives Zentrum durch Veresterung reversibel blockiert ist. Durch Anwesenheit von Substrat, z.B. Fibrin, kommt es zu einer langsamen Deazylierung und damit zur Freisetzung des aktiven Zentrums und der enzymatischen Wirksamkeit. Die theoretische Vorstellung einer hohen Fibrinaffinität hat sich bei der Anwendung am Menschen nicht bestätigt. Azylenzyme führen zu einer erheblichen Beeinträchtigung des Gerinnungs- und Fibrinolysesystems und unterscheiden sich diesbezüglich nicht von den nicht fibrinspezifischen Thrombolytika. Als nicht physiologische Substanz muß auch hier mit einer Antikörperbildung gerechnet werden, eine wiederholte Anwendung innerhalb eines bestimmten Zeitraumes ist daher nicht möglich. Erfahrungen mit dieser Substanzgruppe liegen bisher hauptsächlich bei der Therapie des akuten Herzinfarktes vor, während sie bei peripheren venösen Thrombosen noch sehr spärlich sind. In einer Studie (17) wurde mit der Substanz BRL 26921 bei 13 Patienten mit akuter Phlebothrombose nach Applikation von 5,5 mg in 8 stündigen Abständen eine komplette Thrombolyse bei 46 % und eine partielle Thrombolyse bei 23 % beobachtet. Um die Wertigkeit dieser Substanz abschätzen zu können, sind weitere Studien an größeren Fallzahlen erforderlich.

Thrombolyse mit rt-PA

Seit ca. 5 Jahren steht der rekombinant hergestellte Gewebe- oder tissue-type Plasminogenaktivator (rt-PA) für den klinischen Einsatz zur Verfügung. Er ist die bisher am besten untersuchte fibrinspezifisch wirksame thrombolytische Substanz. t-PA ist ein Glykoprotein aus 527 Aminosäuren mit einem Molekulargewicht von etwa 65.000 D. Er wird im Gefäßendothel synthetisiert und besitzt eine sehr kurze Halbwertszeit von etwa vier Minuten. Durch Plasmin wird t-PA in ein zweikettiges Molekül gespalten; es entsteht eine C-terminale Leichtkette und eine N-terminale Schwerkette. Weitergehende Untersuchungen konnten zeigen, daß die C-terminale Kette das aktive Zentrum besitzt, während die N-terminale Kette die Eigenschaft aufweist, sich spezifisch an Fibrin (Thrombus!) zu binden. Im gereinigten System bzw. im Plasma ist t-PA ein schwaches Enzym. Erst in Anwesenheit von Fibrin wird die t-PA-induzierte Plasminogenaktivierung verstärkt und führt zur Plasminbildung. Kinetische Daten deuten darauf hin, daß sich bei dem enzymatischen Vorgang ein tertiärer Komplex aus t-PA, Fibrin und Plasminogen bildet, der einerseits die Plasminogenaktivierung durch t-PA gestattet, andererseits nur zur Aktivierung des Plasminogens führt, das an Fibrin gebunden ist. Hierdurch wird eine Fibrinspezifität bewirkt.

Zur Therapie tiefer venöser Thrombosen liegen nach dem ersten Fallbericht (34) zwischenzeitlich einige Dosisfindungsstudien vor. Turpie (Übersicht bei 31) berichtet, daß nach Infusionvon 0,5 mg/kg KG über 4 Stunden 7/12 Patienten mehr als 50 % Lyse aufwiesen, während in der Kontrollgruppe mit alleiniger Heparinbehandlung kein Patient eine Wiedereröffnung aufwies. Wegen Blutungskomplikationen bei drei Patienten wurden in einer Anschlußstudie 0,5 mg/kg KG unter gleichzeitiger Antikoagulation mit Heparin über 8 Stunden verabreicht und dieses Dosisregime nach 24 Stunden wiederholt. Hier wurden bei 23 % der Patienten mehr als eine 50 %ige Lyse, bei 27 % weniger als eine 50 %ige Lyse und bei 50 % keine Lyse nachgewiesen. Goldhaber et al. (12) behandelten 64 Patienten mit rt-PA in einer Dosierung von 0,05 mg/kg/Std. über 24 Stunden mit einer maximalen Dosis von 150 mg und fanden bei etwa 30 % der Patienten mehr als 50 % Lyse. Zimmermann (40) behandelte in einer ersten Dosisfindungsstudie 7 Patienten mit rt-PA in einer Dosierung zwischen 0,7 und 1,8 mg/kg 24 Std. und fand bei 4/7 Patienten eine komplette und bei 2/7 Patienten eine partielle Rekanalisation. Bei Fortführung der Studie zeigte sich, daß Dosierungen unterhalb von 0,7 mg/kg/24 Std. zu einer signifikanten Thrombolyse führen (41). Basierend auf diesen Daten wurden zwischenzeitlich zwei multizentrische Dosisfindungsstudien durchgeführt, in denen Dosierungen zwischen 0,25 und 0,75 mg/kg KG/24 Std. geprüft wurden. Bounameaux et al. (4a) behandelten 14 Patienten mit 0,25 und 15 mit 0,5 mg rt-PA/kg KG/ 24 Std. als i.v.-Dauerinfusion und erzielten nur bei einem geringen Teil der Patienten eine partielle Rekanalisation oder eine Thrombusreduktion.

Wir (41) behandelten insgesamt 164 Patienten mit tiefer venöser Thrombose mit einem geschätzten Thrombosealter von < 14 Tagen in einer multizentrischen, doppelblinden randomisierten Studie mit vier verschiedenen Dosierungen rt-PA und einer begleitenden Heparininfusion. Die Rekanalisationsergebnisse sind in Tabelle 5 dargestellt.

Tabelle 5. Thrombolytische Therapie tiefer venöser Thrombosen mit 4 rt-PA Dosierungen - Ergebnisse einer Multizenter-Studie

Rekanalisation				
rt-PA mg/kg/Tag	0,75	0,5	0,375	0,25
Patientenzahl n	24	26	52	54
Komplette Rekanalisation %	29	23	15	9
Partielle Rekanalisation %	25	35	49	58
Thrombusreduktion %	21	8	19	7
Unverändert %	25	34	17	26

Es zeigt sich, daß die Ansprechrate mit partieller und kompletter Rekanalisation in allen vier Gruppen etwa konstant zwischen 54 % und 67 % mit einem Trend zugunsten der niedrigsten Dosis liegt. Die höchsten kompletten Rekanalisationsraten werden in der Gruppe mit der höchsten Dosierung erreicht. In dieser Gruppe wurden jedoch auch die häufigsten Blutungen beobachtet (Tabelle 6).

Tabelle 6. Thrombolytische Therapie tiefer venöser Thrombosen mit 4 rt-PW Dosierungen - Ergebnisse einer Multizenter-Studie

Sicherheit				
rt-PA mg/kg/Tag	0,75	0,50	0,375	0,25
Patientenzahl n	27	27	54	56
Lyseabbruch wegen Blutung %	44	26	15	8
Lungenembolie %	0	0	0	0
Fibrinogen	nicht signifikant verändert			

Legt man den Marderscore zugrunde, so bestand hinsichtlich der Ansprechrate zwischen den Gruppen kein Unterschied. Die Reduktion war in allen vier Gruppen hochsignifikant und betrug zwischen 5,6 und 7,7. Bei Abwägung von Wirkung und Nebenwirkungen erscheint die Dosis von 0,25 mg rt-PA/kg KG/24 Std. die derzeit günstigste der verschiedenen, in dieser Studie geprüften Regimes zu sein.

Zusammenfassend läßt sich feststellen, daß derzeitig weltweit Anstrengungen unternommen werden, neue Therapieregimes für die fibrinolytische Therapie peripherer venöser Thrombosen mit rt-PA zu erarbeiten. Die ersten Dosisfindungsstudien erscheinen ermutigend, bedürfen jedoch weiterer Verbesserungen.

Axillar-Subklavia-Venenthrombose

Da bisher die Frage, ob durch Thrombolyse die Inzidenz von Lungenarterienembolien und eines postthrombotischen Syndroms reduziert werden kann, nicht geklärt ist, beschränkt sich im allgemeinen die Indikation zur Thrombolyse auf wenige Patienten. In unserer Klinik werden nur jüngere Patienten mit anamnestisch eindeutiger frischer Thrombose und ausgeprägter klinischer Symptomatik lysiert. Die in der Klinik größere Gruppe von Thrombosen im Zusammenhang mit zentralvenösen Kathetern kann in aller Regel wegen Kontraindikationen nicht lysiert werden. Alle Patienten mit einer akuten Axillar-Subklavia-Venenthrombose und ausgeprägten klinischen Symptomen werden in den ersten Tagen immobilisiert, der Arm hochgelagert und mit einem Kompressionsverband versehen. Zusätzlich wird in jedem Fall mit Heparin in therapeutischer Dosierung antikoaguliert.

Phlegmasia coerulea dolens

Die Phlegmasia coerulea dolens ist eine lebensbedrohliche Erkrankung, die eine umso bessere Prognose hat, je früher eine Reperfusion der Gefäße erreicht werden kann.Trotz einzelner guter Erfahrungen mit Thrombolyseverfahren ist sie nach wie vor eine Domäne der chirurgischen Thrombektomie.

Neue Entwicklungen bei der thrombolytischen Therapie

Einer der interessantesten neuen Ansatzpunkte, über die in der letzten Zeit berichtet wurde, ist die sogenannte lokoregionale Lyse tiefer Beinvenen, wie sie anläßlich des Deutschen Angiologen-Kongresses 1991 z.B. von Hagg (12b) vorgestellt wurde. Er behandelte insgesamt 42 Patienten mit rt-PA (Actilyse®, n = 32) bzw. Urokinase (n = 10), wenn phlebographisch eine tiefe Beinvenenthrombose vorlag. Die Patienten erhielten nach Wickeln der betroffenen Extremität und Punktion einer Fußrückenvene intravenös Heparin appliziert, anschließend wurde entweder Actilyse® in einer Dosis von 5 mg/Std. über 4 Stunden oder Urokinase in einer Dosis von 300.000 I.E./Std. infundiert und diese Behandlung täglich über 3 bis 6 Tage wiederholt. Alle Patienten hielten strenge Bettruhe ein, die betroffene Extremität wurde entsprechend dem Stauungszustand hochgelagert. Danach wurde eine typische Anschlußbehandlung mit Kompressionsstrümpfen und einer Antikoagulation durchgeführt. Nach Angaben der Autoren wurde in der rt-PA-Gruppe eine vollständige Reperfusion bei 53 % und eine teilweise Reperfusion bei 44 %, nach Urokinase bei 60 % bzw. 40 % festgestellt. Tödliche Komplikationen wurden in keiner Gruppe beobachtet. Blutungen wurden nach Applikation von Urokinase häufiger beobachtet als nach rt-PA.

Zwischenzeitlich wurden eine Reihe weiterer Studien zur Evaluation lokoregionaler Applikationsmodalitäten initiiert, die möglicherweise für einen Teil der betroffenen Patienten doch erhebliche Vorteile bringen könnten.

Flankierende Maßnahmen bei der Thrombolysebehandlung

Vor Beginn einer Behandlung mit Thrombolytika muß jeder Patient über die Erfolgs-
chancen und die Risiken der Behandlung (Tabelle 7) nach aktuellem Wissensstand
aufgeklärt werden und sein Einverständnis erteilen.

Tabelle 7. Mögliche Nebenwirkungen einer thrombolytischen Behandlung

- allgemeine Blutungen
- zerebrale Blutungen
- systemische Beeinflussung des Hämostasesystems im Sinne einer hämorrhagischen Diathese
- Lungenarterienembolien und Embolien in den großen Kreislauf
- Unverträglichkeitsreaktionen wie Temperaturerhöhungen, Gelenkschmerzen, Rückenschmerzen, Exanthem, Flush, Tachykardie, Bronchospasmus, Blutdruckabfall, Transaminasenanstieg (bei SK, selten bei UK)
- Antikörperbildung (nur bei SK, APSAC)

Vor Beginn der Behandlung sind zahlreiche Untersuchungen wie beispielsweise
Blutgruppenbestimmung, klinisch-chemische Untersuchungen zum Ausschluß von Le-
ber- und Nierenerkrankungen, Routine-Gerinnungsdiagnostik, Fundusdiagnostik und
bei entsprechender Anamnese eine Gastroskopie erforderlich. Zum Ausschluß von
Herzerkrankungen sollten eine Thorax-Röntgenaufnahme und ein EKG angefertigt
werden. Um den Therapieerfolg mit nichtinvasiven Methoden überwachen zu können,
empfiehlt sich parallel zur Phlebographie eine Doppler-Sonographie. Grundsätzlich
sollten vor Beginn der Lyse Erythrozytenkonzentrate bereitgestellt werden.

Alle Einflüsse, die zu einer Blutung führen können, sollen vermieden werden.
Während der Lysebehandlung muß Bettruhe eingehalten werden. Die Temperaturmes-
sung darf nur axillar oder oral erfolgen. Regelmäßige Blutdruckkontrollen, Schonkost,
ausreichende Flüssigkeitszufuhr und Stuhlregulierung sind ebenso selbstverständliche
Maßnahmen wie die Ulkusprophylaxe und die tägliche Untersuchung von Stuhl und
Urin auf Blut.

Intramuskuläre Injektionen müssen unterbleiben, da Blutungen in die Stichkanäle zu
großen Hämatomen und Muskelnekrosen führen können; rektale Untersuchungen sollten wegen der Gefahr von Schleimhauteinrissen unterbleiben. Um Schleimhautblutun-
gen zu vermeiden, müssen Patienten zur vorsichtigen Zahnhygiene angehalten werden
und regelmäßig Nasensalbe verwenden. Pediküre und Maniküre haben während der
Zeit erhöhten Blutungsrisikos zu unterbleiben. Die unkontrollierte Einnahme von
Analgetika ist wegen potentieller Einflüsse auf die Thrombozytenfunktionen zu verbie-
ten. Alkohol sollte gemieden werden, da er durch Gefäßerweiterungen und mögliche
Blutdruckschwankungen zu einem erhöhten Blutungsrisiko führt. Die Umfangsmes-
sung der Beine an markierten Positionen bei tiefer Bein-Beckenvenenthrombose gehört
zum täglichen Überwachungsprogramm.

140

Kontrollmaßnahmen

Während der Behandlung mit fibrinolytisch wirksamen Substanzen muß ein Patient fortlaufend klinisch überprüft und regelmäßig untersucht werden. Insbesondere ist auf die Zeichen einer thromboembolischen oder einer Blutungskomplikation zu achten. Wurde eine tiefe venöse Thrombose mit Hilfe von Doppler-Ultraschall-Technik bzw. Duplex-Sonographie erfaßt, sollten diese Untersuchungen regelmäßig wiederholt werden. Hierdurch kann unter Umständen eine zulang dauernde Lysebehandlung vermieden und damit das Behandlungsrisiko vermindert werden. Werden mit dieser nicht-invasiven Untersuchungstechnik eindeutige Befunde erhoben, kann auf eine Kontrollphlebographie evtl. verzichtet werden. Ansonsten sollte der Behandlungserfolg durch eine Kontrollphlebographie gesichert werden.

Daneben sind regelmäßige Gerinnungsanalysen vonnöten. Im allgemeinen reichen vor Beginn der Behandlung der Quick-Wert, die partielle Thromboplastinzeit (PTT), die Thrombinzeit (TZ), das Fibrinogen und die Thrombozytenzählung als Basisbestimmungen aus. Während des weiteren Behandlungsverlaufs werden die Thrombinzeit (angestrebter Bereich zwei- bis 4faches des Ausgangswertes) und Fibrinogen bestimmt.

Bei der Thrombolyse mit Urokinase muß wegen des geringeren Anfalls an FDP, und damit nicht ausreichender Antikoagulation, eine zusätzliche Heparinisierung durchgeführt werden. Die Erfassung der Fibrin-Fibrinogen-Spaltprodukte (FDP) führt zu keinen therapeutischen Konsequenzen und bleibt ebenso wie andere Parameter dem wissenschaftlichen Interesse vorbehalten. Die Behandlung mit fibrinspezifischen Thrombolytika führt im allgemeinen nur zu einem geringen oder keinem Abbau des Fibrinogens und damit nur zu einem geringen Anstieg von Fibrin-Fibrinogen-Spaltprodukten. Im Gegensatz zur Streptokinasebehandlung kommt daher bereits während der Fibrinolysebehandlung der Antikoagulantienbehandlung mit Heparin eine zentrale Bedeutung zu. Um Rethrombosierungen venöser Gefäße zu vermeiden, ist auf eine ausreichende Verlängerung der Thrombinzeit (zwei- bis vierfach) zu achten.

Grundsätzlich wichtig bei der Durchführung von Gerinnungsanalysen ist ein sofortiger Transport der Zitratblutproben in das Gerinnungslabor und eine unverzügliche Probenaufarbeitung, da in den Proben befindliche Thrombolytika im Reagenzglas zu einer weiteren Aktivierung der Fibrinolyse und damit zu falschen Ergebnissen führen.

Blutproben ohne Fibrinolyseinhibitoren, die Patienten während thrombolytischer Therapie entnommen sind, dürfen nicht eingefroren und aufgetaut werden, da der Einfrier-Auftauvorgang eine zusätzliche Fibrinolyseaktivierung bewirkt.

Intervention bei Blutungskomplikationen

Wie bei jeder antithrombotischen Behandlung besteht auch bei der fibrinolytischen Therapie ein Blutungsrisiko. Wegen der weitreichenden Folgen werden vor allem cerebrale Blutungen gefürchtet. Sie werden vor allem in Abhängigkeit der Dosierung der eingesetzten thrombolytischen Substanzen in unterschiedlichem Umfang beobachtet und sind bei der Streptokinase etwa 3fach häufiger als bei Heparin (11). Die Inzidenz zerebraler Blutungen im Zusammenhang mit Streptokinasebehandlung liegt bei etwa 1 %, während bei Urokinase weniger zerebrale Blutungen berichtet werden. Vergleichende Daten aus randomisierten Studien liegen zu dieser Fragestellung nicht vor.

Die klinische Erfahrung zeigt, daß die Häufigkeit dieser Komplikationen möglicherweise gesenkt werden kann, wenn Kontraindikationen (Tabelle 8) und andere Maßregeln zur Thrombolysetherapie strikt eingehalten werden und die Behandlungsdauer möglichst gering gehalten wird.

Tabelle 8. Absolute und relative Kontraindikationen gegen eine thrombolytische Therapie

---

Absolute Kontraindikationen
- vorbestehende hämorrhagische Diathese
- manifeste Blutung
- Magen-Darm-Ulzera, erosive Gastritis, Ösophagusvarizen
- fortgeschrittenes Malignom
- Sepsis, bakterielle Endokarditis
- therapierefraktäre Hypertonie (> 200/100 mmHg)
- Aortenaneurysma
- akute Pankreatitis
- Trauma, frische Operation (< 10 Tage)
- Punktion an Arterien und parenchymatösen Organen
- Retinopathie Stadium III und IV
- zerebrovaskulärer Insult
- Aneurysma intrakranieller Gefäße
- ZNS-Operation (< 8 Wochen)
- Contusio und Commotio cerebri (< 4 Wochen)
- Alter > 70 Jahre
- intramuskuläre Injektionen (< 7 Tage)
- bei Streptokinase: Antistreptolysin-Titer > 200

Relative Kontraindikationen
- Vorhofflimmern
- kavernöse Lungentuberkulose
- Leber- und Nierenerkrankungen
- mangelnde Kooperation
- Gravidität
- allergische Diathese (nur bei Streptokinase)
- vorhergehende Streptokinasebehandlung (nur bei Streptokinase, APSAC)

142

Kommt es trotz sorgfältiger Beachtung der Kontraindikationen und einer korrekten Überwachung der Gerinnungsparameter zu einer Blutungskomplikation, muß das Thrombolytikum unverzüglich abgesetzt werden. Flankierend zu lokalen Blutstillungsmaßnahmen werden Antifibrinolytika verabreicht. In Frage kommen Aprotinin in einer Dosierung von 100.000 K.I.E. als Bolus oder bis zu 500.000 K.I.E./30 Minuten mit einer anschließenden Erhaltungsdosis von 100.000 K.I.E./Std. Alternativ werden Tranexamsäure in einer Dosierung von 1 bis 2 g als Bolus i.v. und dann 5 mg/kg KG/ Std empfohlen. Bei starken Blutungen muß eine entsprechende Supportivtherapie mit Erythrozyten- und Thrombozytenkonzentraten erfolgen. Bei Thrombolytika mit langer Halbwertszeit ist die Gabe von Frischplasma und/oder Fibrinogen zurückhaltend zu empfehlen, da durch die Zufuhr darin enthaltenen Plasminogens eine erneute Fibrinolyseaktivierung-induziert werden kann (Tabelle 9).

Tabelle 9. Maßnahmen bei Blutungskomplikationen während thrombolytischer Therapie

1 Absetzen des Fibrinolytikums
2. Lokale Blutstillungsmaßnahmen
3. Antifibrinolytika
    a) Aprotinin (Antagosan ® , Trasylol®)
        100.000 K.I.E. Bolus i.v, dann
        200.000 - 300.000 K.I.E. über 4 Std.
    b) Tranexamsäure (Anvitoff ® , Ugurol®)
        1-2g Bolus i.v, dann 5 mg/kg/Std.
    c) Epsilon-Aminocarponsäure "Roche"
        2-4g Bolus i.v, dann 1 g/Std.
4. Blutderivate
    a) Erythrozyten- und Thrombozytenkonzentrate
    b) Fresh frozen plasma (cave!), Humanalbumin
    c) Fibrinogen (cave!)

Orale Antikoagulation

Vor allem in der Frühphase nach dem Erstereignis haben thromboembolische Erkrankungen ein hohes Rezidivrisiko. Es ist daher dringend erforderlich, sowohl während der Phase der Thrombolysebehandlung als auch im direkten Anschluß daran eine ausreichende Antikoagulation mit Heparin durchzuführen und eine Langzeitbehandlung mit oralen Antikoagulantien einzuleiten.

In der Einstellungsphase muß zum Schutz vor Rezidiven und embolischen Komplikationen eine überlappende Therapie mit Heparin stattfinden. Allgemein akzeptiert ist ein therapeutischer Bereich für den Thrombotest von 5 bis 15 % und für den Quick-Wert von 15 bis 25 %. Bei einer Erstthrombose beträgt die Dauer der Therapie im allgemeinen sechs Monate, nach einer zweiten Thrombose 12 Monate. Bei speziellen Risikopatienten sollte grundsätzlich eine mindestens einjährige Antikoagulation durchgeführt werden. Patienten mit einem zugrundeliegenden Antithrombin III-Mangel und Rezidivthrombosen bzw. einem erhöhten Risiko sollten lebenslänglich antikoaguliert werden (Übersicht bei 8); bei Protein C- oder Protein S-Mangel sollte zumindest eine längerdauernde Antikoagulation erfolgen. In Einzelfällen mit mehreren Rezidiven oder großer familiärer Belastung muß auch hier eine lebenslange Antikoagulantienbehandlung erwogen werden. Bei diesen Patienten kann der therapeutische Bereich aufgrund neuerer Literatur möglicherweise ohne erhöhtes Risiko angehoben werden, so daß ein ausreichender Rethrombosierungsschutz bei geringerer Blutungsneigung gegeben ist. Bei Patienten mit Kontraindikationen gegen orale Antikoagulantien haben sich subkutan verabreichte niedermolekulare Heparinpräparationen als Alternative klinisch bewährt. Die notwendigen Dosierungen bedürfen weiterer Absicherung. Von den etablierten Verfahren abweichende Strategien sollten nur in Zentren mit bester Sachkenntnis durchgeführt werden.

Abschließende Betrachtungen

Obwohl die tiefe Bein- und Beckenvenenthrombose eine Erkrankung von hoher epidemiologischer Bedeutung mit hoher Invalidisierungskonsequenz ist, liegen zu diesem Problem bisher nur wenige wissenschaftlich gut fundierte Daten zu einer optimalen Behandlung vor. Während im europäischen Ausland und in den USA vorwiegend eine konservative Behandlung mit alleiniger Antikoagulation mit Heparin bevorzugt wird und auf eine Rekanalisation thrombotisch verschlossener Gefäße verzichtet wird, erfreuen sich in der Bundesrepublik Deutschland Maßnahmen zur Rekanalisation einer hohen Beliebtheit. Neben der chirurgischen Thrombektomie werden vor allem thrombolytische Verfahren unter Anwendung verschiedener Plasminogenaktivatoren angewandt. Nach Durchsicht des heutigen Literaturstandes ergeben sich sowohl hinsichtlich der Verbesserung akuter als auch der Spätkomplikationen zahlreiche offene Fragen. Unklar ist bis heute die beste spezifische Behandlung. Vor diesem Hintergrund müssen neue, breitangelegte Studien gefordert werden, die insbesondere die neuen Ansätze unter Beachtung des Prinzips der lokoregionalen Lyse einschließen. Falls sich die in ersten Pilotuntersuchungen gezeigten Erfolgsraten dieses Behandlungsprinzips bestätigen sollten, wäre nach Beweis der geringen Nebenwirkungsrate einer solchen lokoregionalen Lyse im Vergleich zur systemischen Lyse der Vorzug zu geben. Allerdings müssen vor Durchführung vergleichender Studien zur Feststellung der optimalen Dosierung des jeweiligen Studienmedikaments entsprechende Dosisfindungsstudien sowohl für die Thrombolytika als auch für die verschiedenen Antikoagulantien vorgelegt werden. Das beste lytische Schema müßte dann mit dem besten Antikoagulantienschema verglichen werden. Darauf aufbauend sind dann Langzeituntersuchungen hinsichtlich der Entwicklung eines postthrombotischen Syndroms zu fordern.

144

Literatur

1)   Andersson G, Fagrell B, Holmgren K, Johnsson H, Ljungberg B, Nilson E, Wihelmsson S, Zetterquist S (1982) Subcutaneous administration of heparin, a randomized comparison with intravenous administration of heparin to patients with deep-vein thrombosis. Thromb Res 27:631-639

2)   Barrit DW, Jordan SC (1960) Anticoagulant drugs in the treatment of pulmonary embolism. Lancet 1:1309-1312

3)   Basu D, Gallus A, Hirsh J, Cade J (1972) A prospective study of the value of monitoring heparin treatment with the activated partial thromboplastin time. N Engl J Med 287:324-327

4)   Bentley PG, Kakkar VV, Scully MF, MacGregor IR, Webb P, Chan P, Jones N (1980) An ob jective study of alternative methods of heparin administration. Thromb Res 18:177-187

5)   Breddin K, Krzywanek HJ (1987) Hochdosierte Kurzzeitlyse mit Urokinase und Streptokinase bei Venenthrombose. In: Ehringer H (Hrsg) Thrombolyse in der Inneren Medizin heute. Socio medico Verlag, Gräfelfing

6)   Browse NL, Clemenson G, Thomas ML (1980) Is the post-phlebitic leg always postphlebitic? Relation between phlebographic appearances of deep-vein thrombosis and late sequelae. Br Med J 281:1167

7   Comerota AJ, White JV, Katz ML (1985) Diagnostic methods for deep veins thrombosis: Venous Doppler examination, phleborheography, iodine - 125 I-Fibrinogen uptake and phlebography. Am J Surg 150:14

8)   Ehringer H, Minar E (1987) Die Therapie der akuten Becken-Bein-Venenthrombose. Internist 28:317-335

9)   Fahn H, Maubach P, Merkl R, Senner H, Hellwig H, Wirtzfeld A (1989) Ultrahochdosierte Thrombolysetherapie mit Streptokinase bei peripherer Phlebothrombose. Med Klinik 183-187

10) Glazier RL, Corwell EB (1976) Randomized prospective trial of continuous vs. intermittent heparin therapy. JAMA 236:1365-1367

11) Goldhaber SZ, Buring JE, Lipnick RJ, Hennekens CH (1984) Pooled analyses of randomized trials of streptokinase and heparin in phlebographically documented acute deep venous thrombosis. Am J Med 76:393-397

12) Goldhaber SZ, Meyerovitz MF, Green D, Vogelzang RL, Citrin P, Heit J, Sobel M, Brownell Wheeler H, Plante D, Kim H, Hopkins A, Tufte M, Stump D, Braunwald E (1990) Randomized controlled trial of tissue plasminogen activator in proximal deep venous thrombosis. Am J Med 88:235-240

12a) Grimm W, Schwieder G, Wagner T (1990) Tödliche Lungenembolie bei Bein-Beckenvenenthrombosen unter Lysetherapie. Dtsch Med Wochenschr 115:1183-1187

12b) Hagg N (1991) Workshop "Therapie tiefer venöser Thrombosen", Öhringen 18./19. Oktober

13) Heinrich F (1991) Workshop "Therapie tiefer venöser Thrombosen", Öhringen 18./19. Oktober

14) Hull R, Delmore T, Genton E, Hirsh J, Gent M, Sackett D, Mc Loughlin D, Armstrong P (1979) Warfarin sodium versus low-dose heparin in the long-term treatment of venous thrombosis. N Engl J Med 301:855-858

14a) Hull R, Raskob G, Pineo G, Green D, Trowbridge A, Elliott G, Lerner R, Hall J, Sparling T, Brettell H, Norton J, Carter C, George R, Merli G, Ward J, Mayo W, Rosenbloom D, Brandt R (1992) Subcutaneous low-molecular-weight heparin compared with continuous intravenous heparin in the treatment of proximal-vein thrombosis. N Engl J Med 326:975-982

15) Killewich (1989) Diagnosis of deep venous thrombosis, a prospective study comparing duplex scanning to contrast renography. Circulation 79 (4): 810-814

16) Krüger P (1989) Streptokinse in ultrahoher Dosierung (UHSK). Thrombolytische Therapie tiefer venöser Thrombosen. Perimed 3:2-8

17) Marbet GA, Duckert F (1986) The development of thrombolytic treatment in venous thrombosis.: Experience with SK-based regimens. Vasa 15 (4): 359-64

18) Martin M, Fiebach BJO (1985) Die Streptokinase-Behandlung peripherer Arterien- und Venenverschlüsse unter besonderer Berücksichtigung der ultrahohen Dosierung. Huber, Bern Stuttgart Toronto

19) Martin M, Riedel C, Bauer A (1989) Ultrahohe Kurzzeitlyse mit Urokinase. Erste Ergebnisse bei Arterien- und Venenverschlüssen. Medwelt 40:1431-1434

20) Mavor GE, Galloway JMD (1967) The iliofemoral venous segment as a source of pulmonary emboli. Lancet 1:871

21) Meyer MS (1987) Deep vein thrombosis of inferior limbs: are thrombolytic agents superior to heparin? Sem Thromb Haemost 178-180

22) Morawitz P (1934) Thrombose. In: Koch E (Hrsg): Verh Dt Ges Kreisl-Forsch. Steinhopff, Dresden S. 80

23) Podlaha R, Schlichting P (1988) Erfahrungen mit Streptokinase in ultrahoher Dosierung bei der Behandlung der tiefen Beinvenenthrombose. Phlebol u Proktol 17:197-201

24) Rudofsky G (1988) Angiologie. Perimed Verlag, 102-178

25) Salzmann EW (1986) Venous thrombosis made easy. N Engl J Med 314:847

26) Schulmann S (1985) Studies on the medical treatment of deep vein thrombosis. Acta Med Scan Sweden 704:1-68

27) Strandness DE Jr, Langlois Y, Cramer M, Randlett A, ThieleBL (1983) Long-term sequelae of acute venous thrombosis. JAMA 250:1289

28) Theiss W, Baumann G, Klein G (1987) Fibrinolytische Behandlung tiefer Venenthrombosen mit Streptokinase in ultrahoher Dosierung. Dtsch Med Wochenschr 112:668-674

29) Thrombolytic therapy in thrombosis: A National Institute of Health Consensus Development Conference. Ann Intern Med 1980;93:141-144

30) Trübestein G, Trübestein R, Wilgalis M, Popov S, Harder Th (1986) Die fibrinolytische Therapie mit Streptokinase und Urokinase bei tiefer Venenthrombose. Med Klin 81:79-84

31) Turpie AGG (1985) Thrombolysis in deep vein thrombosis In: Julian et. al (Hrsg) Thrombolysis in Cardiovascular Disease. S 397-408

32) Van de Loo JCW, Kriessmann A, Trü bestein G, Knoch K, de Swart CAM, Asbeck F, Marbet GA, Schmitt HE, Servell AF, Duckert F, Theiss W, Ritz R (1983) Controlled multicenter pilot study of urokinase-heparin and streptokinase in deep vein thrombosis. Thromb Haemost 50:660-663

33) Verstraete M, Vermylen J, Amery J, Vermylen C (1966) Thrombolytic therapy with streptokinase using a standard dosage scheme. Br Med J 1:454-456

34) Weimar W, Stibbe J, Van Seyen AJ, Billian A, De Somer P, Collen D (1981) Specific lysis of an iliofemoral thrombus by administration of extrinsic (tissue-type) plasminogen activator. Lancet 2:1018-1020

35) Wheeler HB (1985) Diagnosis of deep veinous thrombosis Am J Surg 150:7

36) Widmer LK, Brandenberg E, Schmitt HE, Widmer M-T, Voelin R, Zemp E, Madar G (1985) Zum Schicksal des Patienten mit tiefer Venenthrombose. Dtsch Med Wochenschr 110:993

37) Zilliacus H (1946) On specific treatment of thrombosis and pulmonary embolism with anticoagulants, with particular reference to postthrombotic sequelae: results of 5 years treatment of thrombosis and pulmonary embolism at a series of Swedish hospitals during years 1940-1945. Acta Med Scand (Suppl) 171

38) Zimmermann R, Harenberg J, Mörl H, Kuhn HM, Wahl P, Gerhardt P (1982) Thrombolytische Therapie der tiefen Beinvenenthrombose mit Urokinase. Klin Wochenschr 60:489-49

39) Zimmermann R, Epping J, Rasche R, Krzywanek HJ, Breddin K, Rudulph T, Harenberg J, Gerhardt P, Roebruck P (1986) Urokinase- und Streptokinase-Therapie tiefer venöser Thromben. Ergebnisse einer multizentrischen, randomisierten Studie. In: 5. Gemeinsame Jahrestagung der Angiologischen Gesellschaft der Bundesrepublik Deutschland, Österreichs und der Schweiz, Berlin 1985. Demeter, Gräfelfing, S 427-428

40) Zimmermann R, Horn A, Harenberg J, Diehm C, Müller-Bühl U, Kübler W (1988) Thrombolysetherapie der tiefen venösen Thrombose mit rt-PA. In: Seifried E, Lechner K, Heimpel H (Hrsg) Neuere Entwicklungen in der fibrinolytischen Therapie. Klin Wochenschr 66 (Suppl XII): 137-142

41) Zimmermann R, Seifried E, Schramm w, Haarmann W, Bluhmki E: rt-PA thrombolysis of deep vein thrombosis with different dosages, results of a prospective multicenter study. XIIIth Congress of the International Society on Thrombosis and Haemostasis, Amsterdam, 30 June - 6 July; Thrombosis and Haemostasis, 1991; Abstract:1132

Die Chirurgie der Bein- u. Beckenvenenthrombose

PD Dr. med. Dr. med. habil. K.J. Husfeldt
Diakonissen-Krankenhaus, Chirurgische Abteilung, Diakonissenstr. 28, 76199 Karlsruhe

Einleitung

Die konservative Therapie der Bein- und Beckenvenenthrombose mit Ruhigstellung, Anlegen eines elasto-kompressiven Verbandes und Applikation von Antikoagulantien stellt keine kausale Therapie dar. Es kann dadurch vielleicht ein Weiterwachstum der Thromben verhütet werden, eine Wiedereröffnung der Strombahn ist aber nicht zu erreichen.

Phlebographische Nachuntersuchungen von Madar (11) haben nach Antikoagulantienbehandlung in 89 % keine Verminderung der Thromboseausdehnung in der verschlossenen Venenstrecke, in 4 % sogar eine Zunahme ergeben.

Deshalb ist es verwunderlich, daß nach einer von Denck (3) veröffentlichten Literaturübersicht über 50 % aller Patienten noch konservativ behandelt werden.

Mit der Fibrinolysebehandlung läßt sich bei rechtzeitiger Anwendung innerhalb der ersten Tage eine Wiedereröffnung der venösen Strombahn erreichen. Die Fibrinolyse hat den Vorteil, daß dem Patienten ein operativer Eingriff erspart bleibt. Allerdings können durch den Eingriff in das Gerinnungssystem bedrohliche Blutungen auftreten. Abbildung 1 zeigt den Operationssitus einer jungen Patientin, die wegen einer Unterschenkelvenenthrombose fibrinolytisch behandelt wurde. Es kam unter dieser Behandlung zu einer Spontanruptur des linken Leberlappens mit massiver Blutung, so daß wir gezwungen waren, eine Hemihepatektomie links durchzuführen.

Der Wert der Fibrinolysetherapie wird daher durch eine große Zahl von Kontraindikationen eingeschränkt.

Wegen dieser Gegenanzeigen bevorzugen wir in unserer Klinik die operative Entfernung der Thromben (6, 8).

Natürlich gibt es auch für uns Kontraindikationen für die venöse Thrombektomie. Das sind:

- Thrombosen durch Tumorkompression bzw. Infiltration
- Zu alte Thrombosen (13)
- Ein erheblich reduzierter Allgemeinzustand des Patienten, der eine Narkose nicht zuläßt.

Als absolute Indikation für den operativen Eingriff gilt die Phlegmasia coerulea dolens mit drohender Gangrän (Abb. 2)

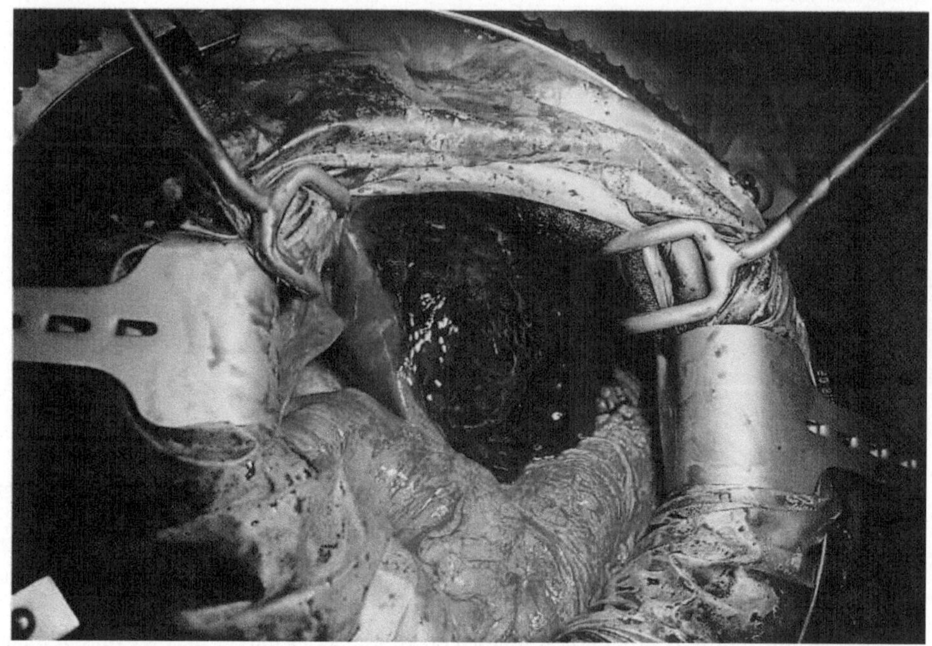

Abb. 1. Operationssitus bei spontaner Leberruptur nach Fibrinolyse

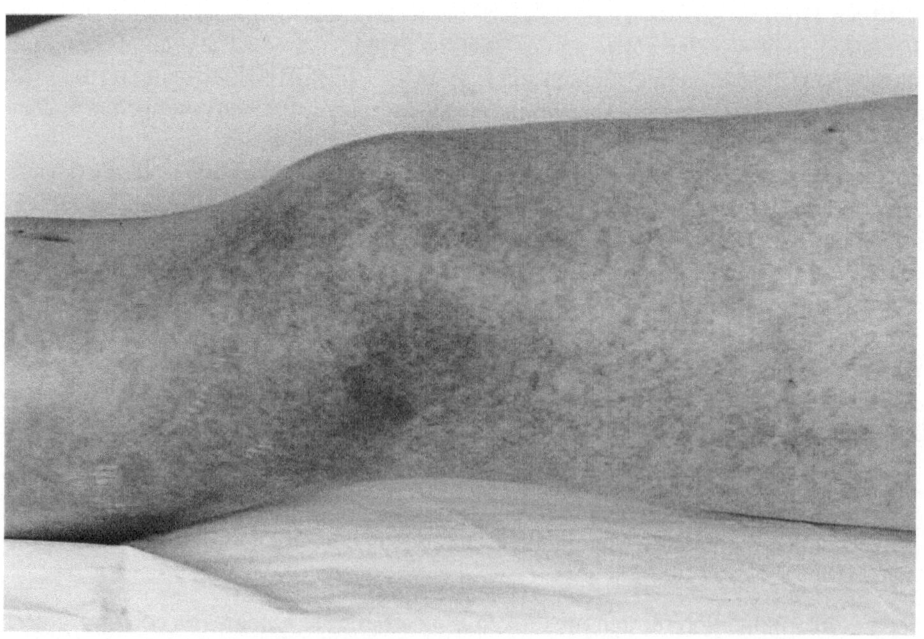

Abb. 2. Phlegmasia coerula dolens

Einen Thrombektomieversuch unternehmen wir auch nach erfolglos durchgeführter Fibrinolyse.

Voraussetzung für die operative Behandlung jeder Phlebothrombose ist eine phlebographische Diagnosesicherung und Darstellung der Ausdehnung des thrombotischen Verschlusses (siehe Abb. 3).

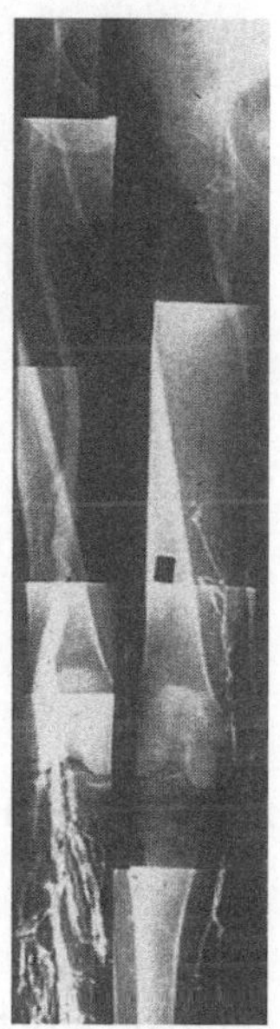

Abb. 3. Prae- und postoperatives Phlebogramm
bei tiefer Bein- und Beckenvenenthrombose

Operative Technik

Bei der operativen Behandlung der tiefen Bein- und Beckenvenenthrombose bevorzugen wir das Vorgehen nach Brunner (1). Der Eingriff wird in Allgemeinnarkose durchgeführt. Nach Freipräparation der thrombosierten Vena femoralis, wird diese in Höhe der Einmündungsstelle der Vena saphena magna längs eröffnet. Die Thromben aus der Becken- und proximalen Oberschenkeletage werden mittels eines Fogarty-Venenkatheters entfernt. Einen Occlusionskatheter benutzen wir nur noch selten und führen ihn bei Bedarf von der erkrankten Seite aus ein. Thromben aus dem distalen Oberschenkel- bzw. Kniekehlen- und Unterschenkelvenenbereich werden durch bimanuelles Auspressen, Auswalken und Auswickeln gelöst und dann extrahiert (s. Abb. 4).

Intraoperative phlebographische bzw. angioskopische Kontrollen führen wir nicht routinemäßig durch, sondern nur bei nicht überwindbaren Hindernissen in der Beckenetage (15).

Abb. 4. Frischer Thrombus aus Ileofemoralvene

Auf das routinemäßige Anlegen einer passageren arterio-venösen Fistel glauben wir aufgrund unserer Erfahrung verzichten zu können. Wir legen eine AV-Fistel nur dann an, wenn eine Beckenvenenthrombose durch Kompression in der Schwangerschaft hervorgerufen worden ist.

Ein drohender massiver Blutverlust läßt sich durch die Anwendung der Autotransfusion vermeiden. Wir benutzen seit vielen Jahren ausschließlich das Solcotrans® - System (7).

Noch auf dem Operationstisch legen wir einen elasto-kompressiven Verband an. Postoperativ erfolgt die Hochlagerung des Beines auf einer Schiene, und der Patient wird bereits am Operationstag mobilisiert. Bis zur einsetzenden Wirkung der eingeleiteten Marcumarisierung wird eine systemische Heparinisierung durchgeführt. Die Marcumarisierung erfolgt im Durchschnitt für ein halbes Jahr. Patienten mit Kontraindikationen gegen eine Marcumartherapie erhalten eine "low dose" Heparinisierung mit niedermolekularem Heparin.

Eigenes Krankengut

Vom 1.10.1979 bis zum 31.5.1991 wurden in unserer Klinik 983 venöse Thrombektomien durchgeführt. Erfaßt haben wir 727 Eingriffe. Es handelt sich um 387 männliche und 340 weibliche Patienten.

Das Durchschnittsalter der Patienten betrug 60 Jahre, wobei der jüngste Patient 15 Jahre und die älteste Patientin 92 Jahre alt waren (Abb 5.). Dieses Durchschnittsalter ist auffallend hoch, vor allen Dingen wenn man bedenkt, daß 37 % der Patienten älter als 70 Jahre alt und fast 50 % älter als 65 Jahre alt waren.

Dieser hohe Altersgipfel zeigt deutlich, daß in unserem Patientengut, allein aufgrund des hohen Lebensalters, bei vielen Patienten eine Kontraindikation zur fibrinolytischen Therapie bestand.

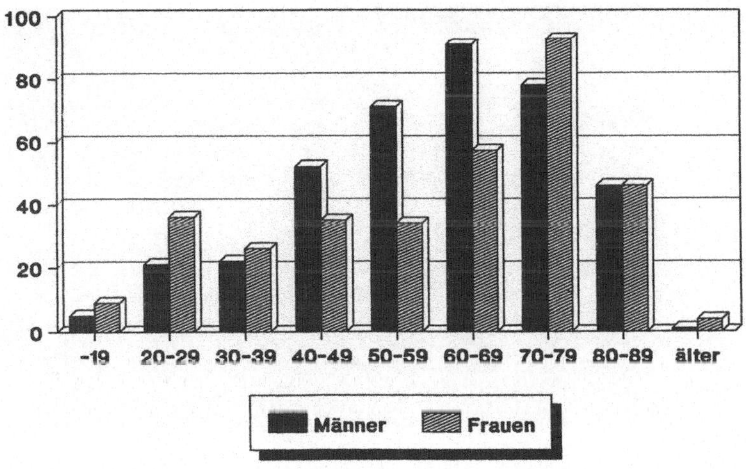

Abb. 5. Altersverteilung

Die linke untere Extremität war mit 59 % deutlich häufiger befallen als die rechte. Die durchschnittliche Beschwerdedauer betrug 7 Tage und reichte von 1-42 Tagen. Etwa $^2/_3$ der Patienten wurden innerhalb der ersten 7 Tage operiert (Tab. 1).

Tabelle 1. Durchschnittliche Beschwerdedauer (n=727)

	Präoperative Beschwerdedauer			
Tage	1-3	4-7	8-14	länger
n =	312	167	183	65
%	42,9	23,0	25,2	8,9

3 Patienten wurden praeoperativ nicht phlebographisch untersucht. Es ha̍ndelte sich um 2 Phlegmasien und eine gravide Patientin. Zehnmal fand sich intraoperativ kein Thrombosenachweis.

Bei der phlebographischen Untersuchung fand sich in 10,5 % eine Unterschenkel- und Poplitealvenenthrombose, in 14,1 % eine distale Oberschenkelvenenthrombose, in 30,5 % eine proximale Oberschenkelvenenthrombose und in 44,5 % eine Beckenvenenthrombose, bei denen nahezu immer die gesamte untere Extremität beteiligt war (Abb. 6).

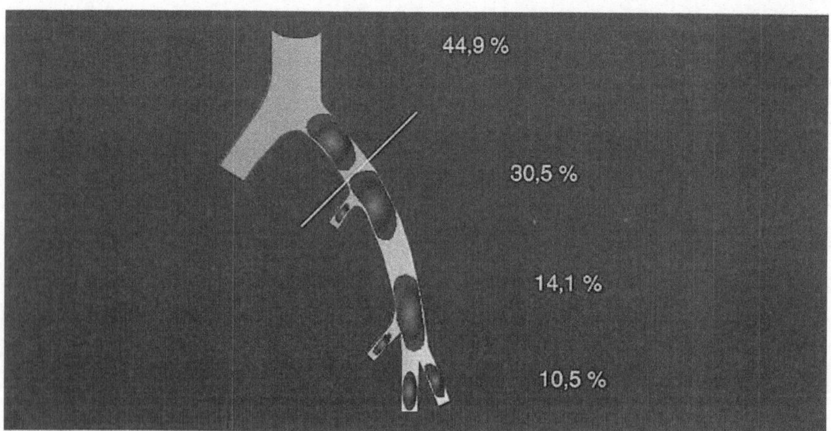

Abb. 6. Phlebographische Befunde (n=27)

Isolierte Beckenvenenthrombosen waren extrem selten zu verzeichnen. Von den erkennbaren mutmaßlichen Ursachen der Thrombosen waren operative Eingriffe und Immobilisation am häufigsten vertreten. Auffallend ist, daß in 41,7 % der Fälle eine Ursache der Thrombose nicht gefunden werden konnte. 48 Mal lag ein paraneoplastisches Syndrom vor. Das zeigt, daß es sehr wichtig ist, bei aufgetretener Thrombose unklarer Ursache eine Tumorsuche durchzuführen (Tab. 2).

Tabelle 2. Mutmaßliche Thromboseursachen (n = 727)

	n =	%
unklar, unbekannt	303	41,7
postoperativ		
allgemeinchir., gyn., urolog.	37	5,1
unfallchir., orthop.	76	10,5
posttraumatisch	60	8,3
davon mit Gipsruhigstellung	32	
Querschnitt (postakut)	21	2,9
Hemiparese/neurolog.	28	3,8
Bettruhe, Immobilität	66	9,1
Tumor/paraneoplast.	48	6,6
Pille	22	3,0
Gravidität	9	1,2
postpartal	5	0,6
postthrombotisch	21	2,8
sonstige Venenerkrankungen	14	1,9
hämatolog. Erkrankungen	6	0,8
langes Sitzen	6	0,8
"thrombose par effort"	2	0,2
Sonstige	5	0,7

Ergebnisse

Wie Herr Raschke schon ausführlich dargestellt hat, konnten wir bei Patienten bis zu einer 7-tägigen Beschwerdedauer eine komplette Thrombektomie in 75,6 % aller Fälle erzielen. Bei länger dauernden Beschwerden über 7 Tage hinaus war die komplette Thrombektomie immerhin noch bei 65,4 % aller Fälle möglich (Tab. 3 u. 4).

154

Tabelle 3. Operationserfolg nach bis zu 7-tägiger Beschwerdedauer (n = 471)

Einschätzung intraoperativ	Thrombektomie		
	komplett	inkomplett	Versuch
frisch	107	4	-
älter	34	19	1
teils frisch/alt	202	35	1
veraltet	3	17	24
veraltet/Appos.	10	14	-
	75,6 %	18,9 %	5,5 %

Tabelle 4. Operationserfolg nach mehr als 7-tägiger Beschwerdedauer (n = 246)

Einschätzung intraoperativ	Thrombektomie		
	komplett	inkomplett	Versuch
frisch	34	-	-
älter	22	15	1
teils frisch/alt	93	23	-
veraltet	4	21	15
veraltet/Appos.	8	10	-
	65,4 %	28,1 %	6,5 %

Die häufigsten Komplikationen betrafen die Wunde. Wegen Wundkomplikationen wie Nachblutung oder Infektion wurden in etwa 2 % Reeingriffe durchgeführt (Tab. 5a).

Tabelle 5a. Bein-Beckenvenenthrombose: Komplikationen postoperativ

	n	%
Nachblutung	13	1,8
Wundinfektion	26	3,6
Hämatom	34	4,7
Lymphfistel	18	2,5
Erforderliche Eingriffe:		
operative Blutstillung	9	1,2
Wundrevision	7	0,9

Rethrombosen im unmittelbar postoperativen Verlauf traten in 6,3 % auf. In der Hälfte aller Fälle wurde eine erneute Thrombektomie durchgeführt. Eine perioperative Lungenembolie wurde bei 6,2 % aller Patienten entdeckt.

Es ist aus der Literatur bekannt, daß die Rate der Lungenembolien sowohl prae- als auch postoperativ sicher wesentlich höher liegt, sich jedoch klinisch nicht bemerkbar macht.

Verstorben sind 19 Patienten, d.h. 2,6 %. Davon 7 an einer Lungenembolie, das entspricht 1,0 % (Tab. 5b).

Tabelle 5b. Bein Beckenvenenthrombose: Komplikationen postoperativ

	n	%
Rethrombose	46	6,3
Lungenembolie (periop)	45	6,2
sonstige (internistisch)	29	4,0
verstorben	19	2,6
davon LE	7	1,0
Erforderliche Eingriffe:		
erneute Thrombektomie	24	3,3
sonstige	21	2,9

Spätergebnisse

Eine Nachuntersuchung führten wir bei 323 Patienten im Mittel 46 Monate postoperativ durch. Die Beurteilung durch die Patienten selbst ergab, daß 70,6 % ihr Ergebnis sehr gut bis gut fanden, 24,4 % zufrieden waren und nur 5 % über ein schlechtes Ergebnis berichteten (Tab. 6).

Tabelle 6. Nachuntersuchungsergebnisse nach 46 Monaten (1-108)

	n	%
befragte Patienten	323	44,4
nicht erreicht	279	38,4
verstorben	125	17,2

Beurteilung durch Patienten	sehr gut	gut	zufrieden	schlecht
n =	81	147	79	16
%	25,1	45,5	24,4	5,0

67 % hatten nie, 24,7 % gelegentlich, 5,3 % nach Belastung und 3,1 % ständig eine Schwellneigung.
46,1 % hatten nie, 28,8 % gelegentlich und 16,1 % nach Belastung Schmerzen. 9 % gaben ständige unterschiedlich starke Schmerzen an (Tab. 7).

Tabelle 7. Nachuntersuchung nach 46 Monaten (1-108)

	nie	gelegentlich	nach Belastung	ständig
Schwellneigung				
n =	215	80	17	10
%	66,9	24,7	5,3	3,1
Schmerzen				
n =	149	93	52	29
%	46,1	28,8	16,1	9,0

Eine sekundäre Varicosis hatten 16 % der Patienten, und 2,5 % klagten über ein Ulcus cruris. 27 Patienten waren zwischenzeitlich wegen einer Rethrombose behandelt worden (Tab. 8 u. Abb. 7).

Tabelle 8. Nachuntersuchungsergebnisse (n = 323) nach 46 Monaten (1-108):

	Ausbildung von Krampfadern an		
	Unterschenkel	Oberschenkel	Bauchwand
n =	39	9	3
%	12,1	2,9	0,9

Ausbildung eines Ulcus cruris
n = 8   2,5 %

Behandlung wegen Rethrombose
n = 27   8,4 %

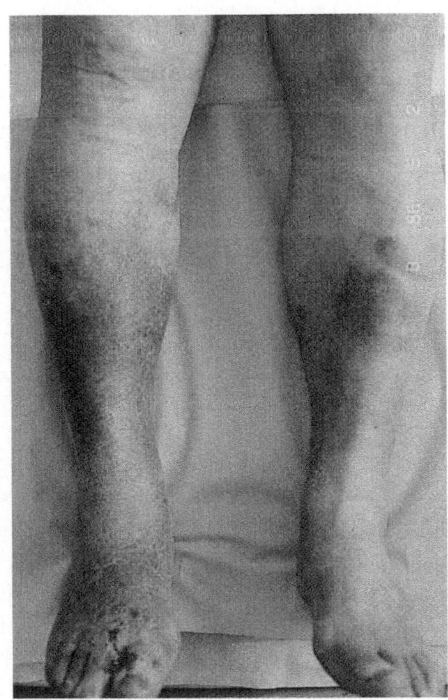

Abb. 7. Postthrombotisches Syndrom

158

Eine dopplersonographische Nachuntersuchung bei 96 Patienten ergab eine völlig freie Durchgängigkeit der Vena iliaca in 75 %, der Vena femoralis in 63,6 %. der Vena poplitea in 20,8 % (Tab. 9).

Tabelle 9. Nachuntersuchungsergebnisse: Dopplersonographie (n = 96)

	frei	Strömungs-behinderung	verschlossen
V. iliaca	75,0 %	22,9 %	2,1 %
V. femoralis	63,6 %	21,8 %	14,6 %
V. poplitea	20,8 %	58,4 %	20,8 %

Klappenzerstörung der V. femoralis (n = 53,1 %)

Phlebographische Nachuntersuchungsergebnisse bei 81 Patienten ergaben eine völlig frei durchgängige Vena iliaca in 92,3 %, eine frei durchgängige Femoralis in 83,9 % und eine frei durchgängige Vena poplitea in 86,4 % (Tab. 10).

Tabelle 10. Nachuntersuchungsergebnisse : Phlebographie (n = 81)

	V. iliaca	V. femoralis	V. poplitea
frei	92,3 %	83,9 %	86,4 %
Kollateralen	8,6 %	17,3 %	22,2 %
Klappenzer-störung	4,9 %	28,4 %	25,9 %

Ebenso wie bei den Frühergebnissen zeigt sich auch bei den Spätergebnissen, daß der subjektive Erfolg der Behandlung nicht wesentlich von der angegebenen praeoperativen Beschwerdedauer der Patienten abhängt.

Es findet sich in der Gruppe der Patienten, die innerhalb der ersten 3 Tage nach Beschwerdebeginn operiert worden sind, genau gleich gute Ergebnisse von etwa 70 % wie in der Gruppe, die nach über 14 Tagen dauernden Beschwerden operiert worden sind. (Tab. 11).

Tabelle 11. Nachuntersuchungsergebnisse nach 46 Monaten (1-108), (n = 323)

	Beurteilung durch Patienten			
präop. Be- schwerden	sehr gut	gut	zufrieden	schlecht (%)
1-3 Tage	27,7	43,8	20,8	7,7
4-7 Tage	23,6	48,6	26,4	1,4
8-14 Tage	19,6	50,0	25,0	5,4
länger	31,4	37,2	31,4	0
Gesamt	25,1	45,5	24,4	5,0

Ein signifikanter Unterschied findet sich lediglich dann, wenn man komplett thrombektomierte mit inkompletten bzw. den Patienten vergleicht, bei denen ein Thrombektomieversuch durchgeführt worden ist.

Bei den komplett thrombektomierten Patienten findet sich ein schlechtes Ergebnis in 3,1 % , bei den inkomplett thrombektomierten von 6,4 % und bei den Patienten, bei denen eine Thrombektomie versucht worden war, von 18,2 % (Tab. 12).

Tabelle 12. Nachuntersuchungsergebnisse nach 46 Monaten (1-108), (n = 323)

	Beurteilung durch Patienten			
Thrombektomie	sehr gut	gut	zufrieden	schlecht (%)
komplett	27,0	46,8	23,0	3,1
inkomplett	25,3	43,0	25,3	6,4
Versuch	4,5	40,9	36,4	18,2
Gesamt	25,1	45,5	24,4	5,0

Diskussion

Das Ziel jeglicher Therapie der tiefen Bein- und Beckenvenenthrombose ist die Vermeidung von Lungenembolien, eine Wiedereröffnung der Strombahn ohne Schädigung der Venenklappen und die Verhinderung eines postthrombotischen Syndromes. Unsere Früh- und Spätergebnisse zeigen, daß auch bei weiter Indikationsstellung die venöse Thrombektomie eine geeignete Methode ist, die Rate der tödlichen Lungenembolien deutlich zu senken und zwar bei uns auf 1 % und ebenfalls das schwere postthrombotische Syndrom, bei uns auf 2,5 %.

Wer die oft schweren, subjektiven Beschwerden und Funktionsstörungen des postthrombotischen Syndroms häufig sieht und die Erfolglosigkeit der begrenzten therapeutischen Maßnahmen täglich erlebt, muß schon aus dieser Überlegung heraus für die risikoarme und erfolgreiche operative Ausräumung bei iliofemoralen Thrombosen eintreten.

Die Komplikationsrate ist in unserem Krankengut so gering, daß man den Eingriff auch älteren Patienten ohne wesentliche Gefährdung anraten kann.

Alte Patienten - in unserem Krankengut waren 37 % über 70 Jahre alt - sind infolge Bewegungsarmut und häufiger Begleiterkrankungen besonders thrombosegefährdet. Die konservative Therapie fesselt sie lange ans Bett und erhöht dadurch das Embolierisiko. Die operative Ausräumung mobilisiert sie nach kurzer Zeit, beseitigt rasch die subjektiven Beschwerden und Schwellungen des Beines und vermindert ganz erheblich die Komplikationsrate dieser gefährlichen Erkrankung. Diese Feststellung hat uns dazu veranlaßt, auch das hohe Alter nicht von diesem operativen Eingriff auszuschließen.

Wie unsere Früh- und Spätergebnisse zeigen, bestimmt das Alter der zu beseitigenden Thromben über Erfolg und Mißerfolg der Therapie. Wie wenig man sich auf anamnestische Angaben verlassen kann, hat Herr Raschke in seinem Referat aufgezeigt.

Die experimentelle Untersuchung von Mahorner (12) ergab, daß die Organisation eines frischen Thrombus nach 3 Wochen schon weit fortgeschritten, bis zur 6. Woche aber noch nicht abgeschlossen ist. Histologische Untersuchungen von Leu (9) zeigen ein Einwuchern von ersten Fibroblasten und Blutkapillaren vom 4. bis zum 20. Tag und eine bindegewebige Umwandlung vom 8. bis 60. Tag. Nach Mahorner ist demnach eine erfolgreiche Thrombektomie innerhalb der ersten 6 Wochen nach Einsetzen des thrombotischen Prozesses möglich.

Ein postthrombotisches Syndrom läßt sich jedoch nur durch ein atraumatisches Ablösen des Thrombus vom Endothel der Venenwand vermeiden. Dieses ist nach Linton (10) nur innerhalb der ersten 18 Stunden möglich. Mahorner weist darauf hin, daß die Venenklappen nur dann intakt bleiben, wenn der Thrombus bis zum 5. Tag entfernt wird.

Nach Fogarty (5) läßt sich die, für das Endothel atraumatische Thrombektomie und Erhaltung der Klappenfunktion bis zum 7. Tag durchführen.Diese patho-physiologischen Erkenntnisse decken sich in etwa mit unseren klinischen Ergebnissen.

Die Schwierigkeit liegt darin, daß es häufig nicht möglich ist, den genauen Beginn der Thrombose zu eruieren. Weder anamnestisch noch durch klinische Untersuchungsmethoden ist es möglich, den genauen Zeitpunkt des Thrombosebeginns zu bestimmen. Das Initialstadium einer tiefen Venenthrombose wird vielfach nicht rechtzeitig erkannt, da bei der Unterschenkelphlebothrombose eine Schwellung erst auftritt, wenn die Kollateralen verlegt sind.

De Weese und Rogroff (4) fanden beim Vergleich der klinischen und phlebographischen Befunde bei 100 Patienten mit akuter Phlebothrombose ein ausgeprägtes Ödem nur bei 10 % von 42 Patienten mit Unterschenkelvenenthrombose, bei 86 % der Kranken mit Femoral- und bei allen Patienten mit Beckenvenenthrombose. Es werden somit häufig Patienten operiert unter der Diagnose "akute Phlebothrombose", die in Wirklichkeit eine chronische Thrombose mit einem akuten Schub aufweisen. Das heißt, daß einer klinischen perakuten Schwellung oft schon verschiedene subklinische Schübe vorausgegangen sind. Die akute Schwellung setzt dann ein, wenn die Vena femoralis communis mit den Einmündungen der Vena femoralis superficialis, Vena profunda femoris und Vena circumflexa femoris thrombotisch verlegt ist.

Pathologisch-histologisch findet sich im Venenlumen eine konzentrische Schichtung, die von muralen Thromben ausgeht. Auf einem solchen Venenquerschnitt sind, wie im arteriellen Aneurysma, Thrombusschichten verschiedenen Alters anzutreffen. Die jüngsten Schichten liegen im Zentrum. In diesen Fällen ist das postoperative Ergebnis deutlich schlechter. Trotzdem sollte man, wie unsere klinischen Ergebnisse zeigen, auch in diesen Fällen unbedingt versuchen, durch einen operativen Eingriff wenigstens die Beckenetage frei zu bekommen.

Bei der Wahl zwischen Fibrinolyse und Thrombektomie sind verschiedene Kriterien maßgebend, wie Dauer, Lokalisation und Ausdehnung der Thrombose, klinisches Zustandsbild, Lebenserwartung des Patienten, Kontraindikationen, Risikofaktoren und Nebenwirkungen.

Innerhalb der ersten 5 Tage nach Auftreten einer tiefen Iliofemoralvenenthrombose erzielen sowohl die Fibrinolyse als auch die venöse Thrombektomie die gleichguten Spätergebnisse. Jedoch hat die Fibrinolyse deutlich mehr Nebenwirkungen, wie Blutungen und allergische Reaktionen. Da außerdem eine Großzahl von Kontraindikationen gegen die Fibrinolyse besteht - in unserem Patientengut in 70 % aller Fälle -, so ist die eigentliche Therapie der Wahl für uns die venöse Thrombektomie.

Die u.a. von Stunkat (14) angegebene Methode der primären Fibrinolyse und bei deren Versagen der sekundären Thrombektomie, halten wir für nicht günstig, da wichtige Tage für den Therapieerfolg der Thrombektomie vertan werden.

Die Ergebnisse der venösen Thrombektomie könnten wesentlich verbessert werden, durch frühzeitiges Erkennen der Thrombose und rechtzeitiges Einweisen des Patienten zur Operation.

Zusammenfassung

In einer retrospektiven Studie haben wir 727 Patienten mit venösen Thrombektomien erfaßt. Die primäre Erfolgsrate, d.h. komplette Thrombektomie, betrug in unserem Patientengut 72,1 %. Bei frischer Thrombose betrug sie 97,2 %, bei teils frischer, teils alter Thrombose 83,3 %, bei veralteter Thrombose mit frischer Apposition 42,9 % und bei alter Thrombose 8,3 %. Die Rate der tödlichen Lungenembolie betrug 1 %.

Eine im Mittel nach 46 Monaten durchgeführte Nachuntersuchung bei 323 Patienten ergab, daß 70,6 % der Patienten ein sehr gutes bis gutes Ergebnis hatten, 24,4 % zufrieden waren und nur bei 5 % ein schlechtes Ergebnis bestand. 2,5 % der nachuntersuchten Patienten hatten ein schweres postthrombotisches Syndrom.

Literatur

1) Brunner U (1973) Chirurgie des akuten und chronischen Venenverschlusses der unteren Extremität. Langenbecks Arch.805-812

2) Christenson J, Einarsson E, Eklöf B (1977) Infektion complications after thrombectomy in deep venous thrombosis. Acta Chir Scand. 143: 431-434

3) Denck H, May R, Vollmer J, Brunner U, Lemmens J, Schiedrich W, Müller H (1984) Die Behandlung der Bein-und Beckenvenenthrombose. Angio 6, Nr. 5. 219-232

4) De Weese MD, Rogroff SM (1963) Phlebographic pattern of acute deep venous thrombosis of the leg. Surgery 53, 99

5) Fogarty TJ, Dennis D, Krippaehne W (1966) Surgical management of iliofemoral venous thrombosis. Am J Surgery . 112, 211

6) Husfeldt KJ, Gall FP (1980) Ergebnisse nach operativer Thrombekomie. Zbl Chirurgie. 105, 513-521

7) Hufeldt KJ, Rasckhe R, Betzer F, Doldt H (1990) Whole Blood Intra-operative Salvage and Reinfusion in Patients Undergoing Venous Thrombectomy. Eur J Vasc Surg 4, 391-393

8) Husfeldt KJ, Raschke R, Müller-Reinartz U (1991) Venöse Rekonstruktionen: Gefahren, Fehler und Erfolge in der vaskulären Chirurgie und ihre Wirklichkeit. Karger Basel. 142-160

9) Leu HJ, (1968) Die Spontanrekanalisation thrombotischer Venenverschlüsse in pathologisch-anatomischer Sicht. Zbl Phlebol. 7 4

10) Linton RR (1963) Diskussionsbemerkung zu Haller A, Abrams B: Use of thrombectomy in the treatment of acute iliofemoral venous thrombosis in forty-five patients. Ann Surg. 158-561

11) Madar G, Widmer LK, Schmitt HE, Müller G (1972) Zur Therapie der akuten tiefen Thrombophlebitis. Phlebographische Beobachtung bei 100 Patienten. Ergebnisse der Angiologie, Bd 5, S. 47-55. Schattauer Stuttgart-New York

12) Mahorner H, Castleberry JW, Coleman WA (1957) Attempts to restore function in major veins which are the site of massive thrombosis. Ann Surg. 146, 510

13) Raschke R, Husfeldt KJ, Doldt HJ, Wesch G (1990) Bis zu welcher Zeit ist eine venöse Thrombektomie gerechtfertigt. Ein Problem in der Indikation zur Thrombektomie. Phlebol Proktol. 1936-A22. Schattauer Stuttgart

14) Stunkat R (1978) Diagnostik und Therapie der tiefen Phlebothrombose. Z Allg Med. 54: 909-916

15) Weber H, Loebrecht H (1988) Venöse Thrombektomie: Indikation, Technik und Ergebnisse. Lnagenbeck Arch Supp. 169-175

Fibrinolyse der Lungenembolie

Prof. Dr. med. Fritz Heinrich
Med. Klinik des Krankenhauses Fürst-Stirum-Stiftung Bruchsal, Gutleutstr. 9-14,
76646 Bruchsal

Einleitung

Die Lungenembolie stellt noch immer eine häufige Komplikation mit hoher Letalität
dar. Etwa 11 % der davon betroffenen Patienten sterben innerhalb der ersten Stunde.
Konnte die Diagnose gestellt und eine Therapie eingeleitet werden, beträgt die Letalität
etwa 8 %, bei nicht gestellter Diagnose 30 % (16), sie ist letztlich abhängig vom
Schweregrad der Lungenembolie, vorbestehenden Schäden an Herz und Lungen sowie
gravierenden Begleiterkrankungen (9). In der Diagnose ist der wichtigste Schritt das
Darandenken!

Therapieziele

Innerhalb der therapeutischen Möglichkeiten nimmt die Fibrinolyse eine zentrale
Stellung ein, da sie nahezu allerorten und immer rasch einsetzbar ist. Sie bezweckt die
Auflösung der pulmonalen Embolie und evtl. appositioneller Thromben, die Sanierung
des Quellgebiets der Embolie in den Bein- und Beckenvenen (seltener im rechten
Herzen oder in den Venen der oberen Gliedmaßen bzw. der Vena cava superior) und die
günstige Beeinflussung eines begleitenden Schocks über eine Senkung der Blutvisko-
sität durch Fibrinogenolyse.

Die Entscheidung über die bei Lungenembolie anzuwendende Therapie hängt ab

- vom Schweregrad der Lungenembolie, der sich durch hinzutretende Rezidive rasch
  dramatisch verschlechtern kann,
- von den örtlich gegebenen Möglichkeiten (Embolektomie mit oder ohne extrakorporale Zirkulation; Katheterembolektomie oder -fragmentation)
- und von den gegen die Therapieverfahren bestehenden Kontraindikationen.

Therapie-Ergebnisse

In vergleichenden Studien der Jahre 1971-1978, konnte die Überlegenheit der Therapie mit Streptokinase bzw. Urokinase gegenüber Heparin belegt werden (7).

Eigene Untersuchungen der Jahre 1975-1989 an 308 pulmonalangiographisch nachgewiesenen Lungenembolien, von denen 123 (= 40 %) einer Fibrinolyse nach den obengenannten Entscheidungskriterien in nicht randomisierter Zuteilung unterzogen wurden (10), zeigten erwartungsgemäß eine Abhängigkeit der Letalität vom Schweregrad der Lungenembolie. Im Schweregrad IV (MILLER-Score über 24), bei dem die rasch begonnene Fibrinolyse auch in desolat erscheinender Situation die einzige Überlebenschance bot, betrug die Letalität 41 %, im Grad III (MILLER-Score 18-24) noch 18 %. Beim Schweregrad II und I, bei dem die Indikation wesentlich von denVeränderungen am Venensystem mitbestimmt wurde, lag sie bei 12 bzw. 14 %, im wesentlichen bedingt durch die zugrundeliegende Grundkrankheit. In diesen leichteren Schweregraden wurde die Fibrinolyse seltener eingesetzt (8 % bei Patienten mit Grad I, 24 % bei Grad II) als bei Grad III (60 %) bzw. IV (80 %).

Das durchschnittliche Alter der fibrinolytisch behandelten Patienten (64,0 ± 11 J.) unterschied sich nicht von dem der nicht-fibrinolytisch behandelten (64,6 ± 14 J.). Beim Schweregrad I lag es bei den fibrinolytisch Behandelten um 11 Jahre unter dem der nicht-fibrinolytisch Behandelten; mit zunehmendem Schweregrad näherte sich das durchschnittliche Alter der beiden Behandlungsgruppen an.

Bei den 86 Patienten, die - meist nach 3 Tagen - einer pulmonalangiographischen Kontrolle unterzogen werden konnten, reduzierte sich der MILLER-Score von durchschnittlich 22,2 ± 4,8 auf 10,4 ± 6,1, d.h. um 53 %. In den Schweregraden II bis IV war der prozentuale Rückgang annähernd gleich groß. Bei sechs Patienten konnte keine angiographische Kontrolle vorgenommen werden. Von den 31 verstorbenen Patienten mußten 18 mal die Schwere der Lungenembolie (durchschnittlicher Ausgangs-Score 23,6 ; Lebensalter 66,7 J.) bzw. ihre Folgen für den Tod verantwortlich gemacht werden. In sechs Fällen traten letale Rezidive der Lungenembolie auf (Ausgangs-Score 22,3 ; Lebensalter 72,7 J.), bei fünf Patienten führte die Grundkrankheit zum Tode (Ausgangs-Score 12,4 ; Lebensalter 61,2 J.), nur einmal war eine Hirnblutung die Todesursache (Ausgangs-Score 20 ; Lebensalter 63 J.). Einmal blieb die Todesursache ungeklärt.

Auch die Erfahrungen anderer Autoren (5) sprechen für eine Überlegenheit der Fibrinolyse gegenüber der alleinigen Antikoagulation, gemessen am rascheren Rückgang des erhöhten mittleren Pulmonalarteriendrucks bzw. des totalen Lungengefäßwiderstands.

Auch echokardiographisch läßt sich die gute Wirkung der Fibrinolyse demonstrieren (4), anhand einer Verkleinerung des dilatierten rechten Ventrikels von 30 ± 7,5 auf 23 ± 5 mm, einer Durchmesserzunahme des linken Ventrikels von 39,5 ± 7 auf 43,5 ± 4,5 mm, eines Rückgangs der pulmonalen Hypertonie (PAPs) von 54 ± 12,5 auf 29,5 ± 10,5 mm Hg und der Trikuspidalinsuffizienz von 3,3 ± 0,5 auf 2,4 ± 0,5 m/s.

Unter 100 mg r-tPA (Gewebeaktivator), innerhalb von 2 Stunden appliziert, ging der MILLER-Score in 2 h deutlicher zurück als unter der in randomisierter Zuteilung ebenfalls über 2 h verabfolgten Urokinase (2.000 U/lb/h), die bei unzureichendem Erfolg über weitere 22 h infundiert wurde. Die nach 24 h durchgeführte Lungenperfusions-Szintigraphie ergab keine signifikanten Unterschiede zwischen den beiden Therapiegruppen (6).

Indikationsstellung

Bei *fulminanter Embolie*, d.h. bereits eingetretenem Herzstillstand oder reanimationspflichtiger Kreislaufbeeinträchtigung, bietet die unverzüglich begonnene Fibrinolyse in hoher Dosierung (soviel wie möglich, so rasch wie möglich) unter gleichzeitigen intensiven Reanimationsbemühungen die einzige Überlebenschance für den Patienten. Über Kontraindikationen und geringe diagnostische Zweifel muß man sich in derartigen Situationen hinwegsetzen, da jede andere Ursache eines derart fulminanten Kreislaufzusammenbruchs keine therapeutische Chance beinhaltet. Die einzige therapeutische Alternative bestünde in der sofort (!) durchgeführten Embolektomie. Jeder aus dieser Situation gerettete Fall stellt einen großartigen Erfolg dar. Selbst wenn eine pulmonale Embolektomie rasch möglich ist, kann die Fibrinolyse die Chancen des Patienten erhöhen, lebend in den Operationssaal zu kommen. Erfahrene Chirurgen operieren in derartig dramatischen Situationen trotz der Thrombolyse und führen nach erfolgreicher Embolektomie eine sorgfältige Blutstillung durch. Auch für den Notarzt stellt die Thrombolyse die einzige effektive Maßnahme in derartigen Situationen dar.

Bei *massiver Lungenembolie mit begleitendem Schock* stellt die rasch eingesetzte Fibrinolyse ebenfalls die Therapie der Wahl dar. Allerdings sollte dabei eine diagnostische Sicherung vorliegen (Echokardiogramm, Angiogramm, pulmonal-arterielle Druckmessung) oder bald nach Einleitung der Therapie nachgeholt werden. Bei strikten Kontraindikationen gegen eine Fibrinolyse sollte in dieser Situation eine Embolektomie angestrebt werden.

Bei *massiver Lungenembolie* (oder Verdacht darauf) *ohne Schock* muß vor der Fibrinolyse die zweifelsfreie Sicherung der Diagnose gefordert werden. Während der rasch ablaufenden Diagnostik muß eine volle Antikoagulation erfolgen.

Bei *submassiven Embolien* kommt die Fibrinolyse zur Wiederherstellung der pulmonalen Gefäßreserven nur in Betracht, wenn keinerlei Kontraindikationen vorliegen. Ebenso wie bei kleinen Embolien, spielt der Befund am Venensystem eine meist entscheidende Rolle. Bei vorbestehenden kardiopulmonalen Erkrankungen, bei denen eine mäßige Lungenembolie schwere hämodynamische Folgen hat, kann die fibrinolytische Desobliteration lebensrettend sein (20).

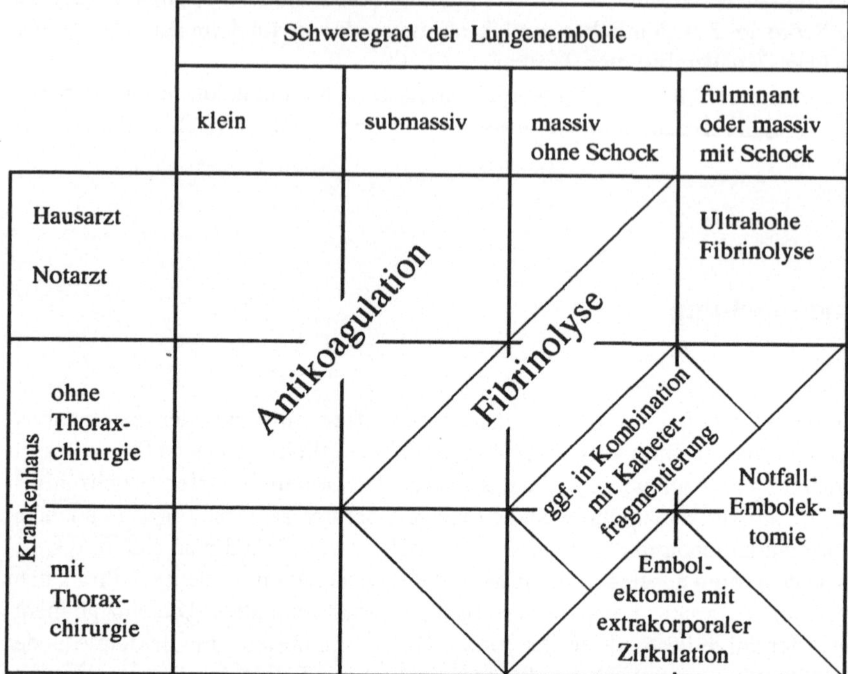

Abb. 1. Therapie der Lungenembolie in Abhängigkeit vom Schweregrad und von den gegebenen therapeutischen Möglichkeiten

Dosierung

Randomisiert durchgeführte Studien mit unterschiedlicher Dosierung von Fibrinolytika bei Lungenembolie gibt es nicht und daher auch keine einhelligen Dosierungsempfehlungen.

Bei *fulminanter* Embolie (oder hinreichend begründetem Verdacht darauf), empfehle ich 1,5 Mio E Streptokinase als Bolus, ggf. einmal wiederholt, und danach 100.000 E/h. Von Urokinase können 1-3 Mio E als Bolus appliziert werden (2, 3), danach 200.000 E/h. Vom Gewebeaktivator, der zur Behandlung der Lungenembolie noch nicht zugelassen ist, wurden bislang meist 100 mg in 90 bis 120 min appliziert, davon ggf. 50 mg als Bolus (18, 19).

Bei *massiver* Lungenembolie bestehen die umfangreichsten Erfahrungen mit Streptokinase in konventioneller Dosierung (initial 250.000 E in 20 bis 30 min, 100.000 E/h als Erhaltungsdosis). Von Urokinase können 600.000 E als Bolus und 100.000 bis 200.000 E als stündliche Erhaltungsdosis angewendet werden. Bei begleitendem Schock sind von beiden genannten Fibrinolytika u.U. höhere Initialdosen gerechtfertigt.

Der Befund am Venensystem ist auch für die Dosierung wichtig. Nachdem unter ultrahoher Dosierung mit Streptokinase einige letale Rezidive beobachtet wurden, sollte man diese Dosierung bei Beckenvenenthrombosen nicht anwenden (außer bei fulminanter Lungenembolie), sondern einige Tage einer konventionell dosierten (Urokinase-)Therapie vorausschicken, ehe evtl. eine UHSK-Therapie angeschlossen wird (13).

Die Applikation des Fibrinolytikums über den zur Pulmonalangiographie bzw. zur Druckmessung eingebrachten Pulmonalis-Katheter ist zu bevorzugen, bedeutet jedoch nicht eine "lokale" Fibrinolyse sensu strictiori, mit der die intrathrombische Verabfolgung gemeint ist. Diese ist angesichts der fast immer bestehenden Multilokularität der Lungenembolie kaum je möglich. Bei großem, überwiegend einseitig lokalisiertem Embolus, ist die intrathrombische Applikation niedriger Dosen anzustreben, wenn gegen eine systemische Thrombolyse Kontraindikationen bestehen (14). Zweckmäßig ist dabei die Kombination der Fibrinolyse mit einer Katheterfragmentation der Embolie zur Vergrößerung ihrer Oberfläche (1, 15).

Die pulmonal-arterielle Zufuhr von r-tPA ergab gegenüber der peripher-venösen keine signifikanten Unterschiede in der Besserung des pulmonalangiographischen Befundes und der pulmonal-arteriellen Druckwerte (21).

Überwachung

Die Durchführung der Fibrinolysetherapie sollte auf Intensivstationen erfolgen. Bei noch vorhandenen embolisierungsfähigen Thromben in den tiefen Venen ist eine strikte Immobilisation des betroffenen Beines angebracht.

Zur Beurteilung der Hämodynamik, und im Hinblick auf Embolierezidive, ist eine Monitorüberwachung von Herzfrequenz und pulmonal-arteriellem Druck sowie eine häufige Kontrolle von Blutdruck und Blutgasen angebracht, tunlichst auch eine Echokardiographie. Eine pulmonal-angiographische Kontrolle ist am Ende der Behandlung sinnvoll zur Beurteilung des Therapieerfolgs bzw. Erkennung bestehenbleibender Obliterationen.

Die hämostaseologischen Kontrollen beinhalten die zwei- oder dreimal tägliche Bestimmung von Fibrinogen, PTZ oder PTT und Reptilasezeit; erst beim Übergang auf orale Antikoagulantien wird der Quick-Wert notwendig. Unterschreiten Reptilasezeit oder PTZ den etwa zweifachen Normalwert, sollte die Fibrinolyse mit Heparin (800-1.000 E/h) kombiniert werden, um ein Thrombuswachstum zu vermeiden.

Bei liegendem Pulmonaliskatheter sollten die Fibrinolytika in die Pulmonalarterie appliziert werden.

Schweregrad der Lungenembolie	r-tPA[a] Gewebsaktivator	Streptokinase	Urokinase
fulminant oder massiv mit Schock	50 mg als Bolus 50 mg über 2 h anschließend Urokinase 100000-200000 E/h	1,5 Mio E als Bolus ggf.1x Wiederholung anschließend 100000 E/h	1 Mio IE als Bolus in 5 min 1 Mio IE in 25 min anschl. 200000 IE über 8 h, danach in Abhängigkeit vom Fibrinwert 100000-200000 IE/h
massiv ohne Schock (submassiv)		250000 E/20-30 min anschließend 100000E/h über max. 72 h	600000 E/20-30 min anschließend 100000-200000 E/h über mehrere Tage
		Kombination mit Heparin bei PTZ oder Reptilasezeit < 30 sec bei aPTT < 1,5 fach des Ausgangswerts Dosierung: 700-1000 E/h i-v- mit Adaptation nach PTZ bzw. aPTT-Wert > 1,5- 2,5 facher Ausgangswert	Kombination mit Heparin immer

[a] zur Behandlung der Lungenembolie noch nicht zugelassen

Abb. 2. Vorschläge für die Dosierung der Fibrinolytika bei Lungenembolie

Kontraindikationen

Grundsätzlich bestehen bei der fibrinolytischen Therapie der Lungenembolie die gleichen Kontraindikationen wie bei anderen Indikationen. Allerdings muß man sich bei fulminantem oder massivem Geschehen mit Schock über relative Kontraindikationen hinwegsetzen. War dies notwendig, sollte die Fibrinolyse beendet werden, sobald die vitale Gefährdung durch die Lungenembolie abgewendet ist, gemessen an Herzfrequenz, Blutdruck, Urinausscheidung, pO_2 und evtl. pulmonal-arteriellem Druck.

Bei vorangegangenen Operationen oder Traumen ist die Gefahr der Blutung gegenüber dem Risiko eines Versagens des rechten Ventrikels bzw. einer Hypoxie des Gehirns sorgfältig abzuwägen. Zeitabstand zur und Lokalisation von Operation bzw. Trauma, beeinflussen diese Entscheidung wesentlich. Eine kurzdauernde, höher dosierte Fibrinolyse ist bezüglich der Blutungskomplikationen risikoärmer, als eine konventionell- oder niedrig-dosierte Fibrinolyse über längere Zeit.

Hopf und Mitarb. (11) berichteten über eine erfolgreiche Behandlung bei 6 von 7 Patienten mit perioperativer reanimationspflichtiger Lungenembolie (Stadium IV) durch r-tPA (1O bis 15O mg, Lysedauer bis 31 h). Nach Scholz und Mitarb. (17) ist eine hochdosierte Kurzzeitlyse während oder nach Beginn einer Reanimation durchaus zu rechtfertigen, während die Überlebenschancen schlecht sind, wenn nach Beginn einer Fibrinolyse reanimiert werden mußte.

Das Alter per se stellt keine Kontraindikation gegen eine Fibrinolyse dar, doch müssen bestehende Kontraindikationen mit zunehmendem Alter stärker gewichtet werden.

Eine in den letzten Monaten durchgeführte Streptokinase-Behandlung oder durchgemachte Streptokokken-Infektion veranlaßt die primäre Anwendung von Urokinase.

Hämoptysen infolge von - meist peripher lokalisierten - Lungeninfarkten stellen bei sonst gegebener Indikation keine Gegengründe gegen eine Fibrinolyse dar.

Komplikationen

Die am meisten gefürchtete Komplikation der Fibrinolyse ist die *Blutung*. Eine intrakranielle, sehr selten auch eine epispinale Blutung kann mitunter auch ohne disponierende Momente (Hypertonie, vorangegangener Insult) selbst bei jungen Patienten auftreten und ein nicht ganz kalkulierbares, wenngleich sehr geringes Risiko darstellen. Die Höhe des letalen Risikos steigt mit der Dauer der Fibrinolyse. Andernorts lokalisierte Blutungen (gastrointestinal, urogenital, retroperitoneal, oropharyngobronchial, kutan) stellen i.a. keine Lebensbedrohung dar.

Ein spezielles Risiko bei thrombolytischer Behandlung der Lungenembolie besteht in der evtl. *Begünstigung von Embolierezidiven*, so daß außer den oben bereits angeführten Konsequenzen für die Dosierung bei Beckenvenenthrombosen eine strikte Immobilisation der Beine während einer Fibrinolyse nötig ist, wenn noch embolisierungsfähige Thromben nachweisbar oder zu vermuten sind.

Erhebliche Blutungen erzwingen eine *Blockierung der Fibrinolyse* mit Antifibrinolytika (12). Bei nicht bedrohlicher Blutung ist meist eine Unterbrechung der Fibrinolyse ausreichend, bei geringer Blutung u.U. der Übergang auf Antikoagulantien.

Während der Initialphase einer Fibrinolysetherapie kann es durch *Liberation von Kininen* zur Kreislaufstörungen (Bradykardie, Hypotonie, Flush) und Rückenschmerzen kommen, die nicht allergisch bedingt sind und daher nicht den Abbruch der Fibrinolyse erzwingen, sondern i.a. nur eine kurze Unterbrechung und dann eine Fortsetzung mit einschleichender Dosierung. Bei echten allergischen Reaktionen ist ein Übergang auf Urokinase notwendig.

Bei ultrahoher Streptokinase-Dosierung können zytotoxisch bedingte (?) *Hautblasen* auftreten, die hämorrhagisch werden können, im allgemeinen aber eintrocknen und blande abheilen.

Dauer der Fibrinolyse und Anschlußtherapie

Innerhalb der ersten 24 Stunden einer Fibrinolysebehandlung tritt bereits eine deutliche Verkleinerung der Embolie in der Lunge auf; in den anschließenden zwei Tagen kommt es zu einer weiteren Auflösung (8). Eine Fortsetzung der Fibrinolyse über den dritten Tag hinaus ist wegen der dann zunehmenden Komplikationen nur bei dringender Notwendigkeit, d.h. unzureichender Besserung und Fehlen therapeutischer Alternativen, zu rechtfertigen.

Jede Fibrinolyse muß in eine antikoagulatorische Sekundärprophylaxe von Rezidiven übergeleitet werden, die zunächst mit Heparin und überlappend mit oral wirksamen Antikoagulantien durchgeführt werden sollte. Ist wegen eingetretener Blutungskomplikationen eine Antikoagulation nicht mehr möglich und sind noch embolisierungsfähige Thromben in den Venen vorhanden, besteht die Indikation für eine Sperrmaßnahme an der Vena cava inferior.

Bei unkompliziertem Verlauf von Fibrinolyse und Antikoagulation empfehle ich, diese für 6-12 Monate fortzusetzen. Eine längere Sekundärprophylaxe ist nur gerechtfertigt, wenn rezidivierende Lungenembolien unklarer Genese oder ein (angeborener) Mangel an Protein C bzw. Antithrombin III oder eine andere seltene Ursache einer thrombophilen Diathese vorliegen.

<table>
<tr><td colspan="3">1.   Zufuhr des Fibrinolytikums und des Heparins beenden</td></tr>
<tr><td colspan="3">2.   Antifibrinolytika

Tranexamsäure   Anvitoff ® , Cyklokapron ® ,
                    Ugurol ®   1 g i.v.

Aprotinin   Antagosan ® , Trasylol ®   1 Mio KIE als
                                                      Kurzinfusion i.v.</td></tr>
<tr><td colspan="3">3.   Fibrinogensubstitution

                     Heamocomplettan HS ®
bei Fibrinogen < 40 mg/dl   3-6 g in 1-2 h
bei Fibrinogen < 40-80 mg/dl   2 g   in 30 min

         oder   fresh-frozen-Plasma   600-1000ml in 1-2 h</td></tr>
<tr><td colspan="3">4. Wenn Heparin wirksam ist

Protaminchlorid Protamin 1000 ®   3 ml i.v.</td></tr>
</table>

Abb. 3. Maßnahmen zur Unterbrechung der Fibrinolyse bei bedrohlicher Blutung nach Marbet, GA (24)

Literatur

1)   Basche S, Oltmanns G (1991) Ballondilatation und lokale Thrombolyse bei massiver Lungenembolie - erste Ergebnisse eines neuen Therapiekonzeptes. Akt Radiol. 1:120-124

2)   Böttiger BW, Reim SM, Diezel G (1991) Erfolgreiche Behandlung einer fulminanten Lungenembolie durch hochdosierte Bolusinjektion von Urokinase während der kardio pulmonalen Reanimation. Anaesthesiol Intensivmed Notfallmed Schmerzther 26:29-36

3)   Böttiger BW, Reim SM, Diezel G (1991) Hochdosierte Bolusinjektion von Urokinase während der Reanimation bei fulminanter Lungenembolie - ein erfolgreiches Therapie konzept.28. Kongr Südwestd Ges Inn Med, Bruchsal, 10. - 12.10.1991. Herausg. von Heinrich F. Demeter Gräfelfing

4)   Chapoutot L et al (1989) Intérêt diagnostique, pronostique et thérapeutique de l'échocardiographique doppler dans l' embolie pulmonaire. Ann Cardiol Angéiol 38:523-529

5)   Charbonnier B et al (1989) Thrombolytic treatment of acute pulmonary embolism. Herz 14:157-171

6)   Goldhaber SZ et al (1988) Rt-PA und Urokinase im Vergleich: eine randomisierte kontrollierte Studie zur Behandlung der akuten Lungenembolie. Lancet (Dtsch Ausg) 2:664-670

7)   Heinrich F (1980) Fibrinolysis in pulmonary embolism. Indication and results. Ann Radiol 23:316-320

8)   Heinrich F (1984) Therapeutische Erfahrungen mit Acyl-Streptokinase-Plasminogen-Aktivator - Komplex bei Lungenembolie. Verh dtsch Ges Angiol, Heidelberg 1984. Demeter, Gräfelfing

9)   Heinrich F (1989) Diagnostik der Lungenembolie. medwelt 40: 569-577

10)   Heinrich F et al (1990) Fibrinolysetherapie der Lungenembolie.Verh dtsch Ges Inn Med 96:356-364

11)   Hopf H-B, Floßdorf T Breulmann M (1991) Rekombinanter Gewebeplasminogenaktivator (rt-PA) zur Notfallbehandlung der perioperativen lebensbedrohlichen Lungenembolie (Stadium IV). Anaesthesist 40:309-314

12)   Marbet GA (1988) Thrombolyse bei akuten schweren Lungenembolien. Schweiz Rundschau Med (PRAXIS) 77:995-999

13)   Martin,   (1991) persönliche Mitteilung

14)   Nakao MA (1990) Local low-dose infusion of streptokinase for massive pulmonary embolism when systemic thrombolysis is contraindicated. N Y State J Med 90:32-33

15)   Rubart M et al (1989) Erfolgreiche mechanische Thrombusfragmentation und selektive Streptokinaselyse bei massiver Lungenembolie unter Reanimationsbedingungen. Intensivmedizin 26:478-481.

16)   Schöndorf, TH (1982) Konservative Therapie der Lungenembolie.Therapiewoche 32:44

17)   Scholz KH et al (1990) Thrombolyse bei reanimierten Patienten mit Lungenembolie. Dtsch Med Wschr 115:930-935

18)   Siebenlist D, Gattenlöhner W (1990) Kurzzeitlyse mit rt-PA bei fulminanter Lungenembolie. Intensivmed 27:302-305

19)   Tiede N et al (1990) Thrombolytische Behandlung der akuten und subakuten rezidivierenden Lungenembolie mit rekombinantem Gewebe-Plasminogenaktivator. Dtsch Med Wschr 115:1699-1704

20)   Turpie AGG (1987) Thrombolytic therapy in venous thromboembolism. In:Tissue plasminogen activator in thrombolytic therapy; Ed. by Sobel, BE et al. p 131-
Marcel Dekker, New York, Basel

21)   Verstraete M et al (1988) Intravenous and intrapulmonary recombinant tisse type plasminogen activator in the treatment of acute massive pulmonary embolism. Circulation 77:353-360

Die chirurgische Therapie der Lungenembolie: Indikation, Behandlung, Ergebnisse

PD Dr. Gustav Fraedrich
Abteilung Herz- und Gefäßchirurgie, Chirurgische Universitätsklinik,
Hugstetter Straße 55, 79106 Freiburg im Breisgau

Die beste Therapie der Lungenembolie besteht in ihrer Vermeidung. So sollte die Verhütung der Thromboseentstehung durch entsprechende medikamentöse und physikalische Maßnahmen bei jedem Patienten, insbesondere aber dem Risikopatienten im Vordergrund stehen. Kommt es trotzdem zum Auftreten einer Thrombose, so ist eine Beseitigung der Emboliequelle durch Thrombolyse oder frühzeitige chirurgische Thrombektomie zu erwägen. In seltenen Fällen kann bei gegebener Indikation eine Verlegung des Emboliweges durch Cavafilter-Einlage diskutiert werden. Trotzdem ist das Auftreten einer Lungenembolie nicht vollständig zu vermeiden; die Häufigkeit letaler Lungenembolien wird in Unkenntnis ihrer genauen Inzidenz zwischen 0,1 und 0,5 % angegeben (1).

Einteilung:

Eine Gerinnselverschleppung in die Lungenstrombahn und das dadurch induzierte klinische Bild einer Lungenembolie erfolgt in verschiedenen Schweregraden. Unter chirurgischen Gesichtspunkten, besonders aber im Hinblick auf die Indikation zur aktiven Therapie, ist eine möglichst einfache Unterteilung sinnvoll, die die möglichst rasche Erkennung, Beurteilung und Bewertung des Krankheitsbildes erlaubt, auch wenn eine solche Schematisierung nicht immer allen pathophysiologischen Gesichtspunkten gerecht wird (2). So wird unter therapeutischen Gesichtspunkten die Lungenembolie in drei Formen eingeteilt.

Als *fulminante Lungenembolie* wird eine meist vollständige Verlegung des Pulmonalarterien-Hauptstammes bezeichnet, mit dem klinischen Bild eines irreversiblen kardiogenen Schocks, begleitet von Tachykardie, Zyanose und Dyspnoe; der Pulmonalarterien-Mitteldruck überschreitet in der Regel akut 30 mm Hg. Der Patient bedarf einer sofortigen Reanimation, und ohne aktive therapeutische Maßnahmen ist mit dem Eintreten des Todes innerhalb weniger Minuten zu rechnen.

Die *massive Lungenembolie* ist durch eine zumeist subtotale Verlegung der zentralen Pulmonalarterien und einem entsprechenden akuten Cor pulmonale gekennzeichnet; das klinische Bild ist ebenfalls durch eine Tachykardie, eine Zyanose sowie eine behandlungsbedürftige Kreislaufdepression geprägt. Unter adäquater Schockbehandlung bleibt jedoch in der Regel Zeit für diagnostische Maßnahmen und für die Planung des therapeutischen Vorgehens.

Die dritte Form stellen *periphere Lungenembolien* dar, die oft rezidivierend auftreten und nicht selten als sogenannte Signalembolie vor einer massiven oder fulminanten Lungenembolie festgestellt werden können. Hier steht das thorakale Schmerzereignis, manchmal begleitet von Tachycardien, im Vordergrund; eine hämodynamische Beeinträchtigung besteht in der Regel nicht.

Während die fulminante Lungenembolie zur Abwendung des letalen Ausganges eine sofortige Therapie erfordert, kann für die massive Lungenembolie ein differenzierteres Behandlungsschema angewandt werden (Abb. 1).

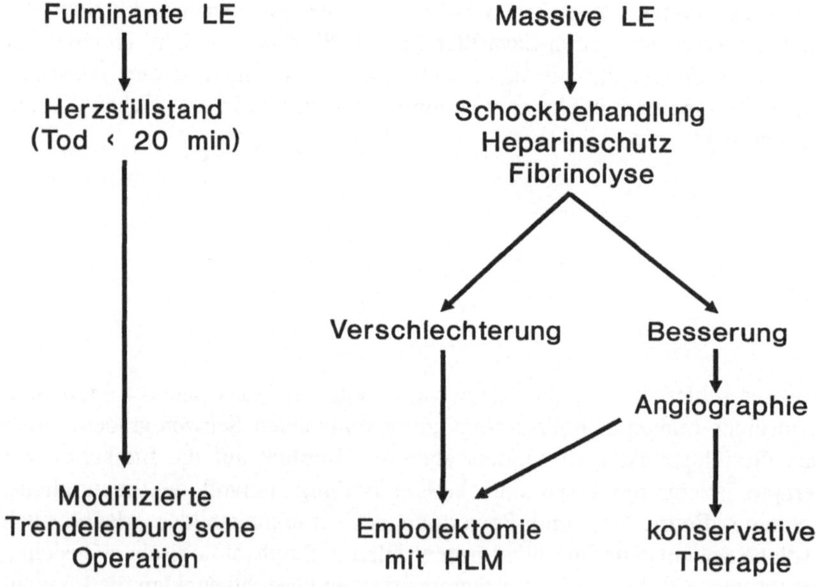

Abb. 1. Behandlungsschema der Lungenembolie

Diagnostik:

Die rasche Erkennung der Lungenembolie basiert auf wenigen diagnostischen Säulen; im Vordergrund steht jedoch das "daran denken".
Wichtigstes Leitsymptom ist in der Regel das plötzliche Auftreten eines akuten Brustschmerzes in Verbindung mit Atemnot und Tachypnoe, Zyanose sowie ggf. einer Kreislaufdepression bis hin zum kardiogenen Schock.

Als diagnostisches Mittel der ersten Wahl für die Erkennung einer akut behandlungsbedürftigen Lungenembolie ist heute zweifelsohne die Echokardiographie anzusehen, die entweder den direkten Nachweis des zentral sitzenden Thrombus erlaubt oder aber durch indirekte Zeichen wie Rechtsherzvergrößerung, paradoxe Septumbeweglichkeit und fehlender Kollabierung der Hohlvenen diagnoseweisend ist (Abb. 2).

Diese diagnostische Maßnahme hat die früher praktizierte Pulmonalisangiographie verdrängt; trotzdem sollte jedoch bei jedem Patient mit akuter hämodynamischer Beeinträchtigung ein Pulmonalarterienkatheter gelegt werden, über den dann zum einen die Messung des Pulmonalarteriendruckes möglich ist, die besonders zur Verifizierung der Effizienz eventuell ergriffenen therapeutischen Maßnahmen dienen kann, über den aber im Zweifelsfall auch am Bett des Patienten durch manuelle Kontrastmittelgabe eine Pulmonalisangiographie durchführbar ist.

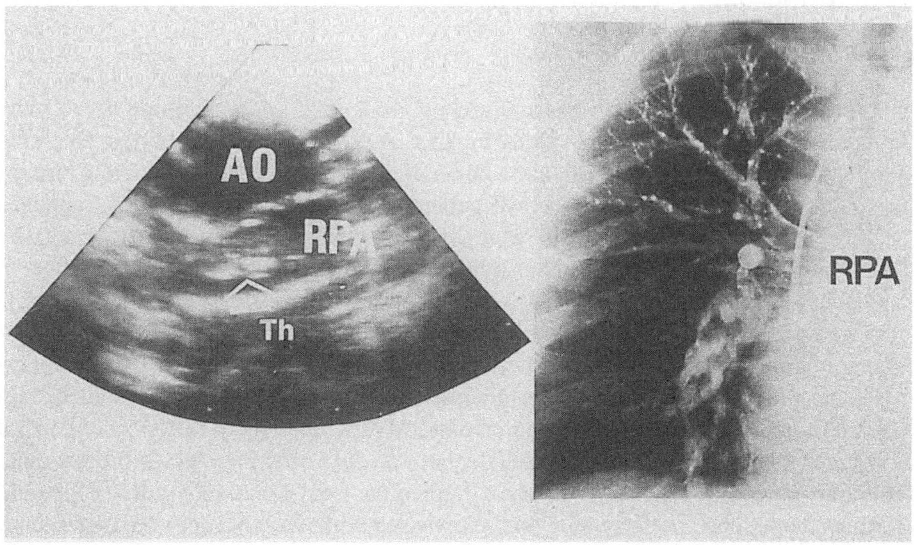

Abb. 2. (links) Echokardiographischer Nachweis eines Embolus in der zentralen rechten Pulmonalarterie; (rechts) Entsprechender angiographischer Befund

178

Die Lungenszintigraphie ist als diagnostisches Verfahren eher zum Nachweis von peripheren oder rezidivierenden Lungenembolien geeignet. Sie zeigt im Perfusionsszintigramm typische Speicherdefekte, durch die im Bereich der Embolie aufgehobene Lungenperfusion, während das Inhalationsszintigramm eine ungestörte Anreicherung aufweist. Damit kann zwar die lokale Durchblutungsstörung bei unbeeinträchtigten Atemwegen bewiesen werden, dieses Verfahren ist jedoch zeitraubend und für die rasche Diagnostik, insbesondere bei fulminanter oder massiver Lungenembolie ungeeignet.

Andere diagnostische Maßnahmen, wie Röntgen-Thorax, EKG, Sauerstoffsättigungs-Messung etc. sind oft nicht spezifisch oder verfälscht.

Das breite Spektrum diagnostischer Maßnahmen ist oft mangels Zeit nicht anwendbar. Je bedrohlicher das klinische Bild und die hämodynamische Beeinträchtigung erscheinen, desto dringlicher ist eine rasche Diagnostik mit wenigen, nicht zeitraubenden Untersuchungsverfahren gefordert. Die Möglichkeit zur Durchführung diagnostischer Maßnahmen ist umgekehrt proportional der Dringlichkeit des klinischen Bildes. Umso weniger Zeit zur Diagnostik verbleibt, umso größer ist die Gefahr einer Fehldiagnose. Differentialdiagnostisch kommen in erster Linie eine akute Rechtsherzinsuffizienz anderer Genese, ein akuter Myocardinfarkt oder eine Aortendissektion in Frage.

Indikation:

Die Indikation zur operativen Behandlung muß bei der fulminanten und der massiven Lungenembolie immer erwogen werden. Hieraus ergibt sich die besondere Herausforderung an eine gute interdisziplinäre Kooperation zwischen Internisten und Chirurgen. Es sollten beim Verdacht oder Nachweis einer hämodynamisch wirksamen Lungenembolie immer beide Kollegen am Bett des Patienten über den jeweils geeigneten therapeutischen Schritt entscheiden. Neben dem obligatorischen Heparinschutz bei Verdacht auf Lungenembolie (10.000 bis 20.000 I.E. i.v.) sollte frühzeitig, und mit nur sehr wenigen Einschränkungen durch Kontraindikationen, eine sofortige Thrombolyse-Therapie mit Urokinase (in letzter Zeit sind auch erfolgversprechende Fallberichte mit r-tPA bekannt geworden), am besten über den liegenden Pulmonaliskatheter erfolgen (3). Läßt sich die Schocksituation durch diese Maßnahmen nicht beherrschen, muß die sofortige Operation erwogen werden. Hier hat sich ein Stufenplan für die Indikation und Therapie bewährt; während bei der fulminanten Lungenembolie mit irreversiblem kardiogenen Schock notfallmäßig operiert werden muß, wird bei der massiven Lungenembolie die Indikation immer dann gestellt, wenn die anderen therapeutischen Maßnahmen, insbesondere die Thrombolyse, nicht zur Besserung führen (Abb. 1).

Chirurgische Therapie:

Im Jahr 1907, also vor 85 Jahren, schlug auf der 37. Tagung der Deutschen Gesellschaft für Chirurgie *Friedrich Trendelenburg* erstmals vor, die massive bedrohliche Lungenembolie operativ durch Entfernung der Gerinnsel aus der Lungenarterie zu behandeln (4). Es gelang jedoch erst 1924 *Martin Kirschner*, diese ebenso klare wie richtige Idee erfolgreich in die Tat umzusetzen (5). Nach anfänglich nur kasuistischen Erfolgsberichten beschrieb *Karl Voßschulte* 1958 eine erfolgreichere Modifikation der Trendelenburg'schen Operation (6). Durch die Einführung der Herz-Lungen-Maschine konnten in den darauffolgenden Jahren wesentlich günstigere Erfolge, insbesondere bei massiver Lungenembolie, berichtet werden (7).

Bei der *Notembolektomie* ohne extracorporale Zirkulation nach Trendelenburg in der Modifizierung nach *Voßschulte* (5) werden nach medianer Sternotomie und Inzision des Perikards beide Hohlvenen abgeklemmt, die Pulmonalarterie längs eröffnet und die in der zentralen Pulmonalarterie sitzenden Thromben mit Spezialzangen und Saugern extrahiert. Die Naht der Pulmonalarterie erfolgt dann über eine tangential angelegte Klemme, nachdem das Herz nach offener Massage und Volumenzufuhr wieder zum Schlagen gebracht worden ist (Abb. 3).

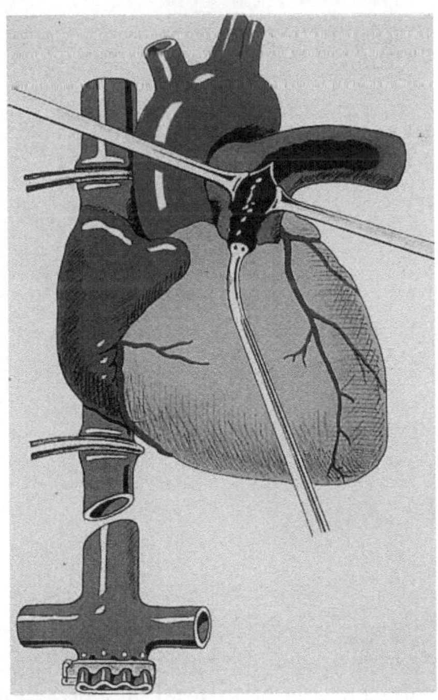

Abb. 3. Schematische Darstellung der notfallmäßigen Pulmonalis-Embolektomie ohne Herz-Lungen-Maschine

Für die Fälle, bei denen durch Schockbehandlung eine vorübergehende Kreislaufstabilisierung erreicht werden kann, ist eine *Embolektomie mit Herz-Lungen-Maschine* anzustreben. Hier wird unmittelbar nach Anschluß der Herz-Lungen-Maschine durch Druckentlastung, insbesondere des rechten Herzens, eine wesentliche Besserung der Herzaktion erkennbar. Ohne Zeitdruck lassen sich bei eröffneter Pulmonalarterie nicht nur zentral sitzende Emboli extrahieren, sondern insbesondere durch Kompression der beiden Lungen bei eröffneten Pleurahöhlen auch periphere, ggf. durch vorangegangene Lyse teilweise fraktionierte Thromben entfernen; gelegentlich kommt hier auch ein venöser Thrombektomie-Katheter zur Anwendung (Abb. 4).

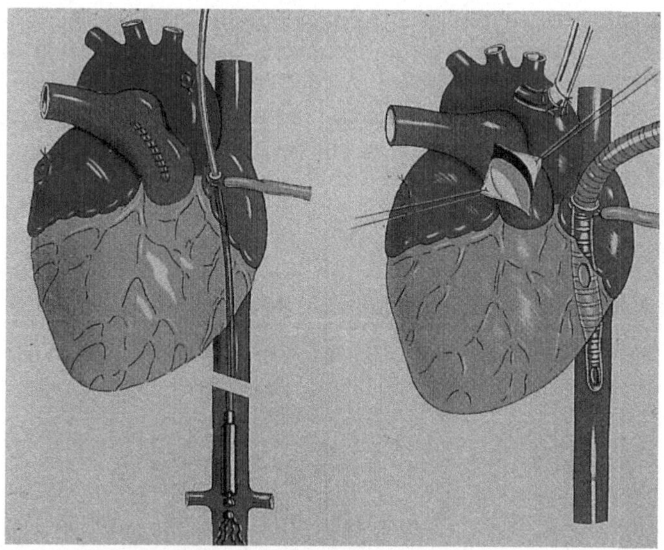

Abb. 4. Schematische Darstellung der Pulmonalis-Embolektomie mit Herz-Lungen-Maschine und Einlage eines Greenfield-Filters in die untere Hohlvene

Ergebnisse:

Abhängig von der Schwere des Krankheitsbildes und der dadurch bedingten operativen Maßnahme sind die chirurgischen Ergebnisse unterschiedlich.

So ist bei der Notoperation ohne extrakorporale Zirkulation in nur 18 % der Fälle mit einem Überleben des Patienten zu rechnen, während 70 % der Patienten am intraoperativen Rechtsherzversagen oder den postoperativen Folgen des Schockgeschehens versterben. Zudem ist bei dieser am sterbenden Patienten durchzuführenden Operation mit einer nicht unerheblichen Fehldiagnoserate von über 10 % zu rechnen (8). Obwohl diese Überlebensrate gering erscheint, muß hier in Rechnung gestellt werden, daß es sich um einen Eingriff ohne Alternative handelt.

Durch den Einsatz der Herz-Lungen-Maschine konnte in der Arbeitsgruppe um *René Kieny* in Straßburg die Letalität der Pulmonalis-Embolektomie von 79 % auf 8 % gesenkt werden (9). Betrachtet man in dieser Serie jedoch die Zeitintervalle zwischen Auftreten der Embolie und der Operation, so fällt auf, daß diese für die Notoperation ohne extrakorporale Zirkulation im Mittel 2 Std. und für die Embolektomie mit Herz-Lungen-Maschine 20 Std. betrug; dies dürfte seine Ursache im unterschiedlichen hämodynamischen und klinischen Schweregrad der vorliegenden Lungenembolie finden.

Die *perioperative Mortalität* ist pathophysiologisch durch mehrere Ursachen bedingt. So kann es zur Persistenz des cor pulmonale bei mechanischer Verlegung der peripheren Lungenarterienstrombahn kommen, insbesondere dann, wenn der zentral sitzende Embolus durch Thrombolyse teilweise fraktioniert wurde und zu einer Verlegung des Querschnittes in der distalen Strombahn geführt hat. Ein weiterer Mechanismus für die Persistenz des cor pulmonale ist durch die humorale und/oder neurovegetative pulmonale Vasokonstriktion gegeben; hier wird vor allem der Aktivierung des Arachidonsäurezyklus besondere Bedeutung zugesprochen. Durch die postischämische, überwiegend humorale bzw. hypoxische Schädigung der alveolo-kapillären Schranke kommt es nicht selten auch nach erfolgreicher Embolektomie zum Auftreten eines interstitiellen (Vorwärts-)Ödems. Andere Patienten sterben an den Folgen des protrahierten Schockgeschehens unter den Zeichen eines postoperativen Multiorganversagens. Blutungskomplikationen, die nach der zumeist vorausgegangenen Lyse-Behandlung gehäuft zu befürchten wären, treten vergleichsweise selten auf.

Cava-Schirm-Einlage

Die Einlage eines Schirmes in die Vena cava inferior, heute auf transvenösem Weg über eine Jugular- oder seltener über eine Femoralvene relativ problemlos möglich (10), sollte nach erfolgreicher chirurgischer Embolektomie immer durchgeführt werden. Hier bietet sich in der Regel das relativ einfache Einbringen des Schirmes über das rechte Herzohr an (Abb. 4). Ob nach erfolgreicher Thrombolyse einer massiven Lungenembolie ebenfalls ein solcher Schirm eingebracht werden sollte, wäre zu diskutieren. Prophylaktisch sollte eine sog. Cava-Sperroperation jedoch nur bei rezidivierenden Lungenembolien trotz oder bei nicht möglicher Antikoagulation erwogen werden, da auch bei Verwendung der heute üblichen Cava-Filter (10) mit dem Auftreten eines postthrombotischen Syndroms in 20 bis 40 % zu rechnen ist.

Hingegen erscheint der Stellenwert der medikamentösen Thrombolyse und insbesondere der frühzeitigen chirurgischen Thrombektomie bei rechtzeitiger Diagnosestellung zunehmende Bedeutung zu erlangen und von guten Frühergebnissen gefolgt zu sein.

Schlußfolgerungen:

Die Lungenembolie stellt auch heute noch eine schwere Bedrohung für das Leben des betroffenen Patienten dar. Ihre Behandlung sollte und kann in jeder Institution nach einem vorher zu definierenden Schema erfolgen (Abb. 5).

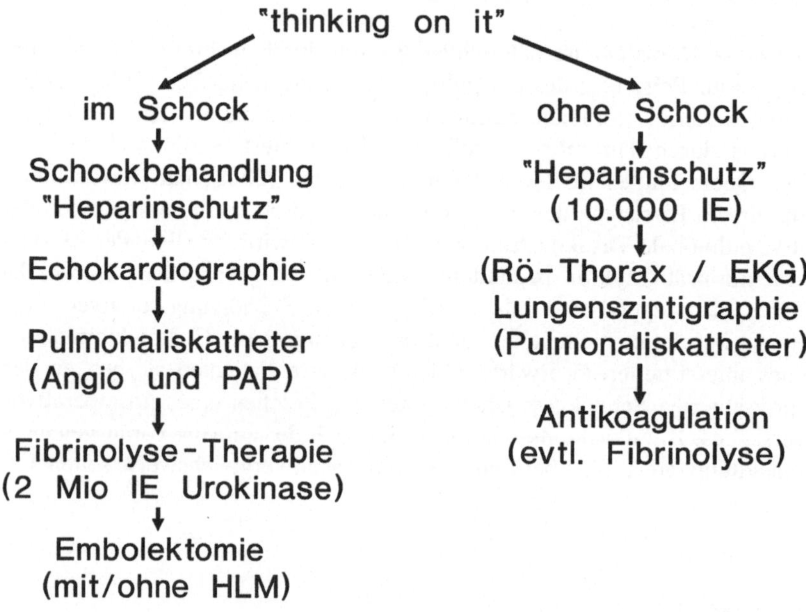

Abb. 5. Diagnostisches und therapeutisches Konzept bei Lungenembolie

So sollte beim geringsten Verdacht beim Patienten mit und ohne Schock ein sogenannter Heparinschutz in Form einer Gabe von 10000 IE. i.v. erfolgen.
Liegt keine Kreislaufdepression vor, so kann eine Lungenszintigraphie, insbesondere zum Nachweis rezidivierender Embolien, erfolgen; mittels Pulmonaliskatheter kann unter Umständen ein sich chronisch entwickelndes cor pulmonale diagnostiziert werden. Die Therapie wird in der Regel in einer Antikoagulantien-Therapie, selten in einer Fibrinolyse und in ganz seltenen Fällen in einer späten elektiven peripheren Embolektomie (11) bestehen.

Liegt bei dem Patienten ein Kreislaufschock vor, so sollte als schnellstes diagnostisches Verfahren eine Echocardiographie vorgenommen werden. Nach Einlage eines Pulmonaliskatheters sollte dann die sofortige Fibrinolysetherapie mit Urokinase erfolgen. Führt diese Behandlung nicht zum Erfolg und zur Abnahme des Pulmonalarteriendruckes oder verschlechtert sich der Zustand des Patienten unter dieser Therapie, so sollte die Notfalloperation erwogen werden. Beim nicht beherrschbaren kardiogenen Schock hat die Notembolektomie ohne Herz-Lungen-Maschine noch immer ihren berechtigten Platz im chirurgischen Behandlungsspektrum der Lungenembolie, die Ergebnisse lassen sich jedoch bei dem etwas weniger akuten Bild der massiven Lungenembolie durch den Einsatz der Herz-Lungen-Maschine und die damit weniger dramatische Versorgung deutlich verbessern.

Literatur

1)   Goldhaber SZ (1988) Pulmonary embolism death rates. Am Heart J 115:1342-1345
2)   Schlosser V (1983) Die chirurgische Therapie der massiven Lungenembolie. Dtsch Ärztebl 33:21-30
3)   Poster JM, Goodnight SH (1977) The clinical use of fibrinolytic agents. Am J Surg 134:217-221
4)   Trendelenburg F (1908) Über die operative Behandlung der Embolie der Lungenarterie. Arch Klin Chir 86:124-142
5)   Kirschner M (1924) Ein durch die Trendelenburg'sche Operation geheilter Fall von Embolie der Arteria pulmonalis. Arch Klin Chir 133:26-41
6)   Voßschulte K (1958) Ansichten der Trendelenburg'schen Operation. Dtsch Med Woschr 83:57-69
7)   Sharp EM (1962) Pulmonary embolectoming: Successful removal of massive pulmonaryembolism with support of CPB. Ann Surg 156:1-12
8)   Mulch J, Heinrich D, Bormann B, Scheld HH (1982) Die operative Behandlung der akuten Lungenembolie. Med Welt 33:759-762
9)   Eisenmann B, Kieny R, Kieny MTh, Heitz A (1981) Chirurgische Behandlung der massiven Lungenembolie. Thor Cardiovasc Surg 29:26
10)   Greenfield LJ, Michna BA (1988) Twelve-year experience with the Greenfield vena caval filter. Surg 194:706-712
11)   Iversen S , Hake U, Oelert H (1991) Die chronische Lungenembolie. Dtsch Ärztebl 88:4367-4379

Postthrombotische Zustandsbilder – Herausforderung an die ärztliche Kooperation

Dr. med. Gerhard Salzmann
William-Harvey-Klinik, Abteilung für Gefäßchirurgie, Kaiserberg 6, 61231 Bad Nauheim

Der Verlauf einer Thrombose läßt sich in verschiedene zeitliche Abschnitte unterteilen, die alle ihre pathophysiologischen Besonderheiten haben und bei denen unterschiedliche Therapiekonzepte zum Einsatz kommen. Bei der akuten Thrombose kann in den ersten Tagen durch Thrombolyse oder Operation eine restitutio ad integrum erzielt werden. Bei den meisten Patienten sind diese invasiven Therapien jedoch nicht indiziert oder führen nur zu einem Teilerfolg. Im Verlauf des postthrombotischen Frühsyndroms kommt es innerhalb eines Jahres zur Rekanalisation und Kollateralisation der verschlossenen Venenabschnitte. Wenn dieser Zustand erreicht ist, spricht man vom postthrombotischen Syndrom (PTS) mit relativ stabilem weiteren Krankheitsverlauf. Beim Spätsyndrom kann es durch sekundäre Komplikationen und degenerative Veränderungen am Venensystem zu einer Verschlechterung der Symptomatik kommen.

Ein postthrombotisches Syndrom ist für den betroffenen Patienten ein Lebensschicksal. Der Arzt hat im wesentlichen die Aufgabe, durch entsprechende Führung und Behandlung, möglichst das Auftreten von Komplikationen zu verhindern. Es kommt gerade beim PTS sehr auf die Mitarbeit und Einsicht des Patienten an. Eine Thrombose kann jeden treffen.

Wie das daraus resultierende postthrombotische Syndrom kompensiert ist, hängt auch wesentlich vom Intelligenzquotienten und auch vom Sozialstatus des Patienten ab. Wer in anderen Bereichen nicht gesundheitsbewußt lebt, wird beim PTS unter schwersten Folgeerscheinungen zu leiden haben.

Die subjektiven Beschwerden (Abb. 1) beim postthrombotischen Syndrom sind in erster Linie durch das Ödem und die Schwellungsneigung bedingt: Spannungs-, Schwere-, Müdigkeitsgefühl, aber auch ausgesprochen schmerzhafte Zustände werden angegeben. Relativ selten klagen die Patienten über Claudicatio venosa. Unter Belastung erfolgt ein verstärkter arterieller Einstrom. Bei begrenzten venösen Abflußmöglichkeiten kommt es zu einer zunehmenden Stauung, die den Patienten schließlich zum Stehenbleiben zwingt - ähnlich wie bei der Claudicatio intermittens der peripheren arteriellen Verschlußkrankheit.

Die häufigsten Komplikationen treten im Bereich der Haut und des Subkutangewebes auf. Venöse Hypertension und Mikrozirkulationsstörungen führen schließlich zu typischen Veränderungen des chronisch venösen Stauungssyndroms. Auf diesem Boden entsteht das Ulcus cruris mit sehr schlechter Heilungstendenz. 90 % der Ulcera treten innerhalb von 10 Jahren nach der Thrombose auf. Der Häufigkeitsgipfel liegt aber bereits im 3. Jahr. Wer also in den ersten 5 Jahren nach Thromboseereignis kein Ulcus

Sympromatik beim postthrombotischen Syndrom
• Schwellung
• Schmerzen
• Claudicatio venosa
• Hautveränderungen
• Ulcus cruris

Abb. 1. Symptome des postthrombotischen Syndroms

hatte, hat gute Aussichten, auch keines zu bekommen. Wegen der schlechten Heilungstendenz und Rezidivneigung werden die postthrombotischen Ulcera zu recht als crux medicorum bezeichnet. Hier beginnen die therapeutischen Probleme, und hier beginnt die Herausforderung an die ärztliche Kooperation. Zusätzliche Kombination mit peripheren arteriellen Durchblutungsstörungen, arthrogenem Stauungssyndrom oder sekundärem Lymphödem erschweren den Krankheitsverlauf.

Die Behandlungsmöglichkeiten (Abb. 2) beim postthrombotischen Syndrom sind immer nur palliativ. Die anatomischen Veränderungen am tiefen Venensystem bleiben zeitlebens bestehen; eine Heilung ist nicht möglich. Das therapeutische Ziel ist eine möglichst gute Kompensation der venösen Abflußbedingungen. Jede Therapie ist in erster Linie konservativ, dabei ist die Kompressionstherapie die Basis jeglicher Behandlung. Zur Beseitigung oder Reduzierung des Ödems oder bei floridem Ulcus ist ein Kompressionsverband erforderlich, zur Dauertherapie wird ein Kompressionsstrumpf angepaßt.

An zweiter Stelle stehen Aktivitäten des Patienten selber: Enststauungsgymnastik, Spaziergänge, Joggen, Schwimmen, alles was mit Bewegung und Betätigung der Wadenmuskelpumpe zu tun hat. Langes Stehen, langes Sitzen ohne aktive Bewegung ist zu vermeiden. Kalt ist besser als warm, also Kaltwasseranwendungen nach Pfarrer Kneipp sind zu empfehlen. Die "gelernten" Postthrombotiker wissen sehr genau, was ihrem Bein bekommt und was nicht. Das verbessert natürlich die Compliance derartiger Maßnahmen.

Im dekompensierten Zustand kann zusätzlich durch manuelle Lymphdrainage und intermittierende Druckmassagen das Ödem vermindert werden. In solchen Situationen ist auch der kurzfristige Einsatz von Diuretika indiziert.

Die Verordnung von Venenpharmaka erfolgt meist durch den Hausarzt und entspricht viel einer Erwartungshaltung der Patienten. In der Roten Liste werden 159 Präparate dieser Indikation aufgeführt. Es handelt sich hier somit um einen großen wirtschaftlichen Faktor mit Umsätzen von 578 Millionen Mark im Jahr 1989. Jede medikamentöse Venentherapie ist nur ein therapeutischer Baustein und kann die notwendigen physikalischen Behandlungsmaßnahmen nicht ersetzen.

Therapeutische Konzepte beim postthrombotischen Syndrom	
• physikalisch	Kompression aktive Bewegung Hydrotherapie Entstauung
• medikamentös	Diuretika Venenpharmaka Lokaltherapeutika Antikoagulantien
• chirurgisch	Gefäßrekonstruktion Klappenrekonstruktion Op. Sek. Varikose Paratibiale Fasziotomie mit Perforansdissektion

Abb. 2. Behandlungsmöglichkeiten beim postthrombotischen Syndrom

Bei der Lokalbehandlung des Ulcus cruris hat eine Polypragmasie oft katastrophale Folgen. Unzählige Pasten und Salben sind auf dem Markt. Die höchste Forderung an ihre Wirksamkeit ist, daß sie die Wundheilung nicht stören. Vor allem sollten sie keine allergischen Umgebungsreaktionen auslösen. Die Haut im Bereich der chronisch-venösen Stauung reagiert besonders empfindlich. Nicht die Salbe heilt das Ulcus, sondern die Entstauung durch physikalische Behandlungsmaßnahmen.

Im chirurgischen Therapiespektrum haben die Gefäßrekonstruktionen eher an Bedeutung verloren. Klappenrekonstruktionen werden versucht, es handelt sich hier jedoch mehr um experimentelle Verfahren. Häufiger sind Eingriffe am oberflächlichen Venensystem und vor allem an den Perforansvenen möglich.

Die von Palma angegebene Umleitungsoperation zur anderen Seite ist eher beim Kompressionssyndrom der Beckenvenen, als beim postthrombotischen Syndrom indiziert. Beim kombinierten PTS der Bein- und Beckenvenen liegt das hämodynamische Problem im Zustrom über die postthrombotisch veränderten Beinvenen. Beim isolierten postthrombotischen Beckenvenensyndrom kommt es meist spontan zu einer so guten Kollateralfunktion, so daß keine Indikation zur Gefäßrekonstruktion besteht.

Vor allem beim postthrombotischen Spätsyndrom kommt es zu degenerativen Veränderungen der Kollateralvenen und damit auch des oberflächlichen Venensystems. Die Frage ist dann, ob eine Vena saphena magna noch Kollateralfunktion hat, oder eine zusätzliche hämodynamische Belastung darstellt. Allein vom morphologischen Bild im Phlebogramm läßt sich diese Frage oft nicht beantworten.

Bei der Phlebodynamometrie kann durch eine gezielte Kompression der Saphena magna der mögliche Effekt einer operativen Entfernung vorausgesagt werden. Es kann entweder eine Verbesserung des Druckabfalls bei den Zehenstandsübungen oder aber eine Verschlechterung der Hämodynamik mit Druckanstieg festgestellt werden.

Die wichtigste chirurgische Behandlungsmöglichkeit beim postthrombotischen Syndrom besteht bei insuffizienten Perforansvenen. Die nach Cockett benannte Gruppe spielt dabei für die Pathogenese von Hautveränderungen bis zum Ulcus cruris die größte Rolle. Bei der von Linton angegebenen Operationsmethode wurden mit ausgedehnter Schnittführung alle Perforansvenen am Unterschenkel subfascial unterbunden und durchtrennt.

Unter ähnlichen pathophysiologischen Vorstellungen führen wir an der William-Harvey-Klinik seit etwa 10 Jahren die paratibiale Fasciotomie mit nichtselektiver Perforansdissektion durch: Von einer kleinen Hautinzission oberhalb des durch chronische Stauung veränderten Areals wird unmittelbar an der Tibiakante die Fascie bis zum Innenknöchel durchtrennt. Dadurch wird eine Verbindung zwischen dem intakten Subfascialraum und dem strukturveränderten Subkutanraum geschaffen. Zusätzlich werden die unmittelbar an der Tibiakante verlaufenden Perforansvenen durchtrennt. Auch die weiter dorsal gelegenen Cockettschen Perforansvenen, die in ihrer anatomischen Lokalisation sehr variabel sein können, werden nichtselektiv subfascial durchtrennt. Die subfasciale Blutung kommt durch Hochhalten der Extremität und Kompression zum Stehen. Es empfiehlt sich eine Drainage der ausgedehnten Wundhöhle. Wir haben diesen Eingriff in den letzten Jahren zunehmend häufiger durchgeführt.

Vor allem bezüglich der Rezidivhäufigkeit von Ulcerationen läßt sich im 5-Jahresüberblick ein gutes Dauerergebnis durch diesen Eingriff erzielen (Abb. 3).

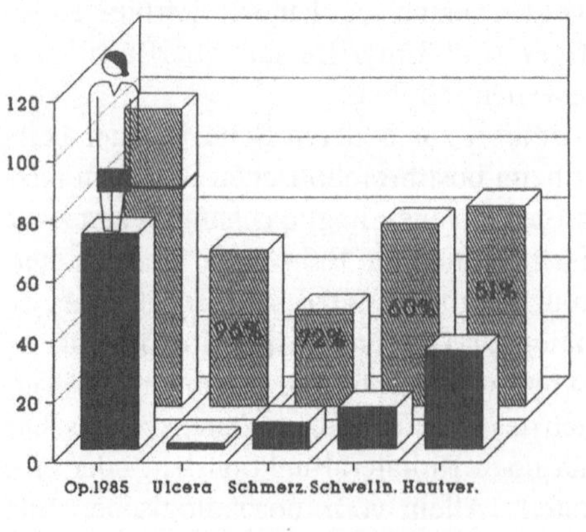

Abb. 3. Behandlungsergebnisse der paratibialen Fasciotomie mit nichtselektiver Perforansdissektion nach 5 Jahren

Eine im letzten Jahr durchgeführte kontrollierte Studie hat die Ergebnisse bestätigt. Hier konnte auch ein Anstieg der transkutan gemessenen Sauerstoffdruckwerte in diesem Bereich gemessen werden (Abb. 4).

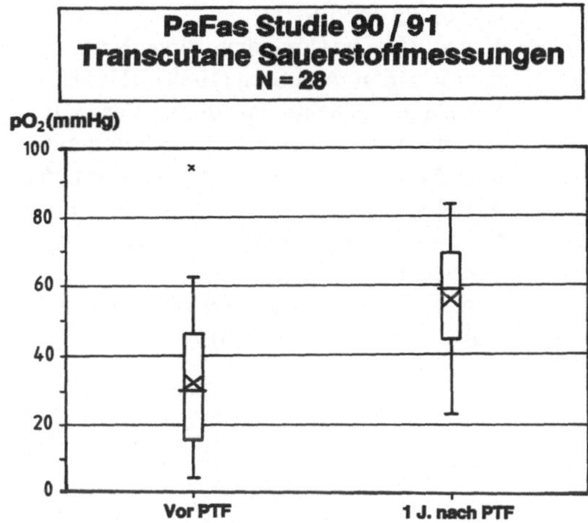

Abb. 4. Ausstieg der transcutan gemessenen Sauerstoffdrucke nach paratibialer Fasciotomie

Zusammenfassung

Das postthrombotische Syndrom bedarf in erster Linie einer konservativen Behandlung und allgemeinmedizinischen Führung durch den Hausarzt. Bei dermatologischen Komplikationen und häufigen allergischen Reaktionen einer lokalen Ulcusbehandlung muß unter Umständen der Dermatologe hinzugezogen werden. Bei dekompensierten Situationen des postthrombotischen Syndroms kommen intensive physikalische Behandlungsintervalle, auch in Form von Rehabilitationsmaßnahmen, in Frage. Bei rezidivierenden Ulcerationen, die durch diese konservativen Maßnahmen nicht abheilen, ist aber unter Umständen eine radiologische, sonographische und hämodynamische Diagnostik erforderlich. Der Chirurg kann durch eine paratibiale Fasciotomie mit nichtselektiver Perforansdissektion eine erhebliche Verbesserung des weiteren Krankheitsverlaufs erzielen. In manchen Fällen verbessern auch Eingriffe am oberflächlichen Venensystem die Hämodynamik. Gefäßrekonstruktive Eingriffe und Klappenrekonstruktionen sind nur ganz ausgewählten Einzelfällen vorbehalten.

Literatur

1) Cockett FB: The Pathology and Treatment of Venous Ulcers of the Leg. Brit I Surg (1953): 260-78

2) Hach W, Vanderpuye R: Operationstechnik der paratibialen Fasziotomie Medwelt (1985) 36: 1616-8

3) Linton RR: The Communicationg Veins of the Lower Leg and the Operative Technic for their Ligation. Ann Surg (1938) 107: 582-93

4) Salzmann G: Die rekonstruktive Venenchirurgie Phlebol (1991) 20: 78-80

5) Salzmann P: Gibt es einė Korrelation zwischen dem postthrombischen Syndrom und dem Ausmaß der Veränderungen des tiefen Venensystems?Phlebol. u. Proktol. (1985) 14: 34-7

6) Schwabe U , Paffrath M: Arzneiverordnungsreport 90. Stuttgart, New York: Gustav Fischer Verlag (1990)

7) Tameri SA, Rigand D, Wels P, Metzner R, Shores RM: Experimental Posthetic Vein Valve. Am I Surg (1988) 156: 111-4

Juristische Fragen in der operativen Medizin

Thromboseprophylaxe
unter juristischen Aspekten

Rechtsanwalt Rolf-Werner Bock
Maximiliansplatz 12/IV, 80373 München

Medizin versus Recht?

Die Berücksichtigung juristischer Fragestellungen im Vortragskanon dieses Symposiums trägt sehr sinnfällig einer Zeiterscheinung Rechnung, die landläufig mit dem Schlagwort von der "Verrechtlichung der Medizin" charakterisiert wird. Das Schlagwort bringt zugespitzt zum Ausdruck, daß medizinische Entscheidungen bei der Behandlung von Patienten in starkem Maße - sei es bewußt oder unbewußt - von rechtlichen Erwägungen geleitet werden. Diesem Phänomen sieht sich insbesondere die Ärzteschaft ausgesetzt.

Prima facie liegt dem eine Verquickung von Medizin und Jurisprudenz infolge einschlägiger juristischer Vorgaben - Gesetzen, Verordnungen, Richtlinien, nicht zuletzt Maßgaben der Rechtsprechung - zugrunde.

Allseits beklagte Folge dieser Entwicklung ist eine ständige Infragestellung eigenen Tätigwerdens bei der Behandlung von Patienten. Vielfach steht für den Arzt - bewußt oder unbewußt - die Frage im Raum: "Wird mein 'Tun oder Unterlassen' rechtlichen Anforderungen gerecht?". Konkret: "Mache ich mich haftbar?", "Mache ich mich strafbar?".

Damit korrespondierend kursiert ein weiteres Schlagwort: die "defensive Medizin". Insofern hat Laufs sehr treffend formuliert:
"Die Verrechtlichung seiner Kunst läßt den Arzt neben den Risiken, die der Patient mitbringt und die diesem bei Diagnose oder Therapie drohen, auch die eigenen forensischen Gefahren bedenken und als indizierende wie kontraindizierende Faktoren ins Kalkül ziehen. Aus der verrechtlichten droht eine defensive Medizin zu werden, die aus Scheu vor der Klage zuviel untersucht oder zuwenig an Eingriffen wagt". [1]

Insgesamt ist jedenfalls zu konstatieren, daß bei Ärzten im Zusammenhang mit juristischen Fragestellungen eine erhebliche Verunsicherung Platz gegriffen hat. Die Gegebenheiten der Justizpraxis belegen, daß die Befürchtung rechtlicher Konsequenzen konkret und real gerechtfertigt ist. Und es drängt sich durchaus die Frage auf, ob die soeben angesprochene Verunsicherung Folge der - äußerlichen - Verquickung von Medizin und Recht oder vielmehr der Sorge um die aus ihr folgenden juristischen Konsequenzen ist. Aber gleich, wo die Ursache liegt, jedenfalls ist ein für alle Beteiligten - insbesondere Ärzte und Patienten - äußerst unguter circulus vitiosus in Gang gesetzt.

194

Folgende Feststellungen lassen sich in quantitativer Hinsicht treffen [2]:

- Eine auffallende Zunahme von sogenannten "Kunstfehlerprozessen" ist seit ca. 20 Jahren zu beobachten.
- Seit 1980 hat sich die Zahl dieser Prozesse ungefähr verdoppelt.
- Sachverständige sprechen von einem "lawinenartigen Anwachsen der Aufträge für Kunstfehlergutachten".
- Zur Zeit werden jährlich wohl 2.000 bis 2.500 staatsanwaltschaftliche Ermittlungsverfahren gegen Ärzte unter anderem wegen Behandlungsfehlern eingeleitet.
- Gleichzeitig werden jährlich ca. 2.000 Schadenersatz- und Schmerzensgeldklagen bei den Zivilgerichten anhängig gemacht.
- Haftpflichtversicherer regulieren pro Jahr ca. 15.000 neue Haftpflichtfälle mit wohl steigender Tendenz.

Vor diesem Hintergrund kommt auch dem Gegenstand meines Referates erhebliche praktische Bedeutung zu. Dabei wurde die Themenstellung "Thromboseprophylaxe unter juristischen Aspekten", wenn ich das so sagen darf, sehr richtig vorgegeben. Denn der Jurist hat nach Maßgabe einschlägiger Rechtsvorschriften letztlich nur die Frage zu beurteilen, ob die Behandlung eines Patienten im konkreten Fall "sorgfaltspflichtgerecht" erfolgte. Und in diesem rechtlichen Zusammenhang ist es grundsätzlich gleichgültig, ob dabei die fraglich korrekte Vornahme einer Intubation durch einen Anästhesisten, die fraglich zeitgerechte Anordnung einer Sectio caesarea durch einen Gynäkologen und Geburtshelfer oder - eben - die fraglich sorgfaltspflichtgerechte Durchführung einer Thromboseprophylaxe beispielsweise seitens eines Chirurgen in Rede steht.

Dabei kann und muß in diesem Zusammenhang den weiteren Ausführungen folgende Gegebenheit vorangestellt werden: Wenn eine Thromboseprophylaxe im konkreten Fall der Behandlung eines Patienten effektiv und notwendig, d.h. aus ärztlicher Sicht indiziert ist, stellt das Unterlassen dahingehender Maßnahmen eine Sorgfaltspflichtverletzung dar, welche bei Eintritt einer tödlichen Lungenembolie oder einer venösen Thrombose zu zivil- und/oder strafrechtlichen Weiterungen wegen fahrlässiger Tötung bzw. fahrlässiger Körperverletzung führen kann.

Es würde den Rahmen meines Referates sprengen, wollte ich diese These unter allen nur denkbaren juristischen Gesichtspunkten näher ausführen. Man bewegt sich hier, um mit dem alten Briest aus Fontanes Roman "Effi Briest" zu sprechen, auf einem "weiten Feld". Daher möchte ich mich im folgenden auf einige, allerdings in der Tat relevante "juristische Aspekte" im Zusammenhang mit der Thromboseprophylaxe beschränken.

Juristische Aspekte im einzelnen

I.

Zwei einschlägige Rechtsmaterien sind hier grundsätzlich zu unterscheiden: zum einen das Zivilrecht und zum anderen das Strafrecht.

In einem Zivilverfahren geht es letztlich um eine Wiedergutmachung des etwa entstandenen Schadens bzw. der "erlittenen Schmerzen" durch Geldzahlung. Diese trägt die Haftpflichtversicherung des betroffenen Arztes, so daß er selbst eigentlich "nur mittelbar" tangiert ist.

Höchstpersönlich trifft den Verurteilten jedoch eine Strafsanktion nach Durchführung eines Strafverfahrens. Dagegen gibt es keinen Versicherungsschutz. Der verurteilte Arzt muß nicht nur die verhängte Strafe und die aus einer Verurteilung resultierenden - möglicherweise sogar beruflichen - Konsequenzen selbst tragen. Auch die oftmals immensen physischen und psychischen Belastungen, die mit der bloßen Anhängigkeit und Durchführung eines Strafverfahrens verbunden sein können, dürfen keinesfalls zu gering veranschlagt werden. Letztlich muß berücksichtigt werden, daß selbst von einer öffentlichen Hauptverhandlung, die für den Beschuldigten mit "Freispruch" endet, regelmäßig eine mehr oder weniger starke "Prangerwirkung" ausgeht. Und der Erfahrungssatz "semper aliquid haeret" findet leider allzuoft praktische Bestätigung.

Zu beachten ist, daß sich wegen unterschiedlicher Haftungsvoraussetzungen und Beweislastregelungen zivil- und strafrechtliche Verantwortlichkeit weder ausschließen noch wechselseitig präjudizieren. So ist es durchaus möglich, daß im Rahmen eines Zivilprozesses Verurteilung zur Leistung von Schadenersatz und Schmerzensgeld, im Strafverfahren jedoch Freispruch erfolgen. Umgekehrt ist ein strafgerichtlicher Schuldspruch trotz Klageabweisung im Zivilverfahren denkbar.

II.

Grundvoraussetzung der zivilrechtlichen Haftung und strafrechtlichen Verantwortlichkeit des Arztes ist die Verletzung einer objektiven Sorgfaltspflicht.

Darunter versteht man konkret einen Verstoß gegen denjenigen Behandlungsstandard, den - aus ex-ante-Sicht - ein besonnener und gewissenhafter, dem Fachgebiet des Betroffenen zugehöriger Facharzt in der konkreten Situation dem Patienten geboten hätte. Dieser "Standard" ist abstrakt-generell als der jeweilige Stand der medizinischen Wissenschaft, konkret als das zum Behandlungszeitpunkt in der ärztlichen Praxis bewährte, nach naturwissenschaftlicher Erkenntnis gesicherte, allgemein anerkannte und für notwendig erachtete Verhalten umschrieben. [3]

Daraus folgt: Der Standard ist keine rein statische Größe, sondern enthält auch eine dynamische Komponente, die von der Entwicklung und dem jeweiligen Fortschritt des Fachgebiets abhängt, also neue Erkenntnisse und Erfahrungen, z.B. auf dem Gebiet der Thromboseprophylaxe, in sich aufnimmt und dadurch den "Standard" ändert [4].

III.

Was als "Standard" bezeichnet werden muß, ist zwar im Streitfall eine vom Gericht zu beurteilende Rechtsfrage, de facto wird diese aber, da dem Richter die nötigen Fachkenntnisse fehlen, vom Gutachter entschieden. Denn nur der Sachverständige ist aufgrund seiner wissenschaftlichen Qualifikation und praktischen Erfahrung in der Lage, den Inhalt des Standards zu beschreiben, d.h. darzulegen, wann ein Heilverfahren, eine bestimmte Behandlungsmethode oder ein Medikament als wissenschaftlich anerkannt, überholt, wirksam oder gefährlich zu gelten hat. Der Richter bleibt zwar verpflichtet, das Gutachten selbständig und kritisch auf seine Überzeugungskraft zu prüfen, doch läuft dies praktisch auf eine bloße Plausibilitätskontrolle hinaus. "Die Folge ist, daß der Richter die Verantwortung für Entscheidungen trägt, die in Wirklichkeit ein anderer, nämlich der Sachverständige, produziert hat" [5].

Diese "Übermacht" legt dem Gutachter eine besonders hohe Verantwortung für die sachliche Richtigkeit seiner Ausführungen auf. Gibt es mehrere medizinisch anerkannte Heilmethoden oder haben sich noch keine Standard-Behandlungsregeln durchgesetzt, muß das ganze Meinungsspektrum deutlich gemacht und darf der "Schulenstreit" nicht durch Parteinahme zugunsten einer Richtung zu Lasten des beschuldigten Arztes entschieden werden.

Dies bedeutet im vorliegenden Zusammenhang konkret, daß unterschiedliche Ansichten zur Frage einer *generellen* Thromboseprophylaxe für ambulante Patienten auszuführen sind. Der Sachverständige muß dartun, ob es statistisch ausreichendes Material aus kontrollierten Studien gibt, wie der gegenwärtige medizinische Erfahrungsstand ist, ob die Immobilisation der unteren Extremitäten allein schon eine zwingende Indikation für die Thromboseprophylaxe darstellt oder zusätzliche Risikofaktoren, z.B. Übergewicht, Nikotinabusus, Vorschäden etc., hinzutreten müssen.

Gerade für den überzeugten Wissenschaftler ist daher in seiner Funktion als Sachverständiger, angesichts der Relativität medizinischer Wahrheit, größte Zurückhaltung geboten, damit er nicht der Gefahr erliegt, übersteigerte oder einseitige, noch nicht allgemein anerkannte Sorgfaltsanforderungen an seine Berufskollegen zu stellen und "seine Schule" bzw. seine eigenen Erfahrungen "zum alles entscheidenden Kriterium bei der Begutachtung fremder Aktionen" [6] zu machen.

IV.

Ob und unter welchen Umständen die Thromboseprophylaxe daher bei stationären und ambulanten Patienten indiziert ist und welche Methode zur Verhinderung von Thrombosebildungen im konkreten Fall hätte angewandt werden müssen, ist daher im Streitfall primär eine Entscheidung des medizinischen Sachverständigen, nicht des Juristen. Stellt der Gutachter die Indikation für eine aktive Thromboseprophylaxe, bedeutet deren Unterlassen einen ärztlichen Behandlungsfehler.

Legt sich der Gutachter dagegen nicht fest, ist seiner Meinung nach "die Prophylaxe venöser Thrombosen und Lungenembolien bis heute eine weitgehend ungelöste Aufgabe" [7], berichtet er über das Auf und Ab der Meinungen und die nach wie vor bestehenden Auffassungsunterschiede auf diesem Gebiet, dann gilt der Grundsatz der Methodenfreiheit. Dies bedeutet: Der Arzt muß unter mehreren medizinisch anerkannten Vorgehensweisen diejenige wählen, die das geringste Risiko für den Patienten mit sich bringt. "Diese Freiheit gilt aber nur hinsichtlich grundsätzlich gleichwirksamer Methoden, bei denen insgesamt von einem ähnlichen Risikoniveau auszugehen ist. Sie ist jedoch abzulehnen bei deutlichem Risikogefälle. Hier gehört es zur Behandlungspflicht des Arztes, dem Patienten die risikoärmere Behandlung zu vermitteln" [8].

Der Arzt verstößt somit gegen seine Sorgfaltspflichten, wenn er sich für die gefahrenträchtigere Behandlungsweise entscheidet, obwohl unter Abwägung aller Umstände, insbesondere der spezifischen Risiken sowie der besonderen Vor- und Nachteile der jeweiligen Maßnahmen, ein weniger riskantes Vorgehen das Behandlungsziel in gleicher Weise erreicht hätte.

V.

Die unterlassene Thromboseprophylaxe ist bei eindeutiger Indikation oder dadurch bedingter Risikoerhöhung nicht nur als Behandlungsfehler, sondern auch unter dem Gesichtspunkt der Aufklärungspflichtverletzung zu würdigen [9].

Denn jeder ärztliche Eingriff, die Operation ebenso wie die Spritze, die Röntgenaufnahme oder das Anlegen eines Gipsverbandes, stellt nach der Rechtsprechung des BGH - anzumerken ist: im Gegensatz zur Judikatur in der früheren DDR - auch im Falle medizinischer Indikation und kunstgerechter Durchführung eine rechtswidrige Körperverletzung dar. Diese bedarf daher zu ihrer Rechtfertigung der Einwilligung und deshalb der vorangehenden Aufklärung des Patienten, da die Einwilligung nur wirksam ist, wenn der einwilligungsfähige Patient die für seine Entscheidung bedeutsamen Umstände kennt, mithin weiß, "in was" er einwilligt.

Die Erfüllung der ärztlichen Aufklärungspflicht und deren beweiskräftige Dokumentation müssen somit grundsätzlich am Anfang jeder Krankenbehandlung stehen. Sie stellt nicht lediglich eine dienstliche Obliegenheit dar, deren Befolgung hinsichtlich Inhalt und Umfang weitgehend im Ermessen des Arztes liegt, sondern ist Grundvoraussetzung jeden ärztlichen Handelns.

Dies bedeutet, daß der Patient über die Dringlichkeit des Eingriffs, über die Frage der "zwingenden" oder "vertretbaren" Indikation, über den ärztlichen Befund, den Umfang und die Art der Durchführung des Eingriffs, mögliche Behandlungsalternativen, die damit jeweils verbundenen Risiken, die Heilungschancen, die unmittelbaren und mittelbaren, sicheren oder möglichen Folgen, etwaige Nebenwirkungen, die Gefahr des Fehlschlags, Komplikationen etc. aufgeklärt werden muß.

Zu unterscheiden sind also drei Aufklärungsbereiche: die Diagnoseaufklärung, die Verlaufsaufklärung und die Risikoaufklärung, wobei zu letzterer zweifellos auch die Information des Patienten über das Thromboserisiko und die Möglichkeit seiner Verhinderung gehört, d.h. über die Notwendigkeit und eventuellen Nebenwirkungen der medikamentösen Thromboseprophylaxe.

Den Umfang der Risikoaufklärung bestimmen im wesentlichen drei Faktoren, nämlich die Gefahrenhäufigkeit, die Dringlichkeit des Eingriffs und das Verhalten des Patienten. Eingriffsspezifische Risiken, d.h. mit dem jeweils in Rede stehenden Eingriff typischerweise verbundene Gefahren, sind selbst dann aufklärungsbedürftig, wenn sie extrem selten sind, z.B. statistisch gesehen, im Verhältnis 1/10000, sogar 1/20000 auftreten [10]. Die Dringlichkeit des Eingriffs steht im umgekehrten Verhältnis zum Umfang der Aufklärung. Je dringender die ärztliche Maßnahme, desto geringere Anforderungen sind an die Erfüllung der Aufklärungspflicht zu stellen, wobei in Notfällen jede Aufklärung sogar entfallen kann. Umgekehrt: Je weniger dringlich und notwendig der Eingriff, desto höher und strenger sind die Forderungen, die die Rechtsprechung an den Arzt in Richtung Aufklärung des Patienten stellt.

Schließlich bestimmt im gewissen Rahmen aber auch das Verhalten des Patienten den Umfang der Aufklärung. Zwar muß der Arzt die aktive Rolle spielen, doch trägt der Patient selbst eine gewisse Aufklärungslast, nämlich weitere Fragen zu stellen, falls er nach einer Grundinformation zu einzelnen Punkten konkret noch etwas wissen will. Das Bundesverfassungsgericht hat auch ausdrücklich betont, daß man, soweit möglich, "auch von Seiten des Patienten den mitverantwortlich geführten Dialog" verlangen müsse.

Außerdem ist natürlich auch ein Verzicht des Patienten auf die Aufklärung wirksam, wenn er die Bedeutung und Tragweite seiner Entscheidung erkennen kann. Aus Beweisgründen sollte der Verzicht stets sorgfältig dokumentiert und möglichst durch Zeugen oder die Unterschrift des Patienten abgesichert sein.

Da niemand im vorhinein anhand der gegenwärtigen Rechtsprechung sagen kann, welche Risiken bei der Berücksichtigung der vielfältigen Parameter im konkreten Fall aufklärungsbedürftig sind, sollte man im Zweifel einen umfassenderen Aufklärungsinhalt wählen. Dabei hat sich in der Praxis das System der Stufenaufklärung nach Weissauer als hilfreich erwiesen, da seine schriftliche Basisaufklärung in Merkblättern für die einzelnen Eingriffe mit der mündlichen Aufklärung kombiniert ist und damit sowohl die Patienteninformation verbessert als auch die Dokumentation vereinfacht. Letztere ist zur Sicherung des Beweises von zentraler Bedeutung, obwohl die Aufklärung und die Einwilligung zu ihrer rechtlichen Wirksamkeit an keine Form gebunden sind.

Der Aufklärungsaspekt erscheint im Hinblick auf die Thromboseprophylaxe aus drei Gründen besonders wichtig. Zum einen können Schadenersatz- und Schmerzensgeldforderungen auch auf eine unterlassene Aufklärung über die Thrombosegefahr gestützt werden. Zum anderen trifft insoweit - anders als beim Behandlungsfehler - den Arzt im Zivilprozeß die Beweislast. Schließlich mehren sich im Strafrecht die Fälle, in denen die Staatsanwaltschaft oder der Anzeigeerstatter auf den Vorwurf fehlender oder unzureichender Aufklärung rekurrieren, weil der Nachweis eines Behandlungsfehlers schwierig ist oder scheitert, der Verstoß gegen die ärztliche Aufklärungspflicht aber angesichts der bestehenden Unsicherheiten über ihren Umfang, zum Teil durchaus überstrenger Anforderungen der Judikatur und - vor allem - infolge der Stellung des Verletzten als sozusagen "Kronzeuge" der Staatsanwaltschaft wesentlich leichter beweisbar ist.

VI.

Der bloße Verstoß gegen die Regeln der ärztliche Kunst bzw. die Aufklärungspflicht führt jedoch, was in der Praxis vielfach übersehen wird, für sich alleine weder zur zivilrechtlichen Haftung noch zur strafrechtlichen Verantwortlichkeit des Arztes. Diese setzt vielmehr voraus, daß die Pflichtverletzung eines Arztes für den Tod oder die Körperverletzung des Patienten ursächlich gewesen sein muß.

Dabei wird im Zivilrecht ein Schaden schon dann als ursächlich angesehen, wenn der Behandlungsfehler nach dem gewöhnlichen Verlauf der Dinge geeignet war, die Schädigung herbeizuführen.

Dies bedeutet: Hätte die Anwendung der zur Thromboseprophylaxe zur Verfügung stehenden Mittel die nachfolgenden Komplikationen nach medizinischer Erfahrung mit einer gewissen Wahrscheinlichkeit ausgeschlossen, anders formuliert, hat die unterlassene Thromboseprophylaxe die Gefahr der Embolie oder Venenthrombose nicht unerheblich erhöht, ist die Kausalität im Sinne der sogenannten Adäquanztheorie zu bejahen und damit die Schadenersatz- und Schmerzensgeldklage begründet.

Andererseits erwachsen aus der fehlenden oder nicht ordnungsgemäßen Aufklärung über das Thromboserisiko nur dann Ansprüche für den Patienten, wenn er substantiiert darlegt, daß er bei Kenntnis der aufklärungsbedürftigen Umstände die Behandlung abgelehnt hätte.

Hindert also z.B. ein Bandscheibenvorfall den Patienten, seinen Beruf weiter auszuüben, obliegt es ihm, anhand konkreter Tatsachen plausibel zu machen, warum er von einer Operation mit allen Folgen für seinen Beruf Abstand genommen hätte, wenn ihm die Thrombosegefahr bekannt gewesen wäre. [12] Gelingt ihm dies nicht, fehlt die Kausalität der mangelnden Aufklärung.

Im Strafrecht erfolgt dagegen die Kausalitätsprüfung nach einem strengeren Maßstab. Wegen des strafprozessualen Grundsatzes "in dubio pro reo" (im Zweifel für den Angeklagten) ist die Ursächlichkeit einer pflichtwidrigen Handlung oder Unterlassung nur dann zu bejahen, wenn bei sorgfaltspflichtgerechtem Verhalten der Tod oder die Körperverletzung mit an Sicherheit grenzender Wahrscheinlichkeit vermieden worden wäre.

Dabei ist dieser der medizinischen Fachsprache fremde Begriff nicht mit mathematisch-statistischen Größen, z.B. 99 % oder 99,9 %, zu erfassen.

"An Sicherheit grenzende Wahrscheinlichkeit" bedeutet vielmehr: Ursächlich ist das Verhalten immer schon, aber auch nur dann, wenn keine - aus konkreten Anhaltspunkten begründeten - "vernünftigen Zweifel" daran bestehen, daß der Patient ohne den Behandlungsfehler des Arztes am Leben geblieben bzw. nicht geschädigt worden wäre. Eine "überwiegende Wahrscheinlichkeit", "hohe Wahrscheinlichkeit" oder "sehr große Wahrscheinlichkeit" für die Lebensrettung oder Heilung genügt für den Nachweis der Kausalität einer Pflichtverletzung im Strafprozeß nicht [13].

Nach der Judikatur des BGH [14] wird die Ursächlichkeit eines Behandlungsfehlers in Fällen fahrlässiger Tötung allerdings schon dann bejaht, wenn der Tod des Patienten bei pflichtgemäßem Verhalten des Arztes "um Stunden" später eingetreten wäre, die Pflichtverletzung also lebensverkürzend wirkt. Daß diese Rechtsprechung zu einer Ausweitung der strafrechtlichen Arzthaftung führt, zeigt die Justizpraxis der letzten Jahre überdeutlich, obwohl medizinische Sachverständige nur selten überhaupt quantitative Aussagen zur Überlebensspanne machen und sich insoweit jedenfalls meist nicht "mit an Sicherheit grenzender Wahrscheinlichkeit" festlegen wollen.

Die Feststellung, die Körperschädigung eines Patienten bzw. der Tod des Patienten habe sich bei sorgfaltspflichtgerechter Durchführung einer Thromboseprophylaxe mit an Sicherheit grenzender Wahrscheinlichkeit vermeiden lassen, wird im Regelfall wohl nicht zu treffen sein. Dies mag folgender Fall aus anwaltlicher Praxis verdeutlichen:

Am 25.1.1988 wurde bei einer Frau eine abdominelle Hysterektomie und Appendektomie vorgenommen. Die Operation verlief komplikationslos. Gleiches galt zunächst für den postoperativen Verlauf. Am 11. postoperativen Tag trat bei der Patientin eine Schwellung am linken Knöchel und eine Druckschmerzhaftigkeit der linken Wade auf. Daraufhin wurden verschiedene Medikamente sowie Heparin-Salben-Umschläge verabreicht. 7 Tage später wurde die Patientin aus der stationären Behandlung entlassen. Wiederum 4 Tage danach erfolgte die Feststellung eines Thrombus im linken Bein der Patientin. 12 Tage später starb die Frau.
Die Obduktion ergab unter anderem eine langstreckige Venenthrombose der linksseitigen tiefen Waden-, Oberschenkel- und Beckenvenen.
Im Rahmen des staatsanwaltschaftlichen Ermittlungsverfahrens hatte der Gutachter nun zu beurteilen,

- ob die Thromboseprophylaxe sorgfaltspflichtgemäß durchgeführt wurde, und falls nicht,
- ob bei Anwendung der erforderlichen Sorgfalt der Tod der Patientin mit an Sicherheit grenzender Wahrscheinlichkeit hätte vermieden werden können.

Der Sachverständige sah keinen Anlaß zur Kritik an der - von mir verkürzt wiedergegebenen - Behandlung der Patientin. Ungeachtet dessen führte er darüber hinaus aber noch folgendes aus:
"Eine Thromboseprophylaxe wird bei der Mehrzahl der operativ behandelten Patienten in mehr oder weniger großem Umfang durchgeführt, ohne daß es in jedem Fall gelingt, eine Thromboseentstehung zu verhindern. Sogar tödlich verlaufende Lungenembolien gehören immer noch zu den Todesursachen bei stationär behandelten Patienten. Der Grund dafür liegt, etwas vereinfacht ausgedrückt, darin, daß es noch keine Behandlungsmethode gibt, mit der sich Thrombosen und Embolien unter allen Umständen vermeiden lassen. Eine Standardtherapie zur garantierten Verhinderung von Thrombosen und ihren Komplikationen kennt man also heute noch nicht."
Nach Maßgabe der sachverständigen Feststellungen konnte das Ermittlungsverfahren seitens der Staatsanwaltschaft dementsprechend eingestellt werden. War dem bereits zugrunde zu legen,daß der Sachverständige keinen Sorgfaltspflichtverstoß feststellen konnte, so hätte bei der Beurteilung der Behandlungsmaßnahmen als sorgfaltswidrig gleiches im Hinblick auf den nach den dargelegten Grundsätzen nicht zu führenden Kausalitätsnachweis gelten müssen.

VII.

Trotz der Gefahrengeneigtheit und damit Risikoaffinität des Arztberufes gibt es bei Fehlbehandlungen von Patienten keine Beschränkung der zivilrechtlichen Haftung oder strafrechtlichen Verantwortlichkeit auf "grobe" Behandlungsfehler. Vielmehr kann jegliches Fehlverhalten, jedes noch so geringfügige Versagen, wie es jedem verantwortungsbewußten Arzt jederzeit einmal widerfahren kann, zu Schadenersatz- und Schmerzensgeldansprüchen bzw. strafrechtlicher Verurteilung führen. Der Grad der Fahrlässigkeit, die Schwere des Fehlers, die Größe des Schuldvorwurfs hat für die Frage, ob jemand zivilrechtlich haftet oder strafbar ist, keine Bedeutung.

Nicht zuletzt deshalb ist es im vorliegenden medizinischen Zusammenhang der Thromboseprophylaxe nicht nur verständlich, sondern aus der Sicht des Arztes ein geradezu zwingendes Gebot, sich abzusichern, also den Weg des geringsten Risikos zu gehen. Dies aber muß bedeuten, eine Thromboseprophylaxe vorzunehmen, wenn ein konkretes Thromboserisiko besteht und dieses gefährlicher oder größer ist als die damit verbundenen Nebenwirkung oder Risiken.

Medizin und Recht

Damit bin ich am Schluß meiner notwendigerweise nur "holzschnittartigen" Ausführungen.

Ziel meines Referates war es, den rechtlichen Hintergrund Ihres beruflichen Tätigwerdens im Zusammenhang einer spezifischen therapeutischen Problematik zu verdeutlichen. Dabei konnte es nicht darum gehen, Sie anzuleiten, Ihr Handeln selbst juristisch zu hinterfragen. Dies würde das Empfinden der Verunsicherung, wie ich es einleitend angesprochen habe, gewiß nur verstärken. Ich hoffe aber, Ihnen einige der Anforderungen der Rechtsordnung an ärztliches Tätigwerden verdeutlicht haben zu können, damit Sie Ihr Handeln dementsprechend und diesen Anforderungen genügend ausrichten können.

Über diese spezifisch-juristischen Aspekte hinausgehend sollte das Augenmerk abschließend aber auch auf eine grundsätzliche Problematik im Zusammenhang von Medizin und Recht gelenkt werden.

Die Vielzahl von Klagen und Strafverfahren sowie nicht zuletzt Verfahren vor Gutachterkommissionen und Schlichtungsstellen beruht im Grunde vielleicht auf drei Ursachen, nämlich

- starken Defiziten, die sich im früher selbstverständlichen Vertrauensverhältnis zwischen Patient und ihn behandelndem Arzt entwickelten,
- dem Gefühl vieler Patienten, einer "anonymen Apparatemedizin" ausgesetzt zu sein, und
- der oftmals zwangsläufig enttäuschten übergroßen Erwartung von Patienten und Angehörigen in die Möglichkeiten der Medizin, wobei diese Erwartung gerade infolge des medizinischen Fortschritts geweckt wurde und die letztliche Schicksalshaftigkeit von Krankheitsverläufen vergessen ließ.
Der Mißerfolg einer Behandlung erscheint vor diesem Hintergrund dann nicht als objektiv unvermeidbare Begrenzung medizinischer Möglichkeiten, sondern als Versagen der Ärzte.

Dabei handelt es sich meines Erachtens um gesellschaftlich bedingte Gegebenheiten.Und wenn es gelänge, diese Disproportionen aufzulösen, könnte eine Situation erreicht werden, in der von einer "verrechtlichten Medizin" zu sprechen, obsolet würde.

Vielmehr könnte - ganz wertfrei und unbefangen - ärztliches Handeln im Kontext gewiß erforderlicher rechtlicher Anforderungen und Bezüge verstanden werden.

Literatur:

1)   Laufs, MedR 1986,162 (163)
2)   Eisenmenger, In: Unfallmedizinische Tagungen der Landesverbände der gewerblichen Berufsgenossenschaften, Heft 38 (1979), S. 61; Ulsenheimer, MedR 1987, 207; FAZ vom 29.3.1989, S. N 1, Bericht vom 11. Symposion für Ärzte und Juristen in Berlin
3)   Ulsenheimer, Arztstrafrecht in der Praxis (1988) Rdn. 17ff
4)   Carstensen, Langenbecks Archiv für klinische Chirurgie, Bd. 364 (1984), S. 299f
5)   Dippel, Die Stellung des Sachverständigen im Strafprozeß (1986) S. 205
6)   Schlund, Der Sachverständige (1988) 247
7)   Kriessmann, MMW (1988) 404
8)   OLG Düsseldorf, AHRS Nr. 2620, S. 32
9)   BGH NJW 1978, 578 (588)
10)   BGH NJW 1984, 1395
11)   BGH NJW 1984, 1357
12)   OLG Frankfurt VersR 1989, 194
13)   BGH MDR 1988, 100
14)   BGH NStZ 1981, 218; NStZ 1985, 26f

Die Rechtsprechung des Bundesgerichtshofs zur Arzthaftung in der operativen Medizin

Dr. Erich Steffen
Bundesgerichtshof, Herrenstr. 45a, 76133 Karlsruhe

Arzthaftung im Aufbruch

Heute vor 7 Jahren, genauer: zu Ostern 1984, habe ich zum ersten Mal auf einem Ärztekongreß über die Probleme der Arzthaftung im operativen Bereich referiert: auf der Jahrestagung der Deutschen Gesellschaft für Chirurgie in Deutschlands heimlicher Hauptstadt München. Damals befand sich die Rechtsprechung unseres Arzthaftungssenats aus vielerlei Gründen auf breiter Front in einem Aufbruch, der etwa so charakterisiert werden kann: heraus aus einer Konfrontation des Haftungsrichters gegenüber den Ärzten; heraus aus mancherlei berufsständischem Starrsinn und Egoismus hin zu einer Öffnung für die Sichtweisen und Selbstverständnisse der anderen Seite, zu einem Verständnis von der gemeinsamen Verantwortung für das Wohl und Wehe des Patienten von Medizin und Recht; weg von rechtlichen Anweisungen für die Suche nach dem medizinisch richtigen Weg, den die Medizin nur mit ihrem Kompaß und ihren Methoden finden kann; weg von dem Mißbrauch der Patientenaufklärung als Instrument dazu, dem Patienten eine Haftung des Arztes für den negativen Ausgang seiner Behandlung zu verschaffen, auch ohne den so schwierigen Nachweis eines Behandlungsfehlers; hin stattdessen zu einer stärkeren Zentrierung der Haftungsprozesse wieder bei der Behandlungsfehler-Haftung etwa dadurch, daß wir uns darum bemüht haben, die Beweisnöte in Bezug auf das Behandlungsgeschehen zwischen dem Patienten und der Behandlungsseite gerechter und vor allem sachangemessener zu verteilen und durch verfahrensrechtliche Direktive den Tatrichter zu einer gründlicheren Sachaufklärung zu verpflichten.

Heute, im Jahr 1991, ist diese Entwicklung in ihren Grundzügen abgeschlossen: nicht freilich, so hoffe ich wenigstens, in dem Sinn, daß nunmehr nach den 7 Jahren für das Arzthaftungsrecht eine neue Halbwertszeit von weiteren 7 Jahren zu neuen Ufern begänne. Gewiß ist Arzthaftung ein weithin vom Richter entwickeltes Recht, d.h. auch: abhängig von der jeweiligen Senatsbesetzung, die sich sehr schnell grundlegend verändern kann - trotz allen medizinischen Fortschritts. Aber richterliches Selbstverständnis weiß um unsere Mitverantwortung für ein verläßliches, berechenbares Recht; wir wissen, daß bei allem Bemühen, dem Einzelfall gerecht zu werden, ein Grundpfeiler für die Gerechtigkeit die Rechtssicherheit ist, das Bedürfnis nach klaren, beständigen Koordinaten, und daß deshalb Gerechtigkeit auch den Verzicht auf ein allzu ausdifferenziertes Rechtsgebäude verlangt.

Natürlich heißt das nicht, daß sich unsere Rechtsprechung nicht weiterentwickeln wird. Sie muß es schon deshalb, weil wir Haftungsrichter mit dem medizinischen Fortschritt Schritt halten müssen und also auch mit der Richtung, die der medizinische Fortschritt nimmt: bis hinein in die alle haftungsrechtliche Denkkategorien sprengende Fortpflanzungsmedizin, von deren rechtlichen Schwierigkeiten unsere fast schon altmodisch erscheinenden Grundsätze zu Schadenersatz für wrongful birth und wrongful life nur eine allererste schwache Vorahnung vermitteln können. Aber das sind rechtliche Entwicklungen aus medizinischer Veranlassung, von denen Sie als Ärzte eigentlich weniger überrascht sein sollten und deren Koordinaten, die unser Präjudizien-Netz einmal tragen werden, schon heute angelegt sind. Deshalb erscheint es mir für Sie nicht ohne Ertrag, Ihnen diese Koordinaten vorzustellen. Es sind, meine ich, einfache Koordinaten, die Ihnen eigentlich keine Angst machen sollten, weil sie sich um Anpassung an die medizinischen Sachzwänge bemühen; dies in der Erkenntnis, daß die Gesundung des Patienten nicht durch eine Übermedikation des Rechts gefährdet werden darf.

Arbeitsteilung und Spezialisierung

Ausgangspunkt unserer Rechtsprechung ist die Überlegung, daß Arzthaftung Berufshaftung ist; d.h. genauer: Haftung des Experten dafür, daß er der von ihm beanspruchten Expertenstellung gerecht wird. Allein die Expertenstellung verschafft dem Arzt die Legitimation dazu, die Kräfte des Patienten in die Regie zu nehmen bis hin zur partiellen Verletzung der Integrität, um zu heilen: eine wohl mit nichts zu vergleichende Einflußmacht. Als Korrelat erwächst dem Arzt die Verantwortung dafür, daß er diese Expertenstellung auch gewährleistet; eine Verantwortung, die gerade deshalb hier nur soweit reichen kann, wie die beanspruchte Expertenstellung reicht. Federführend für das Nachzeichnen dieser Grenze ist daher die Medizin. Diese medizinischen Grenzen kann der Haftungsrichter mit rechtlichen Konstruktionen nicht überspringen, ohne dem Patienten zu schaden.

Das bedeutet zunächst: Haftung des Arztes darf nie zu einer Garantiehaftung werden für die Gesundung des Patienten, weil kein Arzt das versprechen kann. Es kann der Haftung nur um Qualitätssicherung gehen, um die Sicherstellung einer Qualität für den Patienten, die in erster Linie nicht durch das Recht, sondern durch die Erkenntnisse und Möglichkeiten der Medizin bestimmt wird. Haftungsrecht hat primär nur daraufhin zu kontrollieren, daß der Patient diese medizinisch zu verlangende Expertenqualität im Anwendungsfall auch erhalten hat. Und das heißt auch: Die Reichweite des Verantwortungsbereichs des Arztes in der vertikalen, hierarchischen Ordnung ebenso wie auf der horizontalen Ebene gegenüber den beteiligten anderen Fächern werden primär durch die medizinische Ordnung der Spezialisierung und Arbeitsteilung bestimmt. Gerade weil Spezialisierung und Betreuung durch die mehreren Hände zu allererst den Patienten besser schützt, lassen sich medizinisch gewachsene Aufgabenteilungen mit haftungsrechtlichen Korrekturen nur zum Schaden des Patienten überspringen.

Das bedeutet für die vertikale Arbeitsteilung Operateur-Assistent-Schwester-Gerät:
der die Behandlung führende Arzt haftet nur bis zu dem Punkt, an dem die Betreuung des
Patienten ohne Experten-Defizit für diesen einer anderen, nichtärztlichen Stelle
überlassen werden kann: der Oberin für den Pflegedienst; dem technischen Ingenieur
für die Geräteverantwortung.

Wenn der Schlaganfall-Patient infolge nachlässiger Pflege Dekubitus-Geschwüre bekommt;
wenn die Schwester trotz ärztlicher Anweisung beim Marcumar-Patienten die Heparindosis
nicht subkutan, sondern intramuskulär injiziert oder die Prophylaxe ganz vergißt;
-dann haftet neben der zuständigen Schwester und dem stets all-zuständigen Krankenhausträger
nicht auch der Arzt, selbst wenn er liquidationberechtigt ist.

Und ebenso steht das Haftungsrecht für die horizontale Beteiligung der Fächer Chirurg-
Anästhesist-Röntgenologe-Histologe unter dem medizinischen Regime einer sinnvollen Absprache. Fehler im fremden Fach sind prinzipiell nicht für das eigene Fach
haftungsbegründend, selbst dort nicht, wo der Chefarzt selbst liquidiert.

- Der Anästhesist, nicht der Operateur, haftet für die Organisation der Narkose, die Risiken der
  Parallel-Narkose, für die Kontrolle der Lagerung des Patienten während des Eingriffs, für die
  postnarkotische Phase bis zur Wiedererlangung der Schutzreflexe:
- der Operateur, nicht der Anästhesist, haftet dafür, daß die Operation unter Narkose wirklich
  indiziert war; daß die Thromboseprophylaxe nicht kontraindiziert war;
- der Laborarzt haftet nicht mit für den Fehler des Gynäkologen, der das Blut der Kindesmutter
  zur Bestimmung des Rhesusfaktors verwechselt hat;
- allein der Röntgenologe, nicht der Operateur, haftet für den Lagerungsschaden, der wegen einer
  auf dem Röntgenbild nicht erkannten sogenannten Halsrippe erwächst;
- der Radiologe haftet für die Fehlbeurteilung der Kontrastmitteldarstellung des Darms; nicht
  auch der Operateur für die Indikation zur Dickdarmoperation auf der Basis dieser Interpretation.

Natürlich berechtigt dieses Splitting nicht dazu, vor dem Fehler des Kollegen die Augen
zu schließen. Und solange unerwünschte Nachwirkungen eines Narkosezwischenfalls
noch andauern, bleibt der Anästhesist auch in der postoperativen Phase zur Behandlung
zuständig.

Im Streitfall war es unmittelbar nach der Extubation des am Morgen operierten Patienten zu einer
Insuffizienz der Spontanbeatmung gekommen, so daß erneut intubiert wurde. Später, als der
Patient wieder extubiert worden war, wurde er 1 Stunde darauf erneut unruhig, und es stellte sich
zuletzt eine Halbseitenlähmung als Folge einer cerebralen Durchblutungsstörung ein, die als
solche nicht rechtzeitig erkannt worden war. Hierfür haftete der Anästhesist neben dem
behandlungsführenden Arzt mit, weil der Zwischenfall nach der ersten Extubation dem Anästhesisten Anlaß gegeben hätte, den Patienten auch noch später nach dem Aufwachen auf Anzeichen
einer Sauerstoffversorgung hin zu kontrollieren.

Die medizinische Aufteilung der Haftungsverantwortung hat nun allerdings das Recht
in die Pflicht zu nehmen durch das Postulat, daß dem Patienten kompetente, d.h.
fachqualifizierte Betreuung zuteil wird, und daß diese lückenlos ist. Behandlungsdefi-
zite aus Aufgabendelegierung und Spezialisierung, aus negativen Kompetenzkonflik-

ten, aus Informationslücken mangels eines fachübergreifenden Datentransports darf es nicht geben. Dafür sind alle beteiligten Fächer gesamtschuldnerisch verantwortlich.

So ist etwa der Arzt, der seinen Patienten in die Hände eines anderen Arztes entläßt, für den reibungslosen Übergang mitverantwortlich; er muß im Arztbrief den Kollegen auch auf besondere therapeutische Konsequenzen und Risiken aus dem Entlassungsstatut hinweisen.
   Und wenn bei schweren Herzoperationen Spezialklinik und Uniklinik in der Weise zusammenarbeiten, daß die Spezialklinik den Patienten untersucht und auf den Eingriff vorbereitet, während die Operation nach Abstimmung zwischen den Ärzten in der Uniklinik vorgenommen wird, dann ist es zumindest auch Aufgabe der Ärzte der Spezialklinik, für die Patientenaufklärung mitzusorgen, und sie haften bei Versäumnissen mit der Uniklinik mit.

Sorgfaltstandards

Durch die medizinischen Qualitätserwartungen an den Experten sind auch die Inhalte des Sorgfaltsmaßstabs vorgezeichnet, an dem wir haftungsrechtlich den Behandlungsfehler bestimmen und der letztlich die entschädigungswürdigen, sogenannten iatrogenen Schäden herausfiltert aus den vom Patienten ersatzlos zu tragenden Lasten aus seiner Krankheit. Der Arzt kann nur für den medizinisch richtigen Kurs garantieren, nicht auch dafür, daß das angesteuerte Ziel, der Sieg über die Krankheit auch erreicht wird. Wir Juristen können ihm nicht einmal prinzipiell vorschreiben, daß er stets den sichersten Weg zu gehen hat, so wie dem Anwalt oder dem Notar: das kann nur dort gelten, wo mehrere Methoden zur Verfügung stehen, die für *diesen* Patienten in *dieser* Behandlungssituation in gleicher Weise geeignet sind. Dann muß der Arzt die Methode wählen, die die niedrigste Komplikationsrate aufweist. Aber wir Haftungsrechtler können von dem Arzt nicht verlangen, daß er mit jedem Behandlungsschritt zuwartet, bis er ganz sicher ist, alle maßgeblichen individuellen Daten und Datenkombinationen seines Patienten zu kennen für die Wahl einer möglichst komplikationsfreien Therapie. Das hieße defensive Medizin allein zum Schutz des Arztes vor dem Haftungsrichter.

Wir können deshalb nicht die Medizin verpflichten, schon wegen der nur abstrakten Gefahr Antibiotika ungezielt und prophylaktisch geben zu müssen: wo dieser Einsatz, der ja den Patienten ebenfalls belastet, gemessen am Erfolg vertretbar ist, das muß uns die Medizin sagen; in aller Regel verneint die Schulmedizin derartiges. Und wir können auch nicht die Bewegungsübungen für eine Thromboseprophylaxe vorschreiben. Wenn die Medizin die elastischen Strümpfe ausreichen läßt, müssen wir das hinnehmen.

Außerdem ist auch der Patient nicht in aller erster Linie auf Sicherheit aus; er will primär gesund werden. Deshalb verletzt der Arzt nicht schon dann die von ihm verlangte Sorgfalt, wenn er die Methode mit dem größeren Risiko wählt. Allerdings muß ein höheres Risiko in den besonderen Sachzwängen des konkreten Falls oder in einer günstigeren Heilungsprognose eine sachliche Rechtfertigung finden.

Deshalb kann der rechtliche Sorgfaltsmaßstab kaum mehr sein als der Maßstab dafür, was der medizinische Sachverständige als gute medizinische Qualität bezeichnet, mit nicht zu knapp bemessenen Beurteilungsfreiräumen für den Arzt hinsichtlich der Methodenwahl.

Zurückhaltend sind wir deshalb auch mit einer Haftung im diagnostischen Bereich, damit wir den Arzt nicht zu einer Überdiagnostik herausfordern, allein um seiner Haftung zu entgehen. Vor allem diagnostische Interpretationsfehler führen im allgemeinen noch nicht zur Haftung; eher das Unterlassen der Überprüfung einer ersten Arbeitsdiagnose durch weitere Kontrollmaßnahmen:

- wie der Verzicht auf eine Phlebographie, mit der eine tiefe Beinvenenthrombose rechtzeitig hätte erkannt werden können, bei einem Muskelfaserriß in der Wade mit Schwellungen, die das Kompartmentsyndrom befürchten lassen;
- oder das Nichtüberprüfen von Blutdruck und Blutwerten, wo Gefäßverletzungen zu befürchten sind, etwa nach einem Durchspießungsbruch;
- oder bei Verdacht auf Beckenendlage der Verzicht auf eine Ultraschalluntersuchung zur Abklärung eines etwaigen Mißverhältnisses von Kopf und Rumpf des Kindes, was eine Schnittentbindung indizieren würde.

In der Konsequenz der sich vornehmlich an den medizinischen Gegebenheiten orientierenden Rechtsprechung liegt es auch, in den Fällen, in denen theoretisch mehrere medizinische Methoden zur Wahl stehen, den örtlichen Gegebenheiten und vor allem den praktischen Erfahrungen des betroffenen Arztes in der einen oder anderen Methode ein besonderes Gewicht einzuräumen.

- Der Chirurg kann einen mehrfachen Oberschenkel- und Kniescheiben-Trümmerbruch mit einem Küntschernagel fixieren; er braucht keine Verplattung in Betracht zu ziehen oder sie gar vorher als Alternative mit dem Patienten zu erörtern, selbst wenn die Nagelung fehlschlagen und zu einer Außenverdrehung des Beins führen kann.
- Es steht im pflichtgemäßem ärztlichen Ermessen, sich bei der Magenoperation für die Methode Billroth I, Billroth II oder für eine Vagotomie zu entscheiden; der Arzt darf dabei vor allem seine eigenen Erfahrungen sprechen lassen.

Allerdings muß das Recht darauf bestehen, daß der medizinische Sachverständige, ebenso wie die Ärzte überhaupt, die haftungsrechtliche Funktion des Sorgfaltsmaßstabs begreifen lernen als eines Maßstabs zur Benennung nicht erreichter Standardqualität, und daß sie ihn nicht gleichsetzen mit der persönlichen Schuld des Strafrechts. Die Tendenz vieler Sachverständiger, Fehler des Kollegen milder zu beurteilen, d. h. sie nur sehr verklausuliert als solche anzusprechen, erklärt sich mit daraus, daß der Sachverständige eine Stigmatisierung als inadäquat empfindet, weil er denselben Fehler auch hätte machen können. Aber Haftung, auch und gerade Berufshaftung soll nicht persönliches Versagen stigmatisieren, sondern sie soll ausschließlich Lücken im zu verlangenden Qualitätsniveau geldlich kompensieren, und zwar selbst dort, wo solche Lücken vorprogrammiert sind, weil kein Mensch rund um die Uhr sorgfältig sein kann.

Das Haftungsrecht darf nicht entlastend berücksichtigen, daß wegen einer restriktiven Haushalts- und Stellenpolitik ausgebildete Anästhesisten fehlen;
oder daß Ärzte nach anstrengendem Nachtdienst am nächsten Morgen zur Operation eingeteilt werden müssen;

oder daß der Pflegedienst nur deshalb intramuskuläre Injektionen verabreicht, weil für die an sich gebotenen intravenösen Injektionen kein Arzt greifbar ist.

Dagegen kann auch das Haftungsrecht nicht ohne weiteres die allgemeinen Grenzen der Finanzierbarkeit und Wirtschaftlichkeit vernachlässigen. Nicht alles, was der wissenschaftliche Fortschritt in der Medizin als diagnostisch und therapeutisch machbar ansieht, muß stets voll für den Patienten eingesetzt werden. Er kann nicht stets und überall optimale Behandlungsbedingungen erwarten.

So kann der Standard für die personelle und apparative Ausstattung für das Krankenhaus auf dem Lande niedriger anzusetzen sein als für die Uni-Klinik. Solche Qualitätsunterschiede sind allerdings möglichst zu neutralisieren durch höhere Anforderungen an die Selbstkritik des Landkrankenhauses bei der Übernahme riskanter Fälle und durch eher einsetzende Pflichten zur Abgabe an die Spezialklinik.

Aus demselben Grund konnte die Patientin nicht erwarten, daß zur Sterilisation für die Elektrokoagulation der Eileiter statt des monopolaren Hochfrequenzstroms das Krankenhaus 1980 schon für die bipolare Methode ausgerüstet war. Wenn allerdings das Krankenhaus die modernen Apparate besitzt, dann muß es sie auch einsetzen, wo das indiziert ist.

Natürlich gibt es einen unverzichtbaren Mindeststandard für die diagnostische, therapeutische, pflegerische Betreuung, der nicht ohne Haftungsfolgen unterschritten werden darf. Und wenn das Ausstattungsniveau sich diesem untersten Normbereich nähert, dann kann das dazu verpflichten, dem Patienten bei der Aufklärung darüber reinen Wein einzuschenken.
Außerdem können und müssen Qualitätsunterschiede nach Kräften neutralisiert werden:

- durch höhere Anforderungen an die Selbstkritik des Krankenhauses auf dem Lande bei der Übernahme, insbesondere wo riskante Eingriffe in Frage stehen;
- durch eher einsetzende Pflichten zur Abgabe an die Spezialklinik;
- durch besondere Pflichten des Berufsanfängers zu einem wachen Bewußtsein dafür, daß er durch vorschnelles Unterdrücken von Zweifeln lebensbedrohende Gefahren für den Patienten heraufbeschwören kann.

Patientenaufklärung

Die Haftung des Arztes für Versäumnisse der Patientenaufklärung tritt heute langsam in der Bedeutungsskala der Arzthaftungsprobleme hinter die Behandlungsfehler-Haftung und vor allem ihre Beweisproblematik zurück. Zwar wird die Haftungsklage häufig immer noch um die Aufklärungsschiene ergänzt; aber die Fälle, in denen der Kläger damit durchdringt, werden schon recht selten. Das liegt teilweise an den Hürden, die inzwischen für den Patienten hier errichtet worden sind, um einem Mißbrauch dieses Haftungsinstituts vorzubeugen. Es liegt wohl aber auch daran, daß die Ärzte sich langsam an unsere Anforderungen an die Patientenaufklärung zu gewöhnen beginnen; ich stelle sie noch einmal heraus:

Aufklärung soll den Patienten nicht medizinisch mündig machen. Sie ist auch nicht dazu da, dem Patienten in Zweifelsfällen den Schwarzen Peter zuzuschieben für das medizinisch richtige Vorgehen. Patientenselbstbestimmung, der die Aufklärung des Patienten über Art und Risiken der Behandlung ja dient, hebt die Alleinzuständigkeit des Arztes - und natürlich auch seine Alleinverantwortung - für die medizinische Aufgabe nicht auf. Sie ist vielmehr nur dazu da, den medizinischen Aspekt, die medizinische Indikation als den einen Bestimmungsgrund für das Vorgehen des Arztes zu ergänzen um den personalen Aspekt, daß der Patient allein zuständig ist, darüber zu bestimmen, ob er bereit ist, für seine Heilung als Preis an die Medizin auch eine nachhaltige Belastung seiner Lebensführung mit der Folge einer unvermeidbaren Komplikation zu bezahlen.

Also keine medizinischen Vorlesungen des Arztes, die nichts daran ändern würden, daß auch der bestens aufgeklärte Patient ein medizinischer Laie bleibt, der auf das Vertrauen in das medizinische Expertenwissen seines Arztes angewiesen ist.

Dem Patienten mit dem sogenannten Panzerherz müssen vor der Herzoperation nicht die verschiedenen Arten von Verkalkung am Herzbeutel dargestellt werden; es muß ihm auch nicht, wie das Oberlandesgericht noch meinte, klargemacht werden, daß vor der Operation nicht herausgefunden werden kann, ob ein gesonderter Befall allein des Pericard, des Epicard oder des Myocard oder eine Kombinationsform vorliegt, auch nicht die statistische Häufigkeit der Erscheinungsformen.

Was der Patient haben muß für seine Einschätzungsmöglichkeit, das ist ein ungefähres Bild von der Dringlichkeit, den Erfolgsaussichten, dem Grad und der Stoßrichtung der Risiken der Operation, einschließlich des Mortalitätsrisikos.

Und Aufklärung auch nur über solche Risiken, die, wenn sie sich verwirklichen, seine Lebensführung nachhaltig belasten:

Funktionsbeeinträchtigungen wichtiger Organe; nachhaltige Störung des Bewegungsapparates; Dauerschmerzen; nachhaltige Einstellungen: künstlicher Darmausgang; Inkontinenz; Zwang zu langandauernder Schonung; erforderlich werdende Operationen.

Und auch diese Risiken müssen nur angesprochen werden, wenn der Laie nicht mit ihnen rechnet, weil er sie mit dem Eingriff nicht verbindet, obwohl sie mit dem Eingriff, der Methode spezifisch verbunden sind:

- die Recurrens-Parese bei der Schilddrüsenoperation
- die Facialis-Lähmung bei der Ohroperation
- die Accessorius-Lähmung bei der Lymphknoten-Exstirpation
- die Halbseitenlähmung bei Angiographie
- die Sehnervschädigung durch aggressive Tuberkulostatika
- die Harnleiterverletzung bei der Entfernung der Gebärmutter

Allgemeine Risiken einer Operation, die der Patient im großem und ganzen bereits mit dem Wissen, daß eine Operation eben eine Operation ist, auch ohne weitere Erklärung des Arztes verbindet, müssen ihm nicht dargestellt werden: die Infektion; der Narbenbruch; auch: das allgemeine Risiko einer Embolie.

Anderes gilt natürlich , wenn wegen der vom Arzt gewählten Methode das Embolierisiko erhöht ist,

etwa wenn er aus Rücksicht auf die Befindlichkeit seines Patienten auf jegliche Thrombosenprophylaxe verzichtet, was aber meistens wohl ein Behandlungsfehler sein dürfte.

Und außerdem kann das Wissen des Patienten von den allgemeinen Risiken geradezu Geschäftsgrundlage für seine Entscheidung sein:

So kann das Sudeck-Syndrom, obwohl es häufig gerade nach Frakturen zu beobachten ist, kaum als spezifisches Risiko von Knochenoperationen angesehen werden, weil es auch durch andere traumatische Einwirkungen ausgelöst werden kann. Gleichwohl ist der Patient, dessen Beschwerden durch einen Senk- und Spreizfuß operativ behoben werden sollen, über dieses bei solchen Operationen jedenfalls erhöhte Risiko aufzuklären, weil er wissen muß, daß die Operation, die ihn ja von Schmerzen befreien soll, geradezu ins Gegenteil umschlagen kann, wenn sich als Folge der Operation ein Sudeck einstellt.

In den Anforderungen an die Aufklärung bei eingriffsspezifischen Risiken sind wir strikt: insoweit haben die Ärzte recht, die uns vorwerfen, wir ließen es zu, daß der Patient gegen jede medizinische Vernunft selbst bei vitaler Indikation sich gegen die Behandlung entscheide und den sicheren Tod auf sich nehme für ein extrem seltenes Risiko. Auch wenn kein Mediziner den Eingriff in Frage stellt, kann der Patient gute persönliche Gründe haben, ihn für sich abzulehnen. Gerade deshalb können wir die Entscheidung, ob der Patient über das Risiko aufgeklärt werden soll, nicht, wie das viele Ärzte verlangen, dem ärztlichen Ermessen anheim geben oder einem therapeutischen Privileg, das eben doch von medizinischen Präferenzen bestimmt wäre. Und unsere Vorbehalte gegen eine Freistellung bestimmter Risiken von der Aufklärung allein wegen ihrer *statistischen* Seltenheit liegt in derselben Konsequenz: auch ein Querschnittsrisiko von statistisch nur 1: 100.000 trifft *diesen* Patienten zu 100 %, wenn es sich verwirklicht. Uns erscheint die geringe statistische Bedeutung eines Risikos richtiger angemeldet nicht schon im "Ob" der Aufklärung, sondern erst in ihrem "Wie": mit welcher Intensität der Arzt dem Patienten das Risiko darstellen muß, damit dieser ihm nicht einen höheren Stellenwert einräumt als ihm zukommt.

Für dieses "Wie" räumt die Rechtsprechung des BGH dem Arzt ein zunehmend breites Ermessen ein. Denn das Recht kann in diesem Bereich nur mit Zurückhaltung Verhaltensanweisungen geben, weil hier alles von der konkreten Situation abhängt. Damit Aufklärung den Patienten erreichen kann, den sie ja in seinem persönlichen, sehr individuellen Verhältnis zu seiner Krankheit antrifft, muß Aufklärung *patienten*bezogen erfolgen, d. h. sie muß auf die Fähigkeit und Bedürfnisse dieses Patienten und auf seine in der Krankheit spezifisch bloßgelegte Persönlichkeitsstruktur hin geführt werden. Und sie muß *eingriffsbezogen* erfolgen, d. h. zugeschnitten sein auf die individuelle Krankheit und auf die individuellen Risiken *dieses* Patienten. Das richtige Maß dafür kann nur der Arzt gemeinsam mit seinem Patienten herausfinden, und er kann es nur tastend herausfinden in einem Gespräch mit dem Patienten, um zu vermeiden, daß die Aufklärung bei ihm zu Selektionen und Fixierungen führt, die die Relationen unangemessen verzerren und eben darum das Ziel der Aufklärung verfehlen. Aufklärung, die mehr sein soll als eine juristische Formalie, sie verlangt vom Arzt nicht nur Zeit, sondern Fingerspitzengefühl, Erfahrung im persönlichen Umgang mit

Menschen, Mut, gelegentlich auch die Bereitschaft zu selbstkritischer Distanz gegenüber "seiner" Medizin.

Gerade dafür gibt es keine juristischen Verhaltensmuster; und auch keine Regieanweisungen im Sinne der Formulare des Perimed-Verlags. Ich denke, diese Formblätter können vielleicht dem *Arzt* eine Art Checkliste an die Hand geben, an der er sein Gespräch mit dem Patienten überprüfen kann. In der Hand des Patienten richten sie zumindest nicht viel rechtlichen *Nutzen* aus, weil sie - auch wenn sie das medizinische Vokabular zu vermeiden suchen - viel zu sehr den Patienten als Patienten ansprechen, d.h. als eine *medizinische* Größe statt als Individuum, und weil sie notgedrungen generalisieren müssen, statt auf *diesen* Patienten und *diese* Krankheit eingehen zu können. Die Aushändigung derartiger Formblätter an den Patienten und seine Unterschrift geben noch keine Garantie dafür, daß der Patient ausreichend aufgeklärt ist.

Natürlich haben wir Verständnis dafür, daß Ärzte sich rechtlich absichern möchten. Aber die adäquate Hilfestellung des Rechts kann hier nur sein, und wir haben das auch wiederholt ausgesprochen, dem Arzt einen breiten Ermessensfreiraum zu geben für die schwierige Wortwahl und für die Intensität seiner Darlegungen; für die Notwendigkeit zu holzschnittartiger Verkürzung seiner Information, um ihres besseren Verstehens willen, weil natürlich mit einer Überinformation à la Beipackzettel genau das Gegenteil von Aufklärung erreicht würde; Ermessen auch für die Begrenzung seiner Angaben über die Diagnose, weil es ja vor allem hier die reine Spekulation auszusortieren gilt, wenn man keine unnötige Verängstigung des Patienten will.

Und in der Konsequenz liegt es ebenso, daß wir dem Arzt auch durch Lockerung in den Anforderungen an den Nachweis der Aufklärung, - den er zu führen hat -, entgegenkommen müssen. Dem BGH genügt es grundsätzlich, wenn der Arzt in den Krankenpapieren dokumentiert, daß, wann und über welche Risiken er aufgeklärt hat, und wenn er dann noch durch seine Hilfskräfte belegen kann, daß er sich generell um sachgemäße Aufklärung bemüht.

Beweismaß und Beweislast

Problemfeld Nr. 1 der Arzthaftung sind heute Beweismaß und Beweislastverteilung. Weil es nicht nur dem Patienten als Laien, sondern auch dem Arzt regelmäßig nicht möglich ist, das Geschehen ganz aufzuklären, nicht ex post im Gerichtssaal und schon gar nicht ex ante am Krankenbett, wenn er Überdiagnostik und defensive Medizin vermeiden will, deshalb schlägt sich hier jede Beweiserleichterung für die Feststellungen zum Verlauf und zu möglichen Fehlern besonders ungeschminkt als materieller Haftungsbaustein nieder. Nach unserem Verständnis kann der Arzt nicht allein wegen der Feststellungsschwierigkeiten haften, die ja die Krankheit mitsetzt, für die er nichts kann und die er auch nie voll beherrschen kann. Deshalb muß es prinzipiell beim normalen Beweismaß und bei der Beweislast des Patienten für den Behandlungsfehler und für die Kausalität bleiben.

Eine Belastung des Arztes mit der Beweislast für die Kausalität halten wir für legitim bei groben Behandlungsfehlern: hat der Arzt sogar elementare Regeln seines Berufs vernachlässigt und die Krankheit damit sozusagen in das Diktat seiner Eigenregie übernommen, dann kann ihm als Korrektiv materiell-rechtlich eine Pflicht zu gesteigerter, minutiöser Rechenschaft über den Status zugemutet werden, ähnlich einem mit dem Patienten experimentierenden Arzt.

Grobe Diagnosefehler haben wir etwa angenommen,

- wo Kontrollbefunde zur differential-diagnostischen Abklärung der ersten Arbeitshypothese nicht erhoben worden sind;
- wo deutlichen Anzeichen für eine Infektion oder für innere Blutungen nicht durch entsprechen de Blutuntersuchungen nachgegangen wird;
- wo auf Venenentzündung behandelt worden ist ohne Abklärung des Verdachts eines embolistischen Gefäßverschlusses;
- wo eine Phlebographie zur rechtzeitigen Erkennung eines Kompartmentsyndroms nach Muskelfaserriß mit Schwellungen versäumt worden ist.

Grobe Therapiefehler sind beispielsweise

- das Nichteinhalten einer Mindesteinwirkungszeit für das Desinfektionsmittel vor der Injektion;
- das Operieren ohne Notwendigkeit in Schwellungen oder Reizzustände hinein, etwa die Meniskusoperation noch am Tag der Arthrographie, trotz deren chemischer Reizung des Operationsgebietes;
- das Anordnen von Bewegungsübungen nach "Pelchen" nach Humerus-Trümmerfraktur trotz sperrender und wandernder Kirschnerdrähte im Schultergelenk.

Aus denselben Erwägungen halten wir den Arzt, wenn er eine spezifische Pflicht zur Befundsicherung verletzt, für verpflichtet, nachzuweisen, daß es nicht am Unterbleiben dieser spezifischen Kontrolle gelegen hat, daß die Behandlung fehlgeschlagen ist: es wäre mißbräuchlich, wenn der Arzt aus dem Fehlen ausreichender Daten über dem Patientenstatus, den er besonders zu sichern hatte, im Prozeß Gewinn schlagen könnte. Damit rücken in das Blickfeld des Haftungsrichters auch die Krankenaufzeichnungen, deren Aufgabe ja ebenfalls u. a. die Statussicherung ist.

Indessen hüten wir uns auch insoweit davor, die Behandlungsseite allein aus Rechtsgründen zu mehr Aufzeichnungen zu verpflichten, als nach gutem medizinischen Standard geboten wäre.

Die Daten in den Krankenpapieren dienen zwar dem Schutz des Patienten, in erster Linie aber seinem therapeutischen Schutz vor schadensträchtigen Irrtümern bei Ärzten oder Schwestern im weiteren Behandlungsverlauf oder vor der unnötigen Belastung mit einem wiederholten Diagnoseeingriff. In diesem Sinn werden die Daten als Erkenntnisgrundlagen für die Behandlung festgehalten. Sie zielen aber nicht zugleich auf die Verbesserung einer etwaigen Prozeßlage des Patienten. Mitteilungsempfänger der Aufzeichnungen ist deshalb nicht der Richter, sondern der Arzt oder die Schwester; nur das braucht aufgezeichnet zu werden, was an medizinischen Wegmarken, medizinischen Erkenntnissen und medizinischen Erinnerungshilfen Arzt und Schwester als aufzeichnungswürdig erwarten. Sich von selbst verstehende Routinemaßnahmen fallen nur für die selbständige Operation des Anfängers darunter: aber nur, weil der Anfänger vielleicht Wichtiges nicht für wichtig hält.

Dokumentationsfehler haben grundsätzlich auch nicht die Wertigkeit von Behandlungsfehlern. Sie können zwar Irrtümer im weiteren Behandlungsverlauf begründen, dann lösen sie natürlich Haftungen aus. Wo es aber nicht um solche Auswirkungen geht, sondern nur um Beweisnachteile, dort hat die Dokumentationslücke prinzipiell nur die Qualität eines Indizes:

etwa daß die zu dokumentierende Maßnahme unterblieben ist; daß z. B. der Rundgips nicht gespalten worden ist, wenn dies nicht ausdrücklich vermerkt wurde; daß die dokumentierte Überdosis infundiert worden ist; daß das Fehlen einer entsprechenden Dokumentation gegen die Behauptung des Krankenhauses spricht, der Patient habe die Klinik gegen ärztlichen Rat verlassen.

Unklare Dokumentation muß allerdings der Arzt erklären: etwa die Art und Weise der Injektion, wenn nicht vermerkt ist, ob sie intramuskulär oder intravenös gegeben worden ist. In diesem Fall kann die unsorgfältige Dokumentation den Arzt zur Entlastung von einem Behandlungsfehler verpflichten. Andererseits können natürlich gut geführte Aufzeichnungen ihn vom Behandlungsfehlervorwurf oder vom Vorwurf eines Aufklärungsversäumnisses entlasten.

Ausblick

So sollte als Eindruck bei Ihnen haften bleiben: wir Richter sind bemüht, zwischen dem Integritätsschutz Ihrer Patienten und dem medizinischen Alltag eine Brücke zu schlagen, die für beide Seiten begehbar ist. Dazu bedürfen wir des Dialogs: nicht nur, weil wir die großen Fragen, die uns der medizinische Fortschritt stellt, nicht allein beantworten können:

Wo muß mit den medizinischen Möglichkeiten, die Natur zu überspielen, Schluß gemacht werden?

Bis in welche Generation reicht die Haftung des Arztes etwa für erbkranken Nachwuchs?

sondern weil unsere Antworten allgemein nur durch Abstimmung zwischen den Geboten des Haftungsrechts und den Zwängen und Eigengesetzlichkeiten der Medizin gefunden werden können. Gegen die Medizin läßt sich das Recht nur zum Schaden des Patienten durchsetzen. Miteinander und Verständigung ist angesagt. Wir vom BGH sind dazu bereit. Ich wäre zufrieden, wenn ich das hier deutlich gemacht hätte.

Zur Entkriminalisierung des Arztrechts

Prof. Dr. Hans Lilie
Martin-Luther-Universität, Halle-Wittenberg, Juristische Fakultät,
Universitätsplatz 10a, 06108 Halle

Arzthaftung im Strafprozeß ist ein Thema, das aus der Sicht des modernen Arztrechts eigentlich kein Thema sein sollte. In den letzten Jahren lag ein wesentlicher Arbeitsschwerpunkt nicht nur der Forschung, sondern gerade auch bei den Richtern in dem Bemühen, der Erkenntnis Rechnung zu tragen, daß dem Strafrecht auf diesem Gebiet eine nur begrenzte Funktionalität zukommen kann.

Die Entwicklung des Schadenersatzrechts hat hier durch die Rechtsprechung des 6. Zivilsenats in den letzten Jahren zu wichtigen Veränderungen geführt. Herr Steffen hat z.B. auf die Wende bei der Dokumentation und Aufklärung des Patienten hingewiesen. Im Falle eines Behandlungsfehlervorwurfes sehen wir Medizin und Jurisprudenz in einer unübersichtlichen Gemengelage. Wegen des immer lauter zu hörenden Vorwurfs, die Verrechtlichung der Medizin würde unaufhaltsam fortschreiten, fühlen sich Ärzte, wie es neulich zu lesen war, den Göttern im schwarzen Kittel ausgeliefert. Für eine Ärztin bzw. für einen Arzt ist dabei natürlich die Kriminalisierung der täglichen Alltagsarbeit kaum nachzuvollziehen.

Aus der Sicht des Patienten, der glaubt, durch einen ärztlichen Behandlungsfehler geschädigt zu sein, liegt der Ruf nach dem Staatsanwalt auf der Hand. In Unkenntnis der komplizierten Abhängigkeiten von Zivilrecht, Strafrecht und Gutachter- und Schlichtungsstellen wirkt die Strafanzeige oft hilflos. Meines Erachtens ist sie in den meisten Fällen der falsche Weg.

Die Ursache für die verfehlte Hoffnung vieler Patienten gesund und ohne jede Einschränkung nach ärztlicher Behandlung weiterleben zu können, geht von dem falschen Verständnis aus, daß der Arzt mit dem abgeschlossenen Behandlungsvertrag die vollständige Wiederherstellung des Patienten schulde. Schon wenn die Gesundung aus Gründen, die häufig schicksalhaft sind und beim Patienten liegen, nicht erreicht wird, beginnt sich ein Mißmut zu regen, der in der Strafanzeige seinen Gipfel findet.

Gleichwohl ist nach vielfach geäußerter Meinung in der Mehrzahl der Fälle der Patienten überhaupt nicht an einer Bestrafung des Arztes interessiert. Die Ursachen dafür, daß es nach Mißerfolgen oder schicksalhaften Verläufen nun doch zu Strafanzeigen kommt, sind vielschichtig. Es wäre einseitig, wenn man einen Grund hierfür nicht auch bei uns Juristen ersehen würde. Tröndle hat einmal formuliert, daß es ebenso wie iatrogene Krankheiten auch im Rechtsleben Übel gäbe, deren Entstehung wir allein Juristen zu verdanken haben. Damit ist jenes Übel gemeint, das den Ärzten seit jeher der größte Dorn im Auge ist. Ich meine, die Einordnung des ärztlichen Heileingriffs als

Körperverletzung im Sinne der 223 bzw. 230 des Strafgesetzbuchs. Insoweit befinden wir uns in einer Nähe zu zivilrechtlichen Haftungsansprüchen, die im Sinne der angestrebten Einheit der Rechtsordnung weitgehend parallel zur strafrechtlichen Verfolgung des Arztes laufen. Unterschiede zwischen Strafrecht und Schadensersatzrecht finden sich jedoch da, wo die verschiedenen Funktionen des Haftungs- und des Strafrechts zutage treten.

Dem Strafrecht kommt in erster Linie die Aufgabe zu, durch die Sanktionierung eines bestimmten umschriebenen Verhaltens auf den Einzelnen, ebenso wie auf die Allgemeinheit, in der Weise einzuwirken, daß künftige Straftaten vermieden werden. Nicht diese Form der General- und Spezialprävention, sondern die Kompensation für den erlittenen Schaden, ist dagegen die Aufgabe des Zivilrechts. Jedoch arbeitet das Strafrecht ebenso wie das zivile Deliktsrecht mit Erfolgstatbeständen. Ein generell unerwünschtes Verhalten wird als Verbot umschrieben, dessen Verwirklichung damit als tatbestandsmäßig angesehen. Für einen Behandlungsfehlervorwurf kommen in der Regel die fahrlässige Körperverletzung oder fahrlässige Tötung in Betracht.

Die Einordnung des ärztlichen Heileingriffs als Körperverletzung ist alt. Neben den systematischen Gegebenheiten des Strafrechts geht sie zurück auf eine Entscheidung des Reichsgerichts, immerhin aus dem Jahre 1894.

Damals hatte am 13. Juni 1893 ein Oberarzt einem 7 Jahre alten Mädchen den Fuß wegen einer tuberkulösen Vereiterung der Fußwurzelknochen amputiert. Dieser Eingriff geschah mit Einwilligung der Mutter, jedoch gegen den erklärten Willen des Vaters, der, wie es das Reichsgericht formulierte, "als Anhänger der sogenannten Naturheilkunde ein grundsätzlicher Gegner der Chirurgie war". Trotz der absoluten Indikation zum Eingriff und der erfolgreichen Durchführung, hat das Reichsgericht die Maßnahme als Beeinträchtigung der körperlichen Unversehrtheit und damit als tatbestandsmäßig Körperverletzung qualifiziert. Bis heute folgt die Rechtssprechung praktisch uneingeschränkt dieser Auffassung. So verlangt man auch heute noch bei schwierigen und weitreichenden Entscheidungen über die Behandlung eines Kindes, die mit erheblichen Risiken für das Kind verbunden sind, eine Einwilligung der Eltern. Fehlt die elterliche Zustimmung, so ist die Körperverletzung rechtswidrig.

Bei Routinefällen freilich, bei denen es um die Behandlung leichter Erkrankungen geht, kann der Arzt regelmäßig auf eine Absprache unter den Eltern vertrauen, und sich auf die Ermächtigung des erschienenen Elternteils zum Handeln für den anderen verlassen.

Gegen die Einordnung als Körperverletzung wurde vorgebracht, daß dieser Weg abseits jeglichen Wirklichkeitssinnes und jeder Rechtsvernunft liege. Demgegenüber legitimiert die Rechtssprechung ihr Vorgehen mit dem dogmatischen Konzept der Straftat. Das positive Strafrecht geht davon aus, daß nicht alle Handlungen, die gegen eine Norm des Strafgesetzbuchs verstoßen, auch wirklich bestraft werden sollen. Wenn der Arzt also nur mit Einwilligung eines Elternteils an einem Kind einen Eingriff vornimmt, so handelt es sich um eine völlig wertfreie Feststellung auf einer ersten Stufe, daß dieses Verhalten des Operationsteams den Tatbestand der Körperverletzung verwirklichen kann. Diese unerfreuliche Konsequenz ist darauf zurückzuführen, daß es dem Gesetzgeber bislang nicht gelungen ist, die Tatbestände, etwa der Körperverletzung, so zu formulieren, daß jeweils gleich deutlich wäre, unter welchen Bedingungen eine Körperverletzung nicht zu bestrafen wäre. Das bedeutet, im Einzelfall sieht sich der Gesetzgeber außerstande, bereits bei der Normierung eines Verbotes festzulegen, unter welchen Bedingungen in unserem Fall die Verabreichung einer subcutanen Spritze, nicht zu bestrafen ist.

Das sich an die Tatbestandsmäßigkeit der Handlung anschließende Merkmal der Rechtswidrigkeit bildet die zweite Stufe des Straftatsystems. Diese ist die Konsequenz aus einem unbefriedigenden Stand der Gesetzgebungstechnik. Das Merkmal der Rechtswidrigkeit ist die Anweisung für alle Strafjuristen, zu prüfen, ob trotz einer tatbestandsmäßigen Handlung wegen des Vorliegens eines Rechtfertigungsgrundes nicht doch Straflosigkeit gewollt und bezweckt ist. Erst wenn keine Rechtfertigung für die Körperverletzung vorliegt, kann eine tatbestandsmäßige Handlung für rechtswidrig erklärt werden. Man kommt einer Bestrafung näher. Die Rechtswidrigkeit ist für die Arbeitstechnik und für die Sachergebnisse im Strafrecht so wichtig wie das Merkmal der Tatbestandsmäßigkeit. Man soll durch das Merkmal Rechtswidrigkeit immer wieder daran erinnert werden, daß die dem Tatbestand eines Strafgesetzes gemäße Handlung nicht notwendig strafbar ist. Die Anweisung, die Rechtswidrigkeit einer tatbestandsmäßigen Handlung zu prüfen, bietet Möglichkeiten an, den Umfang der Strafbarkeit, den diese Tatbestände, wie etwa die Körperverletzung bei der ärztlichen Behandlung, anzeigen, auf das vernünftige Maß zurücknehmen.

Im Arztstrafrecht bietet sich diese Möglichkeit über die Einwilligung. Die Einwilligung ist ein anerkannter Rechtfertigungsgrund, der die Rechtswidrigkeit des ärztlichen Heileingriffs entfallen läßt. Wegen des Prinzips der Einheit der Rechtsordnung gelten im Strafrecht und im Zivilrecht, also auch im Haftungsrecht, die gleichen Maßstäbe für die Einwilligung. Eine Einwilligung, die im Haftungsrecht zum Haftungsausschluß des Arztes führt, beseitigt im gleichen Maße die Strafbarkeit wegen Körperverletzung. Um Wiederholungen zu vermeiden, kann ich mich bei der Einwilligung nach Aufklärung den Ausführungen von Herrn Steffen uneingeschränkt anschließen.

In dieser für die Rechtssprechung gegenwärtig kaum überwindbaren grundsätzlichen Einordnung der ärztlichen Heilbehandlung, ist die wohl größte iatrogene Krankheit des Arztstrafrechts zu sehen. Solange der Gesetzgeber sich nicht entschließen kann, einen Tatbestand der eigenmächtigen Heilbehandlung zu schaffen, wird sich an dieser Einordnung auch nichts ändern. Zu groß ist die Besorgnis in der Praxis, daß das verfassungsrechtlich zugesicherte Selbstbestimmungsrecht des Patienten in einer oft lebens- oder zumindest leidensbestimmenden Phase eingeschränkt werden könnte. Zweifellos war es gleichzeitig eine Fehlentwicklung, daß Juristen daraufhin Ärzten zu Aufklärungsbögen geraten haben, die die Individualisierung der Aufklärung vernachlässigen. Herr Steffen hat den nur beschränkten Nutzen dieser Art der Stufenaufklärung deutlich gemacht.

Auf ein weiteres iatrogenes Problem des Strafrechts stoßen wir bei der Fahrlässigkeit. Herr Steffen hat in seinen zahlreichen Beispielen uns bereits anschaulich dargestellt, daß der Schwerpunkt der Arzthaftung bei der Fahrlässigkeit, also beim Verstoß gegen den jeweiligen medizinischen Standard, angesiedelt ist. Auch der Staatsanwalt und der Strafrichter sind bei der Frage nach dem Standard auf den Gutachter angewiesen.

Im Strafrecht ist das weiter modifiziert. Während es im Schadensersatzrecht für die Haftung darauf ankommt, daß der Täter die objektiv erforderliche Sorgfalt, also den

Standard nicht eingehalten hat, ist eine Bestrafung nur möglich, wenn dieses objektiv sorgfaltswidrige Verhalten auch subjektiv fahrlässig ist. Begründet wird der Fahrlässigkeits-Schuldvorwurf durch die Feststellung, daß der Täter nach seinen persönlichen Fähigkeiten und dem Maß seines individuellen Könnens imstande war, die objektive Sorgfaltspflicht zu erkennen und die sich daraus ergebenden Sorgfaltsanforderungen zu erfüllen. Schuld heißt deshalb Vorwerfbarkeit und dazu gehört die persönliche Fähigkeit des Anders-Handeln-Könnens, also die subjektive Erfüllbarkeit der objektiv gebotenen ärztlichen Pflichten. Man kann es also so formulieren: Der Sorgfaltsmaßstab, den der Strafrichter bei dem Vorwurf der fahrlässigen Körperverletzung oder der fahrlässigen Tötung zugrunde legt, ist ein doppelter: Er ist zunächst berufs- und zum anderen personenbezogen. Der Schuldvorwurf wegen fahrlässiger Körperverletzung setzt personenbezogen voraus, daß der Arzt subjektiv, also nach seinen persönlichen Fähigkeiten und individuellen Kenntnissen in der Lage war, bei der Behandlung die erforderliche Sorgfalt aufzubringen.

Eine unvorhersehbare Komplikation, die zu einem Fehler führt, führt danach nicht zum Schuldvorwurf im Strafrecht. Sachverständige sprechen hier gelegentlich von einem nicht beherrschbaren Zwischenfall, auf den man sich nicht einstellen konnte. Der Fehler kann auch nur dann zum Schuldvorwurf gereichen, wenn der Arzt in der jeweiligen Behandlungssituation in der Lage gewesen ist, den ungünstigen Ausgang vorherzusehen. Deshalb reicht auch für eine Verurteilung nicht bereits jede Fehlentscheidung im Rahmen eines operativen Eingriffs, um dem Arzt, trotz eines objektiv sorgfaltswidrigen Vorgehens, einen Schuldvorwurf zu machen. Das Versagen in einer kritischen Situation kann dem Arzt nicht schon deswegen zum Vorwurf gemacht werden, weil er sonst in der Lage war, riskante Situationen in Notfällen zu meistern. Deshalb können den Arzt z.B. körperliche Mängel, wie etwa vorangegangene Streßsituationen oder Übermüdungen, mangelndes Erfahrungswissen bei jungen Ärzten oder mangelndes Reaktionsvermögen wegen Überanstrengung entschuldigen.

Aus dieser Tatsache darf freilich nicht zu schnell der Schluß gezogen werden, daß das Strafrecht hier besonders nachsichtig mit dem extrem belasteten oder unterdurchschnittlich qualifizierten Arzt umgeht. Denn objektiv pflichtwidrig und auch subjektiv schuldhaft handelt derjenige Arzt, der freiwillig und ohne daß eine Notsituation vorliegt, eine Tätigkeit vornimmt, der er mangels eigener persönlicher Fähigkeiten oder trotz fehlender Sachkunde für ihn erkennbar nicht gewachsen ist.

Gleiches gilt für die Fälle, in denen trotz vorhandener Fähigkeiten und Erfahrung, etwa aus Übermüdung, wegen vorangegangenen Alkoholkonsums, Erkrankung oder Medikamenteneinwirkung, die übernommene Tätigkeit nicht sachgerecht ausgeführt werden kann. Deshalb muß der Arzt, der Bedenken hinsichtlich seiner eigenen persönlichen oder fachlichen Qualifikation entwickelt, sachkundigen Rat heranziehen oder den Patienten an den entsprechenden Fachmann überweisen. Die Hebamme, die unter der Geburt auf Komplikationen stößt, die sie selber nicht beherrschen kann, muß deshalb einen Arzt herbeirufen. Auch der Arzt, der in dieser Situation an die Grenzen seiner Erfahrung stößt, muß den Oberarzt oder Chef herbeirufen.

Meine Damen und Herren, Sie sehen schon an dieser Stelle, daß sich meine Ausführungen ganz wesentlich von denen meines Vorredners unterscheiden. Herr Steffen ist in der Lage, die Entwicklung der Rechtssprechung seines Arzthaftungssenates als

Leitlinie der Entwicklung des Arzthaftungsrechts im Bereich des Schadensersatzes vorzutragen. Im Arztstrafverfahren sieht es ganz anders aus. Die Praxis kennt keine soweit ausgebildete Rechtssprechung in Arzthaftungssachen im Strafrecht. Die Ursache hierfür liegt nicht, wie man auf den ersten Blick meinen könnte daran, daß bei den Strafsenaten des Bundesgerichtshofs kein spezieller Senat gebildet wurde, der für die Entwicklung des Arztstrafrechts zuständig wäre. Eine solche Regelung wäre schon mit der Zuständigkeitsregelung beim BGH in Strafsachen nicht vereinbar.

Der wahre Grund für den Mangel an höchstrichterlicher Rechtssprechung in Strafsachen zu Behandlungsfehlern hat eine ganz andere Ursache. Sie liegt in der konzeptionellen Verschiedenheit des Strafverfahrens von Schadensersatzprozeß. Ich erwähnte bereits eingangs, daß das Strafverfahren im Arzthaftungsprozeß systemwidrig ist, eigentlich immer seltener werden sollte und daß der fachkundige Anwalt in der Regel von der Erstattung einer Strafanzeige absehen sollte.

Bemüht ein Patient während oder nach einer Behandlung sich um einen Rechtsanwalt, weil er glaubt, durch einen Behandlungsfehler der Ärzte geschädigt worden zu sein, sollte man raten, sich zunächst an die Schlichtungs- und Gutachterstellen bei den Ärztekammern zu wenden. Auf diese Art und Weise soll der im Referat von Herrn Steffen dargestellten Beweisnot im Arzthaftungsverfahren Rechnung getragen werden. Dadurch, daß die Schlichtungsstellen von sich aus unter Beiziehung aller Unterlagen, also auch der Krankenunterlagen, eine Sachverhaltsklärung betreiben, entfällt eigentlich der Hauptgrund für ein Strafverfahren in Arzthaftungssachen. Da abgesehen von groben Behandlungsfehlern der Patient die Beweislast für den Fehler des Arztes hat, bedient er sich des Strafverfahrens eigentlich nur als Vehikel zur Beweisbeschaffung. Hierfür scheint das Srafverfahren auf den ersten Blick geeignet: Sobald die Staatsanwaltschaft, etwa durch eine Strafanzeige oder auf anderem Weg von dem Verdacht einer Straftat Kenntnis erhält, hat sie den Sachverhalt zu erforschen und zu entscheiden, ob sie eine Anklage erhebt. Dieser sogenannte Amtsermittlungsgrundsatz zwingt die Staatsanwaltschaft, alle zur Belastung und auch zur Entlastung dienenden Umstände des Falles zu ermitteln und die notwendigen Beweismittel zu beschaffen. Damit liegt dem Strafverfahren eine grundsätzliche andere Beweislastregel als im Schadensersatzprozeß zugrunde. Im Strafverfahren und insbesondere in dessen erstem Stadium, nämlich dem Ermittlungsverfahren, liegt die Beweislast einzig bei der Staatsanwaltschaft. Die Staatsanwaltschaft muß dem Arzt den Behandlungsfehler nachweisen. Konkret bedeutet das, daß der beschuldigte Arzt im Ermittlungsverfahren in keiner Weise dazu verpflichtet ist, an der Beweisführung hinsichtlich der eigenen Schuld mitzuwirken.

Deshalb wird gelegentlich wohl zu Recht vermutet, daß der eigentliche Grund für die Erstattung von Strafanzeigen trotz anwaltlicher Beratung wohl darin liegt, daß diejenigen Anwälte, die mit derartigen Fällen nur selten konfrontiert werden, vor der Komplexität der mit Arzthaftungsprozessen verbundenen Probleme kapitulieren. Sie überlassen der Staatsanwaltschaft die Ermittlungsarbeit und hoffen, daß der Fall auf diese Weise gelöst wird. Insbesondere an die Erstellung eines Gutachtens werden große Erwartungen geknüpft.

Schiebt man einmal das Gebühreninteresse des Anwalts zur Seite, so bleibt trotzdem das Strafverfahren als erster Schritt bei einem vermuteten Behandlungsfehler für Fachleute erstaunlich. Zunächst sollte bekannt sein, daß die Schlichtungsstellen keine Schlichtungsverfahren annehmen, wenn in der gleichen Sache ein Strafverfahren anhängig ist oder anhängig gewesen ist. Das erklärte Ziel der Schlichtungsstellen ist gerade die Vermeidung von Strafverfahren.

Entscheidend bei der Prüfung der Frage, ob gegen den Arzt im Einzelfall ein Strafverfahren einzuleiten ist, muß freilich die Erfahrung sein, die sich aus der geringen Zahl von Verurteilungen ableiten läßt. Entgegen insbesondere in der Ärzteschaft immer wieder anzutreffenden Gerüchten, werden nämlich die meisten staatsanwaltschaftlichen Ermittlungsgefahren gegen Ärzte, ohne daß es zu einer Anklageerhebung kommt, eingestellt.

Bevor es allerdings im Strafverfahren soweit kommt, muß mit noch recht massiven Ermittlungshandlungen der Staatsanwlatschaft gerechnet werden. Für die Staatsanwaltschaften liegt nämlich der beschwerlichste und zeitraubendste Weg zur Sachverhaltsaufklärung in der Beiziehung sämtlicher Krankenakten. Recht einfach gestaltet sich dies für die Staatsanwaltschaft gegenüber einem des Behandlungsfehlers beschuldigten Arzt. Hier können die Krankenakten in ihrer Gesamtheit ohne weitere Einschränkungen beschlagnahmt werden. Das ergibt sich aus ihrer Bedeutung als Beweismittel. Eine Beschlagnahme ist selbstverständlich immer entbehrlich, wenn der Arzt den vollständigen Vorgang an die Staatsanwaltschaft aushändigt. Dies ist allein schon deshalb empfehlenswert, weil so eine unerfreuliche Durchsuchung von Praxis oder Klinik durch die Polizei entbehrlich wird. Im Einzelnen muß hier freilich sorgfältig differenziert werden. Der Beschlagnahme unterliegen nur die Krankenakten, die der Arzt geführt hat, gegen den sich das Ermittlungsverfahren richtet. Für die spätere Einholung eines Sachverständigengutachtens sind die Krankenpapiere einer Vor- oder Nachbehandlung von sehr erheblicher Bedeutung. Jedoch können die Dokumentationen anderer Ärzte, gegen die sich also das Ermittlungsverfahren nicht richtet, nicht ohne weiteres beschlagnahmt werden. Im Ermittlungsverfahren gegen den beschuldigten Arzt sind die vor- und nachbehandelnden Ärzte lediglich Zeugen. Parallel zur ärztlichen Schweigepflicht, wie sie das Strafgesetzbuch kennt, räumt die Strafprozeßordnung diesen Zeugen ein Zeugnisverweigerungsrecht ein. Dieses Zeugnisverweigerungsrecht setzt sich an der Krankenakte insoweit fort, als diese nicht beschlagnahmt werden darf. Von diesem Beschlagnahmeverbot der Krankenunterlagen und dem Zeugnisverweigerungsrecht des Arztes, macht die Strafprozeßordnung nur dann eine Ausnahme, wenn der Anzeigende alle vor- und nachbehandelnden Ärzte durch konkrete Namensnennung von der Schweigepflicht entbindet. Damit entfallen Zeugnisverweigerungsrecht und entsprechend auch das angekoppelte Beschlagnahmeverbot. Nur wenn die Entbindung von der Schweigepflicht vorliegt, entfällt auch die prozessuale Sperre zur Vernehmung dieser ärztlichen Zeugen und zur Beiziehung der bei ihnen entstandenen Krankenunterlagen.

Gerade diese Beschlagnahmemöglichkeit war früher der Hauptgrund für die Erstattung einer Strafanzeige. Mit dem Einsichtsrecht des Strafanzeigeerstatters in die Ermittlungsakte ergab sich häufig auch die Möglichkeit, auf diese Art und Weise Zugang zur ärztlichen Dokumentation zu erhalten. Damit war die erste Grundlage für einen zivilrechtlichen Schadensersatzprozeß gelegt. Heute muß freilich berücksichtigt werden, daß diese Notwendigkeit nur solange bestand, wie der BGH ein Einsichtsrecht des Patienten oder eines Bevollmächtigten in die ihn betreffende Krankenakte verweigert hat. Mit der grundsätzlichen Änderung dieser Rechtssprechung im Jahre 1982 ist also ein weiterer Grund für die Einleitung eines Strafverfahrens gegen Ärzte entfallen. Bereits zuvor habe ich darauf hingewiesen, daß sich auch durch das Schlichtungsverfahren u. U. eine Einsichtsmöglichkeit ergibt. Seitdem jedoch der Senat von Herrn Steffen grundsätzlich das Akteneinsichtsrecht des Patienten zu jeder Zeit zuläßt, sollte man hierin keinen Grund mehr für die Notwendigkeit eines Strafverfahrens als Vorbereitung einer Haftungsklage sehen.

Ein weiterer Grund, der gegen eine Strafanzeige bei vermuteten Behandlungsfehlern spricht, liegt in den besonderen Möglichkeiten der Strafprozeßordnung ein Strafverfahren zu beenden. Arztstrafverfahren enden nur in ganz wenigen Ausnahmefällen mit Verurteilungen durch die Gerichte. In den meisten Fällen fehlt der hinreichend sichere Nachweis der Ursächlichkeit zwischen dem kritisierten ärztlichen Tun und dem eingetretenen Mißerfolg oder, wie wir Strafrechtler sagen würden, dem eingetretenen tatbestandlichen Erfolg.

Nach der ständigen Rechtsprechung des BGH fehlt ein ursächlicher Zusammenhang zwischen der inkorrekten Handlung und dem Verletzungs- oder Tötungserfolg dann, wenn der gleiche Erfolg auch bei beanstandungsfreier Behandlung des Patienten eingetreten wäre oder wenn sich dies nach den gesamten Umständen des Falles nicht mit der erforderlichen Sicherheit ausschließen läßt.

Wird ein stark alkoholisierter Patient nach einem Sturz auf der Straße bewußtlos in ein Krankenhaus eingeliefert und vom Arzt ohne weitergehende Untersuchung in die Ausnüchterungszelle der Polizei geschickt, so nehmen die Sachverständigen in der Regel einen groben Verstoß gegen die ärztliche Sorgfalt an, wenn der Patient in der Ausnüchterungszelle verstorben ist. Nach der zitierten Rechtssprechung erfolgt gleichwohl eine Einstellung des Verfahrens, denn es ist in der Regel offen, ob die gebotenen diagnostischen Röntgenaufnahmen die Fissurlinie des Schädels und das im Entstehen begriffene epidurale Hämatom hätten erkennen lassen können. Ebenso offen ist, ob bei gezielt durchgeführten differentialdiagnostischen Maßnahmen die unverzüglich durchgeführte Operation des Neurochirurgen den tödlichen Ausgang hätte vermeiden können. Damit wird eine typische Situation im Ermittlungs- und Strafverfahren gegen Ärzte deutlich. Weil ärztliches Handeln oder Unterlassen an Kranken manchmal an schwerkranken oder sogar todgeweihten Patienten notwendig wird, ist es nicht selten offen, ob der Krankheitsverlauf ein anderer gewesen wäre, wenn das beanstandete Tun oder Unterlassen ordnungsgemäß erfolgt wäre. In diesen Fällen fehlt also der hinreichend sichere Nachweis der Ursächlichkeit zwischen dem kritisierten ärztlichen Tun und dem eingetretenen Erfolg andererseits.

Gerade im Zusammenhang mit dem Behandlungsfehlervorwurf gegen Ärzte wird diesen häufig von den Patienten auch unterlassene Hilfeleistung vorgeworfen. So bekannt dieser Tatbestand als solcher ist, so ungenau ist allgemein die Kenntnis der einzelnen Tatbestandsvoraussetzungen. Hier ist besonderer Wert darauf zu legen, daß Krankheit nicht gleichzusetzen ist mit Unglücksfällen im Sinne der unterlassenen Hilfeleistung. Unterlassene Hilfeleistung, nämlich §323 c, verlangt, daß jemand bei

Unglücksfällen nicht Hilfe leistet. Und ein Unglücksfall ist ein plötzliches Ereignis, das eine erhebliche Gefahr für Personen oder Sachen bringt oder zu bringen droht. Damit sind in erster Linie Unfälle, unmittelbar drohende Gewalttaten gemeint. Krankheiten auch schwerster Art sind hier nicht ohne weiteres, allenfalls bei ganz plötzlicher und bedrohlicher Verschlimmerung, einbezogen. Erst recht kann ein unrichtiges oder unzureichendes, oder noch allgemeiner ein zu beanstandendes ärztliches Handeln kein "nicht Hilfe leisten" im Sinne des §323 c darstellen.

All das sind Gründe dafür, daß über 60 % der eingeleiteten Ermittlungsverfahren gegen Ärzte wieder eingestellt werden. In nur 4 bis 5 % aller Anzeigen erfolgt eine Anklageerhebung. Auch das heißt freilich noch nicht, daß es zu einem Strafverfahren vor einem Gericht mit öffentlicher Verhandlung kommen muß. Die von der Staatsanwaltschaft eingereichte Anklageschrift muß zunächst von dem Gericht zugelassen werden. Hier hat häufig ein erfahrener Verteidiger noch die Möglichkeit, bislang unzulängliche Ermittlungstätigkeiten der Staatsanwaltschaft aufzuzeigen und im sog. Zwischenverfahren eine Zulassung der Anklageschrift zur Hauptverhandlung zu verhindern. Andererseits ist es, wie Ulsenheimer einmal formuliert hat, wichtigstes Ziel eines Verteidigers in Arzthaftungssachen, die Anklage zu vermeiden. Dabei hat Ulsenheimer zu Recht herausgestellt, daß der Kontakt mit der Staatsanwaltschaft in Hinblick auf die in der Praxis des Arztstrafrechts außerordentlich bedeutsame Einstellung des Verfahrens gemäß §513 a StPO eine große Rolle spielt. Ist am Ende des Ermittlungsverfahrens abzusehen, daß eine Einstellung des Verfahrens gemäß §170 Abs. 2 StPO mangels hinreichenden Tatverdachts nicht mehr in Betracht kommt, so eröffnet sich im Arztstrafverfahren ein Verhandlungsspielraum mit der Staatsanwaltschaft über die Einstellung des Verfahrens gegen Zahlung einer Geldbuße.

Gemäß §153 a der StPO kann die Staatsanwaltschaft mit Zustimmung des für die Eröffnung des Hauptverfahrens zuständigen Gerichts und des Beschuldigten bei einer fahrlässigen Körperverletzung, von einer Erhebung der öffentlichen Klage absehen. Zugleich wird dem Beschuldigten auferlegt, einen Geldbetrag zugunsten einer gemeinnützigen Einrichtung oder der Staatskasse zu zahlen, wenn diese geeignet sind bei geringer Schuld das öffentliche Interesse an der Strafverfolgung zu beseitigen. Ist demgegenüber seitens der Staatsanwaltschaft die Schuldfrage offen geblieben, so kann die Staatsanwaltschaft vorläufig ebenfalls das Verfahren einstellen, hat aber nach §153 der StPO jederzeit die Möglichkeit, dieses Verfahren wieder aufzunehmen. Deshalb ist es gelegentlich sicherer, auf die Einstellung nach §153 a zurückzugreifen, die von geringer Schuld ausgeht, allerdings als Nachteil, die Bußgeldzahlung mit sich bringt. Die Vorteile einer Einstellung gegen Zahlung einer Geldbuße, über deren Höhe im Einzelfall mit der Staatsanwaltschaft zu verhandeln ist, liegen darin, daß mit diesem Verfahren keine Verurteilung des Arztes einhergeht und außerdem keine Eintragung in das Bundeszentralregister erfolgt. Ein solches Vorgehen enthält natürlich keine ausdrückliche Schuldfeststellung und vermeidet die unerfreuliche Prangerwirkung einer mündlichen Hauptverhandlung in der Öffentlichkeit. Letztlich handelt es sich hierbei um eine geräuschlose aber endgültige Erledigung des Verfahrens mit Zahlung einer Geldbuße. Auch vermeidet man die häufig nicht geringen Kosten der Hauptverhandlung. Andererseits muß auch auf die Nachteile einer solchen Vorgehensweise aufmerksam gemacht werden. Für einen möglicherweise sich anschließenden Haftungsprozeß oder ein Verfahren vor den Berufsgerichten kann diese Bußgeldzahlung als Schuldeingeständnis gewertet werden. Gleichzeitig verzichtet man natürlich auf einen möglichen Freispruch, der zu einer vollständigen Rehabilitierung führen würde. Schwerwiegendster Nachteil ist freilich die zu zahlende Geldbuße, die zwar im Einzelfall mit der Staatsanwaltschaft auszuhandeln ist, die sich aber nicht selten an der zu erwartenden Geldstrafe orientiert. Nicht unerwähnt bleiben darf in diesem Zusammenhang schließlich auch, daß der Arzt in diesem Fall die Kosten der Verteidigung zu übernehmen hat und daß außerdem auf ihn die Kosten einer Nebenklage des Patienten zukommen können.

Hier ist es die Aufgabe des Anwaltes alle Voraussetzungen für eine Entscheidung des Arztes sozusagen in einem Aufklärungsgespräch ausführlich zu erläutern. Übrigens kann ich mir nicht vorstellen, daß sich ein Arzt in dieser Situation mit einem Aufklärungsformular zufriedengeben würde.

Lehnt freilich die Staatsanwaltschaft eine solche Einstellung ab, so besteht immer noch die Möglichkeit, die drohende förmliche Anklage mit anschließender Hauptverhandlung vor dem Amts- oder Landgericht durch eine Verfahrenserledigung im sog. Strafbefehlsweg zu vermeiden. Dieser Strafbefehl steht einem rechtskräftigen Urteil gleich und enthält eine summarische Würdigung von Tat und Schuldvorwurf, die auf die Einzelheiten verzichtet. Bei einem Strafbefehl ist nur eine Geldstrafe möglich. Dieses Verfahren hat den großen Vorteil, daß es ebenfalls zu einer stillen Erledigung führt, die ohne die Aufmerksamkeit der Öffentlichkeit erfolgt. Erst wenn diese Möglichkeiten alle nicht greifen, kommt es zu einer Hauptverhandlung mit den einhergehenden Folgen.

Dies freilich bleibt im Arztstrafverfahren bislang immer noch aus den von mir im Einzelnen aufgezählten Gründen eine Seltenheit.

Damit komme ich zurück zum Ausgangspunkt meines Vortrages. Berücksichtigt man die großen Vorteile vor den Schlichtungs- und Schiedsstellen der Ärztekammer, bezieht man andererseits den unproblematischen Zugang zur ärztlichen Dokumentation mit ein, so gibt es heute praktisch keinen Grund mehr, ein Strafverfahren gegen einen Arzt bzw. gegen eine Ärztin wegen des Vorwurfs eines Behandlungsfehlers zu betreiben. Gerade die vielfältigen Möglichkeiten der vorzeitigen Verfahrensbeendigungen selbst bei geringer Schuld, verschlechtern eher die Chancen für ein späteres Schadenersatzverfahren. Dabei spielt sicherlich auch der Gedanke eine Rolle, daß gerade die Ermittlungen der Staatsanwaltschaft in diesen Strafverfahren besonders lange dauern und neben dem Eintritt der Verjährung zumindest die Verschlechterung der Beweislage wegen des Zeitablaufes ein großer Nachteil ist. Fassen wir es mit einem Wort zusammen: Der Rat zum Strafverfahren gegen den Arzt ist im Regelfall ein anwaltlicher Behandlungsfehler.

Sachverzeichnis

Springer-Verlag und Umwelt

Als internationaler wissenschaftlicher Verlag sind wir uns unserer besonderen Verpflichtung der Umwelt gegenüber bewußt und beziehen umweltorientierte Grundsätze in Unternehmensentscheidungen mit ein.

Von unseren Geschäftspartnern (Druckereien, Papierfabriken, Verpackungsherstellern usw.) verlangen wir, daß sie sowohl beim Herstellungsprozeß selbst als auch beim Einsatz der zur Verwendung kommenden Materialien ökologische Gesichtspunkte berücksichtigen.

Das für dieses Buch verwendete Papier ist aus chlorfrei bzw. chlorarm hergestelltem Zellstoff gefertigt und im pH-Wert neutral.